社区矫正数智化

孙培梁 葛 白 著

中国·武汉

图书在版编目（CIP）数据

社区矫正数智化/孙培梁，葛白著.—武汉：华中科技大学出版社，2023.6
ISBN 978-7-5680-9192-3

Ⅰ.① 社… Ⅱ.① 孙… ② 葛… Ⅲ.① 人工智能-应用-社区-监督改造-中国 Ⅳ.① D926.74

中国国家版本馆 CIP 数据核字（2023）第 078314 号

社区矫正数智化
Shequ Jiaozheng Shuzhihua

孙培梁　葛　白　著

策划编辑：	郭善珊
责任编辑：	董　晗
封面设计：	傅瑞学
责任校对：	王亚钦
责任监印：	朱　玢

出版发行：华中科技大学出版社（中国·武汉）　　电话：(027) 81321913
　　　　　武汉市东湖新技术开发区华工科技园　　邮编：430223

录　　排：华中科技大学出版社美编室
印　　刷：武汉科源印刷设计有限公司
开　　本：710mm×1000mm　1/16
印　　张：21.75
字　　数：334 千字
版　　次：2023 年 6 月第 1 版第 1 次印刷
定　　价：89.00 元

本书若有印装质量问题，请向出版社营销中心调换
全国免费服务热线：400-6679-118　竭诚为您服务
版权所有　侵权必究

内 容 简 介

  本书分析了社区矫正工作数智化转型的背景和趋势，运用电子政务顶层设计方法，从业务架构、数据架构、应用架构、技术架构、服务架构等维度全面梳理社区矫正工作，给出了社区矫正数智化顶层设计和评价指标。通过将数字化、智能化技术贯穿到社区矫正全过程各方面，推动社区矫正工作体系重构、业务流程再造、体制机制重塑，并在此基础上首次给出了社区矫正数智化大脑关键应用设计，总结了数字化改革"智慧矫正"建设的浙江探索与实践，创建"平台＋大脑"支撑的大数据社区矫正工作新模式，推动"监管智能化、帮教精准化、执法规范化、治理协同化、决策科学化"，实现社区矫正工作提质增效、整体智治，全面提升社区矫正工作现代化水平。

  本书适合社区矫正机构等行业从业人员作为专业业务用书，也适合政法、警察类高校的社区矫正、刑事执行、信息技术、安全防范等专业作为教学、培训、参考用书。

前　　言

　　本书是对 2013 年出版的《社区矫正信息化》一书的全新迭代。从 2009 年始开展监管场所物联网体系研究到今天已经匆匆走过了 14 年，2012 年全国首部《监狱物联网》出版，2013 年全国首部《社区矫正信息化》出版，2014 年全国首部《智慧监狱》出版，三本著作被司法部、浙江省司法厅、浙江省人民政府网站专题报道，"填补了国内学术研究领域的空白"，引起了行业的强烈反响和肯定，这也是促使我们不断升级改版的动力。

　　作为立足我国基本国情发展起来的具有中国特色的非监禁刑事执行制度，2020 年 7 月 1 日《中华人民共和国社区矫正法》的正式施行开启了我国社区矫正工作法治化的新时代。特别是《中华人民共和国社区矫正法》展现出来的科技引领性——在第五条、第二十六条、第二十九条等分别对社区矫正机构的信息化水平、信息化核查、电子定位装置等进行了专门规定，成为展示中国司法文明进步和法治现代化的重要窗口。在我原先的写作计划中，《社区矫正信息化》一书迭代升级的版本应该是《智慧矫正》，但经过深入分析解构当前数智化浪潮的驱动机制，最终还是采用了《社区矫正数智化》作为本书的书名。感兴趣的读者可以把《社区矫正信息化》和《社区矫正数智化》两本书作为上下册来阅读，有助于深入了解我国社区矫正工作数字化、智能化发展的全貌。

　　从 2012 年 1 月 10 日，最高人民法院、最高人民检察院、公安部、司法部印发《社区矫正实施办法》（司发通〔2012〕12 号），同年动笔《社区矫正信息化》；到 2019 年 12 月 28 日，第十三届全国人民代表大会常务委员会第十五次会议审议通过《中华人民共和国社区矫正法》，开始动笔《社区矫正数智化》，受疫情影响和工作的一再忙碌，到交稿时恰好又是一个10年。期间，我有幸经历并参与了全国司法行政信息化建设和浙江数字化改革起步的全过程，主持了国家发改委和司法部委托的"信息化支撑全面推进依法治国研究"项目研究，主持了司法部委托的《"十三五"全国司法行政科技创新规划》《"十三五"全国司法行政系统标准化体系建设发展规划》编制起草，参与了司法部、科技部《"十四五"全国司法行政科技创新规划》的编制工作和司法部10多个部级司法行业标准的论证审查，应邀为司法部及北京、上海、天津、重庆、广东、浙江、江苏、内蒙古、新疆、西藏、云南、广西、湖南、吉林、江西、安徽、陕西、四川、山东、山西、甘肃、宁夏、黑龙江、辽宁、贵州、福建等26个省（市）司法厅和监狱管理局开展"智慧监狱""智慧矫正"专题报告和技术讲座，在陕西、湖南、广西、山东、辽宁、重庆均是全省（市）数千民警聆听讲座，累计听众超过5万。2021年2月浙江正式启动数字化改革，我参加了省司法厅数字化改革工作专班和省社区矫正管理局智慧矫正应用建设省工作专班；参与了省委政法委全省数字法治系统理论和制度体系构建；受省司法厅委托主持"浙江司法行政数字化改革"重大课题研究，主持省司法厅"智慧监狱""智慧矫正"两大理论体系和制度规范体系重大课题研究；受省社区矫正管理局委托开展社区矫正系列标准制订工作，参与"智慧矫正"4项省级地方标准的起草；主持国家重点研发计划"公共安全风险防控与应急技术装备"重点专项课题"犯情动态演化和再犯风险预警研判技术研究"（2018YFC0831005），基于该课题研究，2019年5月与省社区矫正管理局共建全国首家"智慧矫正联合实验室"，2022年4月与杭州市司法局、海康威视公司联合共建"数智监管与矫正技术重点实验室"，2022年8月联合课题应用示范单位杭州西郊监狱成功申报国家标准化管理委员会2022年度社会管理和公共服务综合标准化试点（司法行政领域）立项——监狱物联网标准化试点（国标委联〔2022〕30号），在检法司科技创新领域持续贡献智库力量。因在监管矫正领域的标准化和数智化前沿的创新探索，我受邀担任科技部原国家科技支撑计划"公共安全领域"项目、国家重点研发计划"公共安全风险防控与应急技术装备"重点专项、国家重点研发计

前言

划"科技冬奥"重点专项等多个国家级重大科技攻关任务的立项评审，参与科技部"十四五"智慧社会领域科技创新专项规划评估；担任司法部部级重点实验室立项评审、司法部首届全国"数字法治，智慧司法"信息化大比武现场评审等。

正如《智慧监狱》题献页所写，"物联网、大数据等新一代信息技术的应用将为监狱监管矫正模式再造提供机会"，相信物联网、云计算、大数据、区块链和人工智能等新一代信息技术的发展必定会影响社区矫正已有的建设规划和部署，也必然会推动转向以"平台＋大脑"为支撑的大数据社区矫正工作新模式，推动"监管智能化、帮教精准化、执法规范化、治理协同化、决策科学化"，实现社区矫正工作提质增效、整体智治，全面提升社区矫正工作现代化水平。

本书在撰写过程中得到了许多人的帮助，感谢为本书文本和支撑材料提供相关资料的同志们，尤其是国家重点研发计划课题组林枫、张晓琳、余韦、王军、夏明、李旻等的合作研究，余晓珍、孙罗东等的丰富实践，他们都为本书相关章节作出了贡献。本书源于《智慧监狱》一书，部分内容继承自《智慧监狱》，部分内容源于作者已经发表或录用的文章、专利等，还有部分内容引自相关标准规范和互联网络，已尽可能标识。由于作者水平有限，书中不妥之处在所难免，恳请读者批评指正，作者电子邮箱是 2283515@qq.com 或 18072996098@189.cn。

感谢国家重点研发计划"公共安全风险防控与应急技术装备"重点专项"服刑人员改造演化矫正技术与装备研究"项目"犯情动态演化和再犯风险预警研判技术研究"课题的资助（课题编号：2018YFC0831005）。

感谢国家重点研发计划"公共安全风险防控与应急技术装备"重点专项"刑事执行监督控制技术研究"项目"狱所督导多级可控互联关键技术与平台"课题的资助（课题编号：2018YFC0806805）。

谨以此书献给最亲爱的家人。

孙培梁
2023 年 4 月于杭州

目 录

第1章 社区矫正数智化顶层设计 / 1

1.1 架构方法论 / 3

1.2 现状与差距 / 6

1.3 社区矫正数智化业务架构 / 7

   1.3.1 组件业务模型 / 7

   1.3.2 业务架构 / 12

1.4 社区矫正数智化数据架构 / 20

   1.4.1 主题域 / 22

   1.4.2 数据架构 / 22

1.5 社区矫正数智化应用架构 / 25

   1.5.1 目标路径 / 25

   1.5.2 应用架构 / 26

1.6 社区矫正数智化技术架构 / 29

   1.6.1 关键技术 / 29

   1.6.2 技术架构 / 34

1.7 社区矫正数智化服务架构 / 36

   1.7.1 服务参考模型 / 36

   1.7.2 服务架构 / 38

第2章 社区矫正数智化评价指标 / 41

2.1 评价指标相关说明 / 42

2.2 指标体系设计 / 42

2.3 数智化评价指标——理念规划 / 45
2.4 数智化评价指标——基础设施 / 47
2.5 数智化评价指标——数智应用 / 50
2.6 数智化评价指标——建设绩效 / 51
2.7 数智化评价指标——支持保障 / 54

第3章 社区矫正业务流程数智化转型 / 57

3.1 业务流程驱动的数智化转型 / 58
3.2 社区矫正数智化全周期流程 / 60
 3.2.1 调查评估阶段 / 61
 3.2.2 入矫接收阶段 / 68
 3.2.3 矫正执行阶段 / 75
 3.2.4 解除/终止矫正阶段 / 89
3.3 设计实例 / 94
 3.3.1 社区矫正区块链存证数智流程 / 94
 3.3.2 社区矫正数智协同流程 / 98

第4章 社区矫正数智化大脑设计 / 109

4.1 人工智能与知识图谱 / 111
 4.1.1 人工智能的发展 / 111
 4.1.2 知识图谱与深度学习 / 113
 4.1.3 以知识图谱为核心的数据中台构建 / 114
4.2 数据驱动的大脑整体架构 / 117
 4.2.1 智慧大脑的基本概念 / 117
 4.2.2 "平台＋大脑"的建设路径 / 119
4.3 社区矫正数智化大脑关键应用设计 / 124
 4.3.1 智慧矫正生态系统 / 124
 4.3.2 犯情态势与再犯风险预警研判关键应用设计 / 126

目录

第 5 章　社区矫正数字化改革的浙江实践 / 137

5.1　智慧矫正建设概述 / 139

　　5.1.1　浙江社区矫正信息化历程 / 139

　　5.1.2　"智慧矫正"总体架构 / 140

　　5.1.3　"智慧矫正"建设目标与重点任务 / 142

5.2　智慧矫正建设的浙江实践 / 144

　　5.2.1　实现路径 / 144

　　5.2.2　任务定义 / 145

　　5.2.3　任务拆解 / 146

　　5.2.4　指标体系 / 147

　　5.2.5　核心业务梳理 / 147

　　5.2.6　找准场景 / 147

　　5.2.7　确定数据需求和数源系统 / 148

　　5.2.8　确定业务协同和数据集成流程 / 150

　　5.2.9　实施业务集成和数据集成 / 152

　　5.2.10　智能分析 / 153

　　5.2.11　集成流程监控 / 154

　　5.2.12　任务整体画像 / 154

第 6 章　网络安全与数据保护 / 175

6.1　社区矫正信息系统整体安全架构 / 176

　　6.1.1　网络拓扑架构 / 176

　　6.1.2　总体安全设计 / 177

6.2　社区矫正信息系统网络安全等级 / 180

　　6.2.1　等保与分保 / 180

　　6.2.2　社区矫正信息系统定级 / 182

　　6.2.3　安全风险与需求分析 / 191

6.3 社区矫正信息系统安全体系建设 / 197
    6.3.1 建设目标 / 197
    6.3.2 安全部署方案 / 198

参考文献 / 209

附录 / 211
    附录1 中华人民共和国社区矫正法 / 211
    附录2 中华人民共和国社区矫正法实施办法 / 222
    附录3 社区矫正术语（节选）/ 242
    附录4 智慧矫正总体技术规范（节选）/ 257
    附录5 社区矫正基础业务系统技术规范（节选）/ 284

第 1 章
社区矫正数智化顶层设计

人工智能时代，数据驱动的技术变革和管理变革推动社会治理发生重大转变，由被动响应向主动预见转变，由粗放式管理向精细化、个别化管理转变，由传统的经验决策向数据决策转变。新技术和新思维方式推动产业数字化转型与重塑，推动以大数据战略为主导的组织管理变革与业务模式创新，已经成为智能时代对社会治理的全新赋能。

本书理解的当前数字化阶段是相较于"传统数字化→网络化→信息化→智能化→智慧化"的演进脉络而言的，是在信息化阶段建设基础上的一次全新迭代升级，强调的是通过数字化手段实现流程再造、模式优化和制度创新，不断提高决策的科学性。因此数字化向智能化方向迈进，最终实现更高层面的智慧化阶段成为社会治理现代化发展的必然方向。数字化阶段演进脉络如图1-1所示。

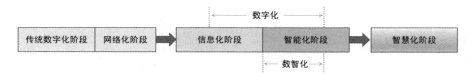

图1-1 数字化阶段演进脉络

本书采用"数智化"一词，可以理解为"数字化＋智能化"，即着重反映数字化和智能化叠加发展与协同实现的现阶段，以及数字化和智能化的协同实现。因此，在社区矫正信息化阶段，我们更多是讨论社区矫正信息化系统的建设①；而社区矫正数智化阶段作为社区矫正信息化发展的高级形态，则更加注重数据治理、应用融合和智能化升级，以跨层级、跨地域、跨系统、跨部门、跨业务的场景化多业务协同应用为突破，以数字赋能为手段，推动社区矫正工作体系重构、业务流程再造、体制机制重塑，全面提升社区矫正工作现代化水平。

社区矫正数智化建设是一项复杂的系统工程，需要从业务、数据、技术、应用、安全、运维等各个维度建立统一的规章制度和标准化体系，从顶层加强统一规划设计，打破各级各类各系统数据壁垒，促进互融互通。

---

① 参见孙培梁：《社区矫正信息化》，华中科技大学出版社2013年版。

第1章 社区矫正数智化顶层设计

因此，如何做好社区矫正数智化顶层设计，并以物联网、云计算、大数据、区块链以及人工智能等新一代信息技术为应用重点，创建以"社区矫正智慧大脑"支撑的大数据社区矫正工作新模式，实现全时段、全要素和全流程的覆盖，协同高效驱动社区矫正工作以实现系统更加科学化、智能化、精准化和便捷化的目标，进一步提升社区矫正监督管理水平和教育帮扶质量，提升社区矫正执法人员公正文明执法水平，这些正是本书思考和探讨的核心问题。

本章充分依据、遵照社区矫正数智化的规划、方针，运用电子政务顶层架构设计方法，梳理社区矫正业务流程，明确社区矫正工作关键节点，整合社区矫正监督管理、教育帮扶、公正执法、队伍建设、综合保障、业务协同等多项社区矫正核心业务的实际需求，完成社区矫正数智化顶层设计。

1.1 架构方法论

顶层设计是指运用系统论的方法，从全局的角度，对某项任务或者某个项目的各方面、各层次、各要素统筹规划，以集中有效资源，高效快捷地实现目标。社区矫正数智化顶层设计涉及业务、数据、技术、应用、安全和运维等各层面上的众多要素，更加需要对这些要素进行统筹规划和协调，以保证社区矫正数智化各系统合理规划、有效运行。

顶层设计主要包括三个部分的内容，即信息资源规划、技术架构规划和环境保障规划（如图1-2所示）。信息资源规划是根据主流业务分析而提出的：根据业务划分职能域，对职能域逐个进行业务分析，产生功能模型和数据模型，分析管理模式与用户行为，产生用户模型。技术架构规划则是根据数智化现状和存在的问题，来制定软件架构方案和应用系统架构方案。环境保障规划是对网络、服务器架构、存储与备份、机房设计以及信息安全运维进行规划和安排，以保障数智化建设的正常开展，以及系统安全、正常运转。

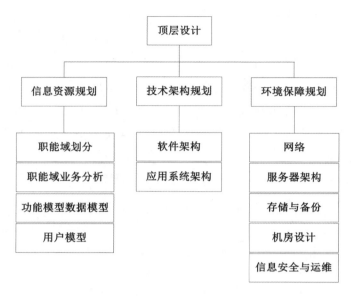

图 1-2 顶层设计的内容

社区矫正数智化转型需要系统方法论的指导，企业架构EA（Enterprise Architecture）方法论正是在这一背景下产生并得到迅猛发展。1987年，约翰·扎克曼（John Zachman）在论文《信息系统架构框架》中提出了第一个架构框架，即扎克曼框架。扎克曼框架后来发展成为EA的一个经典框架，其他体系架构或多或少都受到扎克曼框架的影响。目前国际上主流的EA框架与方法论包括：开放组织架构框架（TOGAF）、美国联邦体系架构框架（FEA）和美国国防部架构框架（DoDAF）等。我国也在积极开展电子政务顶层设计理论方法、架构模型、实施指南的探索。

顶层设计即方法论，是将数智化理论与实践相结合的方法，因此顶层设计成果就是社区矫正数智化建设蓝图——在规划的指导下，设计业务架构、数据架构、应用架构和技术架构，指出未来3至5年"数字化→数智化→智能化"的建设路线图，并规划实现目标架构的具体路径。

国际标准权威组织The Open Group于1993年开始制定系统架构的标准，在1995年发布开放组织架构框架TOGAF（The Open Group Architecture Framework）。TOGAF的基础是美国国防部的信息管理技术架构TAFIM（Technical Architecture Framework for Information Management)。它是基于一个迭代（iterative）的过程模型，是一种协助开发、验收、运行、使用和维护架构的工具。TOGAF是目前世界上最主流的组织架构方法之一，已被80％的福布斯50强公司使用，并支持开放、标准的面向服务体系结构SOA（Service-oriented Architecture）参考架构，被证明为灵活、高效地构建企业IT架构的有效方法论，目前主要由思爱普（SAP）、IBM、惠普（HP）等公司在推动。

  本章主要采用TOGAF顶层设计方法，并根据我国社区矫正数智化实际情况加以适当裁剪。TOGAF涵盖了四种基本类型的架构如图1-3所示。

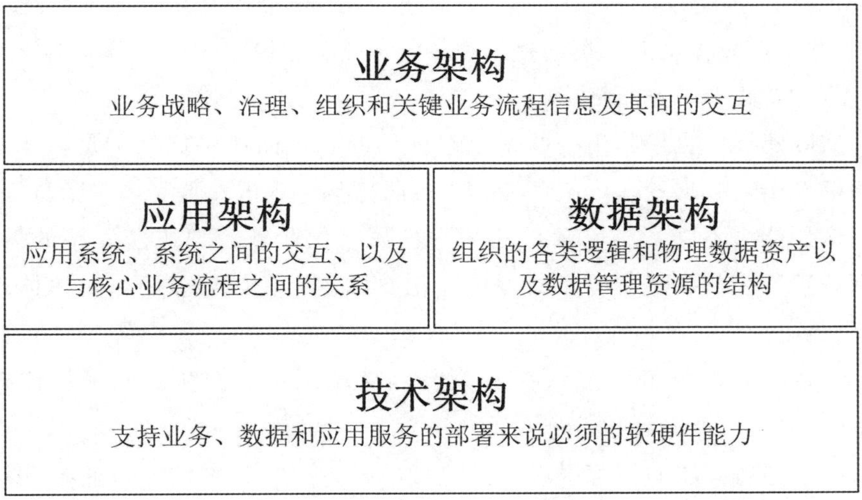

业务架构
业务战略、治理、组织和关键业务流程信息及其间的交互

应用架构
应用系统、系统之间的交互、以及与核心业务流程之间的关系

数据架构
组织的各类逻辑和物理数据资产以及数据管理资源的结构

技术架构
支持业务、数据和应用服务的部署来说必须的软硬件能力

图1-3 EA范畴1

  ·业务架构：业务战略、治理、组织和关键业务流程信息及其间的交互。

  ·数据架构：组织的各类逻辑和物理数据资产以及数据管理资源的结构。

  ·应用架构：描述被部署的单个应用系统、系统之间的交互，以及它们与组织核心业务流程之间的关系。

  ·技术架构：对于支持业务、数据和应用服务的部署来说必须的软硬件能力，包括IT基础设施、中间件、网络、通信、部署处理和一些标准等。

后面的章节我们将从这四个方面对社区矫正数智化总体架构进行设计。

1.2　现状与差距

当前我国社区矫正信息化建设已取得一定进展。司法部自2021年起在全国开展"智慧矫正中心"创建工作，深化智慧应用，推动社区矫正工作的规范化、精细化、智能化。"智慧矫正应用"也被列入浙江省数字化改革"数字法治"总体框架，推动整体智治，强化数字赋能，探索具有浙江特色的"智慧矫正"工作新格局。

实际建设中也暴露出一些不容忽视的问题，如顶层规划不足，体制机制不够健全，数据壁垒依然存在，人员队伍数字意识和数字素养亟待提升，创新应用能力不强，难以满足社区矫正数字化业务管理快速发展的需求，社区矫正数字化水平与国家治理现代化要求还存在较大差距，具体体现在如下层面。

• 数据共享层面：信息资源分散，普遍存在数据孤岛问题，信息共享难。

• 业务协同层面：跨层级、跨地域、跨系统、跨部门、跨业务的场景化多业务协同协调难，数据标准不一，数据互认不够，数据一致性难以保证。

• 应用系统层面：应用系统的深度和广度不足，存在重复建设，应用潜力没有充分发挥，对社区矫正管理创新的支撑作用较弱，对科学决策的辅助支撑有限。

• 基础设施层面：基础设施投入不足，已有设施设备性能难以支撑复杂应用的部署。信息化绩效评估不足，软硬件重复建设投资，存在资源浪费，必须充分利用物联网、云计算、大数据、区块链及人工智能等信息技术，通过业务重组、流程再造、数据融通，建设统一规范的"AI＋社区矫正"监督管理与教育帮扶、执法监督、业务协同、决策支持四大核心体系，来推动监管智能化、帮教精准化、执法规范化、治理协同化、决策科学化，破解传统社区矫正信息化建设内容与实际业务需求、数字化应用与实际管理工作之间的不适配难题，打造数据赋能社区矫正工作现代化治理的新生态，实现社区矫正工作提质增效、整体智治。

·建设基于"精密智控、精细教育、精确帮扶"三链接的社区矫正监督管理与教育帮扶体系，实现监管智能化、帮教精准化。

·建设基于"矫务公开、执法公正、透明公信"三促进的社区矫正执法监督体系，实现执法规范化。

·建设基于"综合集成、一体贯通、多跨协同"三融合的社区矫正业务协同体系，实现治理协同化。

·建设基于"态势分析、再犯风险、辅助决策"三联动的社区矫正决策支持体系，实现决策科学化。

1.3 社区矫正数智化业务架构

1.3.1 组件业务模型

组件业务模型CBM（Component Business Model）是由IBM提出的一个业务建模技术，它将业务划分为互不重叠的业务组件，帮助我们在诸多不同的层面上观察业务，实现跨业务系列的组件分析如图1-4所示。

依据组件业务模型，并结合社区矫正数智化业务特征与业务实际，完成责任级别和业务能力两个维度的定义以及业务组件的分解。

1. 责任级别——社区矫正职能分类

职能分类用于划分业务决策的范围和目的。社区矫正数智化顶层设计服务于社区矫正机构各个责任层级的业务工作，因而可对其职能分类定义如下：

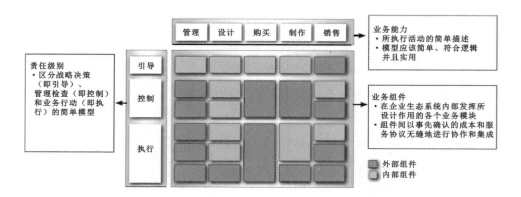

图 1-4 组件业务模型方法论

注：原图取自 POHLE·G, KORSTEN·P, RAMAMURTHY·S. 组件化业务模型——企业实现专业化的有效工具：G123-0019-00 [R]. IBM 全球企业咨询服务部，2006：5-10.

1) 业务决策层级

从社区矫正机构高层管理者的视角，梳理该层级关注的社区矫正工作整体战略、重点业务领域的制度建设和规划决策类工作。

2) 业务管理层级

从社区矫正机构中层管理者的视角，梳理该层级关注的业务管理类工作，并负责重要、关键事务情况的处理。

3) 业务操作层级

从社区矫正各类业务具体操作执行人员的视角，梳理各类业务中的具体工作内容。

《中华人民共和国社区矫正法》中关于社区矫正机构、人员和职责的规定中明确了"国务院司法行政部门主管全国的社区矫正工作。县级以上地方人民政府司法行政部门主管本行政区域内的社区矫正工作。""县级以上地方人民政府根据需要设置社区矫正机构，负责社区矫正工作的具体实施。社区矫正机构的设置和撤销，由县级以上地方人民政府司法行政部门提出意见，按照规定的权限和程序审批。""司法所根据社区矫正机构的委托，承担社区矫正相关工作。"

因此，业务决策、业务管理和业务操作这三个层级的职能分类在部—省—市级社区矫正机构、区县级社区矫正机构、基层司法所（受社区矫正机构委托）三级组织层级中均有体现，而不是简单的对应关系。本书主要立足区县级社区矫正机构的视角来展开论述。

社区矫正机构上下级之间的监督指导关系主要体现在两个层面：

1) 宏观层面

上级就下级出现的普遍性问题以及对下级需要解决的现实困难等作出指导和监督，即对社区矫正机构工作人员一切与职务有关的行为进行指导和监督。

2) 微观层面

上级对部分社区矫正工作的具体问题或某一类事务作出指导，这种指导和监督的内容往往具有确定性和指向性。

社区矫正机构组织层级间的业务决策、业务管理和业务操作三个职能分类效力范围及上下级关系如图1-5所示。

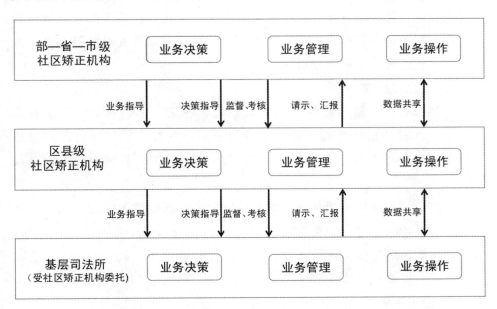

图1-5 社区矫正机构组织层级——职能分类关系图

2. 业务能力——社区矫正工作主题

工作主题用于定义顶层设计覆盖的社区矫正工作类别范围，体现了顶层设计对社区矫正业务的支撑能力。

根据社区矫正法规和业务工作实际情况，工作主题具体划分为监督管理类、教育帮扶类、公正执法类、综合保障类、队伍建设类、业务协同类。

1）监督管理类

根据现有法律规定，对社区矫正对象进行必要和适度的监督管理，保障社区矫正执行全过程的安全稳定是完成各项社区矫正业务活动的基础。

监督管理类业务包括监督社区矫正对象遵守法律、行政法规，履行判决、裁定、暂予监外执行决定等法律文书确定的义务；通过通信联络、信息化核查、实地查访等方式核实社区矫正对象履行关于报告、会客、外出迁居、保外就医等监督管理规定；使用电子定位装置加强监督管理；制定落实有针对性的矫正方案，实现分类管理、个别化矫正；了解掌握社区矫正对象的活动情况和行为表现来实施考核奖惩等，以及针对监督管理业务各层级进行管理决策和业务指导。

2）教育帮扶类

对社区矫正对象的教育帮扶是做好社区矫正工作的核心，开展教育帮扶的根本目的是提高社区矫正对象的道德素质和悔罪意识，实现思想和行为上的转变，恢复正常的工作和生活，促使其顺利回归社会、融入社会。

教育帮扶类业务包括对社区矫正对象从入矫到解矫各阶段依法组织开展有针对性的教育学习；开展心理辅导；组织公益活动；开展信用助矫；帮助社区矫正对象依法获得社会救助、职业技能培训、就业指导、社会关系改善等，以及针对教育帮扶业务各层级进行管理决策和业务指导。

3）公正执法类

保障社区矫正执法的公正、文明、廉洁是保障刑事判决、刑事裁定和暂予监外执行决定的正确执行，维护国家法律严肃性的重要方面。

公正执法类业务包括矫务公开；社区矫正对象权益保障（申诉、控告、检举受理与法律援助工作）；执法监督与证据保全；政策法规与规章制度宣传；便民惠矫措施等业务内容，以及针对公正执法业务各层级的管理决策和业务指导。

4）综合保障类

综合保障类业务是辅助社区矫正各项业务顺利开展的支撑性工作内容。

综合保障类业务包括财务经费保障（预算控制与资金管理）；物资装备配发；基础设施与信息化建设；涉矫舆情；卫生防疫等业务活动，以及针对综合保障工作各层级的管理决策和业务指导。

5）队伍建设类

队伍建设类业务是社区矫正机构开展的人才队伍建设相关业务内容。

队伍建设类业务包括机关党建与组织人事工作；岗位职责与人力资源配置；绩效考核；人事任免；业务培训；纪检监察；工会工作等活动，以及针对队伍建设工作各层级的管理决策和业务指导。

6）业务协同类

业务协同类是社区矫正机构内部上下级，以及与公安、法院、检察院、司法行政（监狱）、基层治理等外部单位之间进行业务联动、信息共享的相关工作。

业务协同类包括业务协同体制机制；业务协同管理规范；业务协同考核评价办法；与公安（看守所）业务协同、与检察院业务协同、与法院业务协同、与司法行政（监狱）业务协同、与基层治理业务协同，以及针对业务协同工作各层级的管理决策和业务指导。

3. 业务组件——社区矫正业务功能

业务组件用来交付或提供相应社区矫正各管理层级的业务功能以实现相应的层级目标。最终，由所有业务组件构成业务能力支撑，共同实现社区矫正工作总体战略目标。

一个业务组件是由具有内在联系的一系列业务动作组成的，其具有独立运作的能力，业务组件具备如下特点：

- 能够为社区矫正机构提供独特的业务功能；
- 可以与其他内部业务组件和外部业务服务进行合作；
- 可以根据相互协调的工作流进行运作；
- 其运作结果可管理、可考核。

1.3.2 业务架构

在社区矫正数智化顶层设计中，业务架构关注于社区矫正业务及其流程。

监督管理类业务根据业务决策层、业务管理层、业务操作层的职能分类，对应的业务组件（社区矫正业务功能）如下。

- 业务决策层：社区矫正监督管理制度、社区矫正安全保密制度、社区矫正信息化设备管理制度、应急预案管理制度等。
- 业务管理层：执法办案管理、应急响应管理、社区矫正对象分类管理与个别化矫正管理、社区矫正对象活动区域管理、社区矫正数字卷宗（数字档案）管理等。
- 业务操作层：日常监管审批、调查走访与信息化核查、应急响应与指挥调度、禁止令执行、个别化矫正方案与个案矫正、社区矫正对象考核奖惩、执法设备配发与隐患排查等。

监督管理类业务架构如图 1-6 所示。

教育帮扶类业务根据业务决策层、业务管理层、业务操作层的职能分类，对应的业务组件（社区矫正业务功能）如下。

- 业务决策层：教育帮扶质量管理体系、教育帮扶效率控制体系、教育帮扶工作制度规范、教育帮扶规律研究、教育帮扶业务统计等。
- 业务管理层：教育帮扶质量管理、教育帮扶效率管理、教育帮扶流程管理、教育帮扶绩效管理等。
- 业务操作层：组织开展教育学习、心理辅导、职业技能培训与就业指导、组织公益活动、其他社会适应性帮扶工作、信用助矫工作等。

第1章 社区矫正数智化顶层设计

监督管理	
业务决策	社区矫正监督管理制度
	社区矫正安全保密制度
	社区矫正信息化设备管理制度
	应急预案管理制度
业务管理	执法办案管理
	应急响应管理
	分类管理与个别化矫正管理
	社区矫正对象活动区域管理
	社区矫正数字卷宗（数字档案）管理
业务操作	日常监管审批
	调查走访与信息化核查
	应急响应与指挥调度
	禁止令执行
	个别化矫正方案与个案矫正
	社区矫正对象考核奖惩
	执法设备配发与隐患排查

图1-6 监督管理类业务架构

教育帮扶类业务架构如图1-7所示。

公正执法类业务根据业务决策层、业务管理层、业务操作层的职能分类，对应的业务组件（社区矫正业务功能）如下。

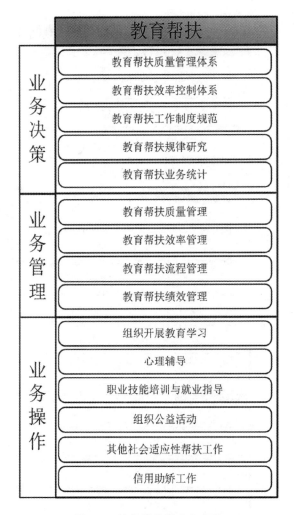

图 1-7　教育帮扶类业务架构

·业务决策层：矫务公开制度、社区矫正对象权益保障制度、社区矫正政策法规宣传制度、社区矫正公权力监督制度、便民惠矫措施制度等。

·业务管理层：矫务公开（清廉矫正）管理、执法监督管理、管服并举流程管理、管服并举资源管理（自助矫正终端等）等。

·业务操作层：矫务公开，申诉、控告、检举受理与法律援助工作，政策法规与规章制度宣传，执法监督与证据保全，便民惠矫服务（自助矫正终端等）等。

公正执法类业务架构如图 1-8 所示。

```
                    公正执法
        ┌─────────────────────────────────┐
        │  矫务公开制度                    │
        │  社区矫正对象权益保障制度        │
业务决策 │  社区矫正政策法规宣传制度        │
        │  社区矫正公权力监督制度          │
        │  便民惠矫措施制度                │
        ├─────────────────────────────────┤
        │  矫务公开（清廉矫正）管理        │
业务管理 │  执法监督管理                    │
        │  管服并举流程管理                │
        │  管服并举资源管理（自助矫正终端等）│
        ├─────────────────────────────────┤
        │  矫务公开                        │
        │  申诉、控告、检举受理与法律援助工作│
业务操作 │  政策法规与规章制度宣传          │
        │  执法监督与证据保全              │
        │  便民惠矫服务（自助矫正终端等）  │
        └─────────────────────────────────┘
```

图 1-8　公正执法类业务架构

综合保障类业务根据业务决策层、业务管理层、业务操作层的职能分类，对应的业务组件（社区矫正业务功能）如下。

- 业务决策层：资金使用总体规划、基础设施建设规划、物资装备配置规划、信息化建设规划、行政工作制度规范等。
- 业务管理层：经费保障（预算控制与资金管理）、物资装备管理、基础设施管理、信息化建设管理、涉矫舆情管理等。

• 业务操作层：物资装备配发、财务管理、基础设施建设与信息化服务、行政档案管理、卫生防疫等。

综合保障类业务架构如图 1-9 所示。

```
综合保障
├─ 业务决策
│   ├─ 资金使用总体规划
│   ├─ 基础设施建设规划
│   ├─ 物资装备配置规划
│   ├─ 信息化建设规划
│   └─ 行政工作制度规范
├─ 业务管理
│   ├─ 经费保障（预算控制与资金管理）
│   ├─ 物资装备管理
│   ├─ 基础设施管理
│   ├─ 信息化建设管理
│   └─ 涉矫舆情管理
└─ 业务操作
    ├─ 物资装备配发
    ├─ 财务管理
    ├─ 基础设施建设与信息化服务
    ├─ 行政档案管理
    └─ 卫生防疫
```

图 1-9　综合保障类业务架构

队伍建设类业务根据业务决策层、业务管理层、业务操作层的职能分类，对应的业务组件（社区矫正业务功能）如下。

• 业务决策层：绩效考核体系、素质评估体系、岗位职责规划、人力资源配置计划、廉政风险防控体系等。

- 业务管理层:绩效考核管理、素质评估管理、人事任免管理、纪检监察管理、廉政风险防控等。
- 业务操作层:机关党建与组织人事工作、绩效考核工作、业务培训工作、监察审计工作、工会工作等。

队伍建设类业务架构如图1-10所示。

队伍建设	
业务决策	绩效考核体系
	素质评估体系
	岗位职责规划
	人力资源配置计划
	廉政风险防控体系
业务管理	绩效考核管理
	素质评估管理
	人事任免管理
	纪检监察管理
	廉政风险防控
业务操作	机关党建与组织人事工作
	绩效考核工作
	业务培训工作
	监察审计工作
	工会工作

图1-10 队伍建设类业务架构

业务协同类业务根据业务决策层、业务管理层、业务操作层的职能分类，对应的业务组件（社区矫正业务功能）如下。

·业务决策层：业务协同体制机制、业务协同管理规范、业务协同考核评价办法等。

·业务管理层：业务协同过程管理、业务协同规范管理、业务协同流程管理、业务协同情况统计等。

·业务操作层：与公安（看守所）业务协同、与检察院业务协同、与法院业务协同、与司法行政（监狱）业务协同、与基层治理业务协同。

业务协同类业务架构如图 1-11 所示。

业务协同	
业务决策	业务协同体制机制
	业务协同管理规范
	业务协同考核评价办法
业务管理	业务协同过程管理
	业务协同规范管理
	业务协同流程管理
	业务协同情况统计
业务操作	与公安（看守所）业务协同
	与检察院业务协同
	与法院业务协同
	与司法行政（监狱）业务协同
	与基层治理业务协同

图 1-11 业务协同类业务架构

综合模型定义与设计思路，由以上各类业务主题与业务职能组件组成的社区矫正数智化顶层设计业务架构蓝图如图 1-12 所示。

	监督管理	教育帮扶	公正执法	综合保障	队伍建设	业务协同
业务决策	社区矫正监督管理制度 社区矫正安全保密制度 社区矫正信息化设备管理制度 应急预案管理制度	教育帮扶质量管理体系 教育帮扶效率控制体系 教育帮扶工作制度规范 教育帮扶规律研究 教育帮扶业务统计	矫务公开制度 社区矫正对象权益保障制度 社区矫正政策法规宣传制度 社区矫正公权力监督制度 便民惠矫措施制度	资金使用总体规划 基础设施建设规划 物资装备配置规划 信息化建设规划 行政工作制度规范	绩效考核体系 素质评估体系 岗位职责规划 人力资源配置计划 廉政风险防控体系	业务协同体制机制 业务协同管理规范 业务协同考核评价办法
业务管理	执法办案管理 应急响应管理 分类管理与个别化矫正管理 社区矫正对象活动区域管理 社区矫正数字卷宗(数字档案)管理	教育帮扶质量管理 教育帮扶效率管理 教育帮扶流程管理 教育帮扶绩效管理 教育帮扶考核评价管理	矫务公开（清廉矫正）管理 执法监督管理 管服并举流程管理 管服并举资源管理(自助矫正终端等)	经费保障(预算控制与资金管理) 物资装备管理 基础设施管理 信息化建设管理 涉矫舆情管理	绩效考核管理 素质评估管理 人事任免管理 纪检监察管理 廉政风险防控	业务协同过程管理 业务协同规范管理 业务协同流程管理 业务协同情况统计
业务操作	日常监管审批 调查走访与信息化核查 应急响应与指挥调度 禁止令执行 个别化矫正方案与个案矫正 社区矫正对象考核奖惩 执法设备配发与隐患排查	组织开展教育学习 心理辅导 职业技能培训与就业指导 组织公益活动 其他社会适应性帮扶工作 信用助矫工作	矫务公开 申诉、控告、检举受理与法律援助工作 执法监督与证据保全 政策法规与规章制度宣传 便民惠矫服务(自助矫正终端等)	物资装备配发 财务管理 基础设施建设与信息化服务 行政档案管理 卫生防疫	机关党建与组织人事工作 绩效考核工作 业务培训工作 监察审计工作 工会工作	与公安（看守所）业务协同 与检察院业务协同 与法院业务协同 与司法行政（监狱）业务协同 与基层治理业务协同

图1-12　社区矫正数智化顶层设计——业务架构蓝图

1.4 社区矫正数智化数据架构

数据要素是社区矫正数智化顶层设计建设的核心,也是促进社区矫正业务、服务融合的重要载体,即实现社区矫正各业务产生信息的整合和融合。社区矫正数智化顶层设计数据架构主要包括以下内容。

1. 数据架构

从业务类型、表现形式的分类,规划数据的逻辑分布以及社区矫正数智化顶层设计需要建设的数据库,并针对社区矫正数据的共享交换体系进行分析和设计(数据架构设计如图1-13所示)。

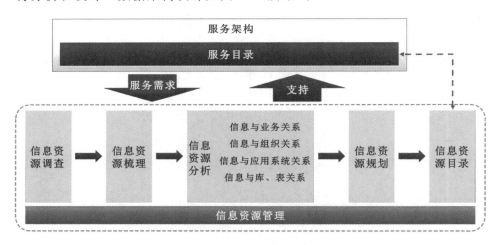

图 1-13 数据架构设计

2. 数据建模

数据建模是社区矫正数智化顶层设计建设的重要内容,基于社区矫正的特点,开展操作性数据 ODS(Operational Data Store)基础信息库建模、数据仓库 DW(Data Warehouse)整合信息库建模、数据集市 DM(Data Mart)分析型信息库建模设计(数据建模设计如图1-14所示)。

第1章　社区矫正数智化顶层设计

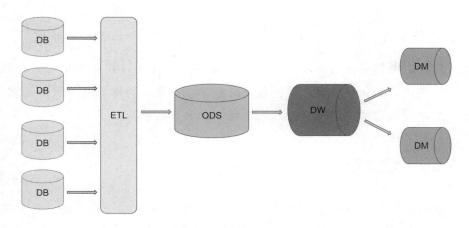

图 1-14　数据建模设计

3. 数据治理

数据治理是保障数据质量、安全的有效手段，通过对社区矫正数智化顶层设计的元数据管理、数据质量检查与监控、数据安全管理、数据全生命周期管理从而实现社区矫正数智化顶层设计的目标。

4. 数据标准与规范

根据社区矫正数智化顶层设计的特点，建设相关的数据加工指导，加强数据管理、遵循国家行业标准（数据标准与规范如图 1-15 所示）。

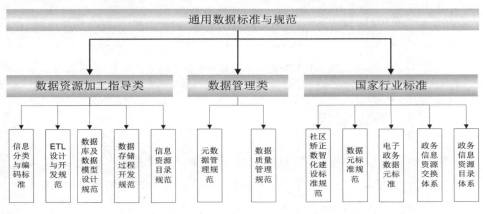

图 1-15　数据标准与规范

— 21 —

5. 信息资源目录

信息资源目录是数据对外展示的重要形式，基于对数据现状的分析建立社区矫正数智化顶层设计的信息资源目录，并建立信息资源与服务形式、数据库之间的关系，实现对社区矫正数据的全方面展现。

1.4.1 主题域

主题域是对业务模型的抽象，通过对社区矫正业务分析，得出社区矫正数智化数据主题域，以及各个域之间主要关系的高层视图，如图1-16所示。

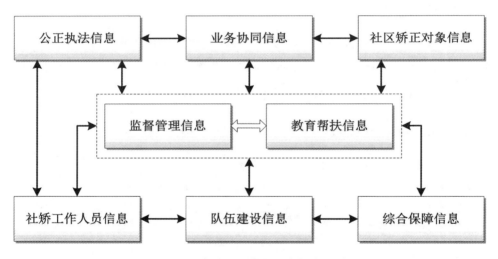

图1-16 社区矫正数智化数据主题域

1.4.2 数据架构

数据架构是顶层设计的信息基础，是保证顶层设计服务的数据资源池，社区矫正数智化顶层设计数据总体架构主要由信息资源目录、数据架构、数据治理、数据标准与规范等部分组成（如表1-1所示）。

第1章 社区矫正数智化顶层设计

表 1-1 社区矫正数智化顶层设计数据总体架构

序号	名称		说明
1	信息资源目录		对信息资源进行梳理,并形成便于获取相关信息资源的目录体系,通过该目录体系实现业务、服务与数据的全面融合
2	数据架构	数据分类	基于业务主体和信息表示分类对数据进行分类
		数据逻辑分布	对顶层设计数据库逻辑上划分为数据源(生产库)、原始数据缓存库、基础信息库(ODS)、整合信息库(DW)、分析型信息库(DM)、半结构化/非结构化数据文件库、协同共享交换库、历史归档库等
		数据建模	针对基础信息库、整合信息库、分析型信息库进行概念模型、逻辑模型、物理模型等建模设计
		数据交换与共享	对顶层设计数据迁移流程,数据共享交换机制,数据共享交换内容、数据共享采用的交换技术等进行设计
3	数据治理		保障顶层设计稳定、高效运转的数据管理体系,主要包括数据生命周期管理、元数据管理、数据质量管理、数据安全管理
4	数据标准与规范		对顶层设计涉及的数据以及数据在应用、交换、管理过程中的数据项、数据属性、数据交换与共享接口等进行定义,为数据的传输交换、数据的应用服务以及数据的管理提供支持

社区矫正数智化顶层设计数据架构蓝图如图 1-17 所示。

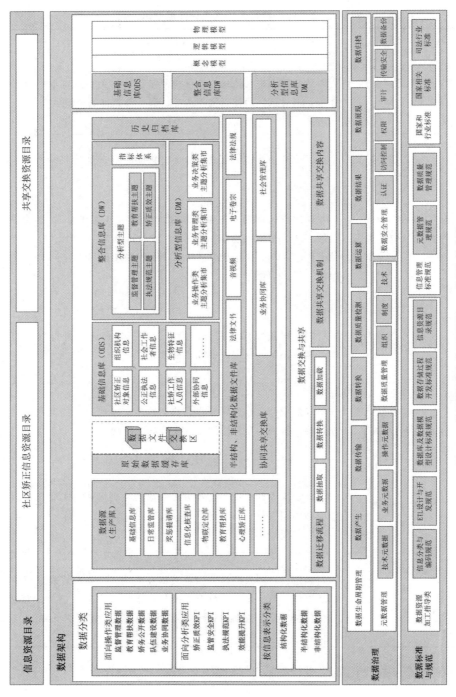

图1-17 社区矫正数智化顶层设计——数据架构蓝图

1.5 社区矫正数智化应用架构

1.5.1 目标路径

应用架构起到了统一规划、承上启下的作用,向上承接业务模式和发展方向,向下规划和指导各个应用系统的定位和功能,它包括了应用架构蓝图、架构标准和原则、系统的边界和定义、系统间的关联关系等方面的内容。

在社区矫正数智化应用架构中,"智"可以通过辅助决策平台体现在每一个应用系统中。利用大数据的理念和技术,将数据从应用系统中抽取出来,实现"数据→信息→知识→智慧"的实现路径,恰好对应着"运算智能→感知智能→认知智能→通用智能"的人工智能发展方向。实践应用中,通常的数量级是"超大量的碎片数据→融合成不太多的信息→关联成极少的知识"(如图 1-18 所示)。

具体来说,可以通过社区矫正数智化一系列关键绩效指标 KPI(Key Performance Indicator)来衡量监督管理、教育帮扶、执法规范、矫正质效、效能提升五个层面的目标达到情况。

- 监督管理 KPI 指标:违纪率与脱漏管率;个别化矫正方案与个案矫正;禁止令执行。
- 教育帮扶 KPI 指标:教育内容的针对性和实效性;教育、公益劳动的场所和条件;职业技能培训证书和就业率;社会力量参与度。
- 执法规范 KPI 指标:矫务公开;公正文明规范执法;数智化对提高执法透明度的影响。
- 矫正质效 KPI 指标:重新犯罪率;再犯风险评估;认知/心理/行为/家庭/社会五要素评估。

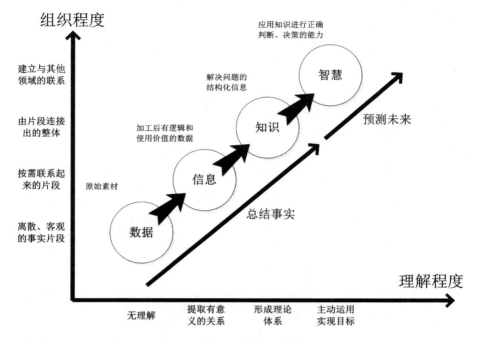

图 1-18 "智慧"的实现路径

· 效能提升 KPI 指标：成本降低、效益提升、人力优化；绿色、节能、环保；提高系统、设备关键性能指标，提升使用率和数智化程度。

同时，通过建立一系列社区矫正数智化模型对海量业务数据进行挖掘，筛选出适用于社区矫正业务目标并具有较高预测性的大数据模型，帮助业务管理层、业务决策层和业务操作层对未来的社区矫正工作进行更有效地开展。上述框架可用社区矫正数智化金字塔描述（如图 1-19 所示）。

1.5.2 应用架构

社区矫正应用架构参考业务决策层、业务管理层、业务操作层的职能分类，并增加公众应用层，对应的社区矫正数智化工作门户分别为决策层门户、管理层门户、业务层门户和服务层门户。根据社区矫正各应用系统实际情况，应用主题可划分为监督管理类、教育帮扶类、矫务公开类、业务协同类、预警决策类。

第 1 章　社区矫正数智化顶层设计

图 1-19　社区矫正数智化金字塔

・监督管理类：社区矫正执法办案系统、个案矫正系统、社区矫正数字卷宗（档案）系统、执法监督与区块链存证系统、物联感知定位监管系统、社区矫正信息化核查系统、暂予监外执行对象监管系统。

・教育帮扶类：社区矫正精细教育系统、社区矫正精确帮扶系统、社区矫正心理辅导系统、信用助矫系统、社会力量助矫系统。

・矫务公开类：矫务公开系统、远程视频督察系统、社区矫正机构门户网站（公众号）。

・业务协同类：政法协同一体化办案平台、跨省协同平台、基层治理协同平台。

・预警决策类：应急预案与指挥调度系统、辅助决策支持系统、态势感知与再犯风险预警系统。

社区矫正数智化顶层设计应用架构蓝图如图 1-20 所示。

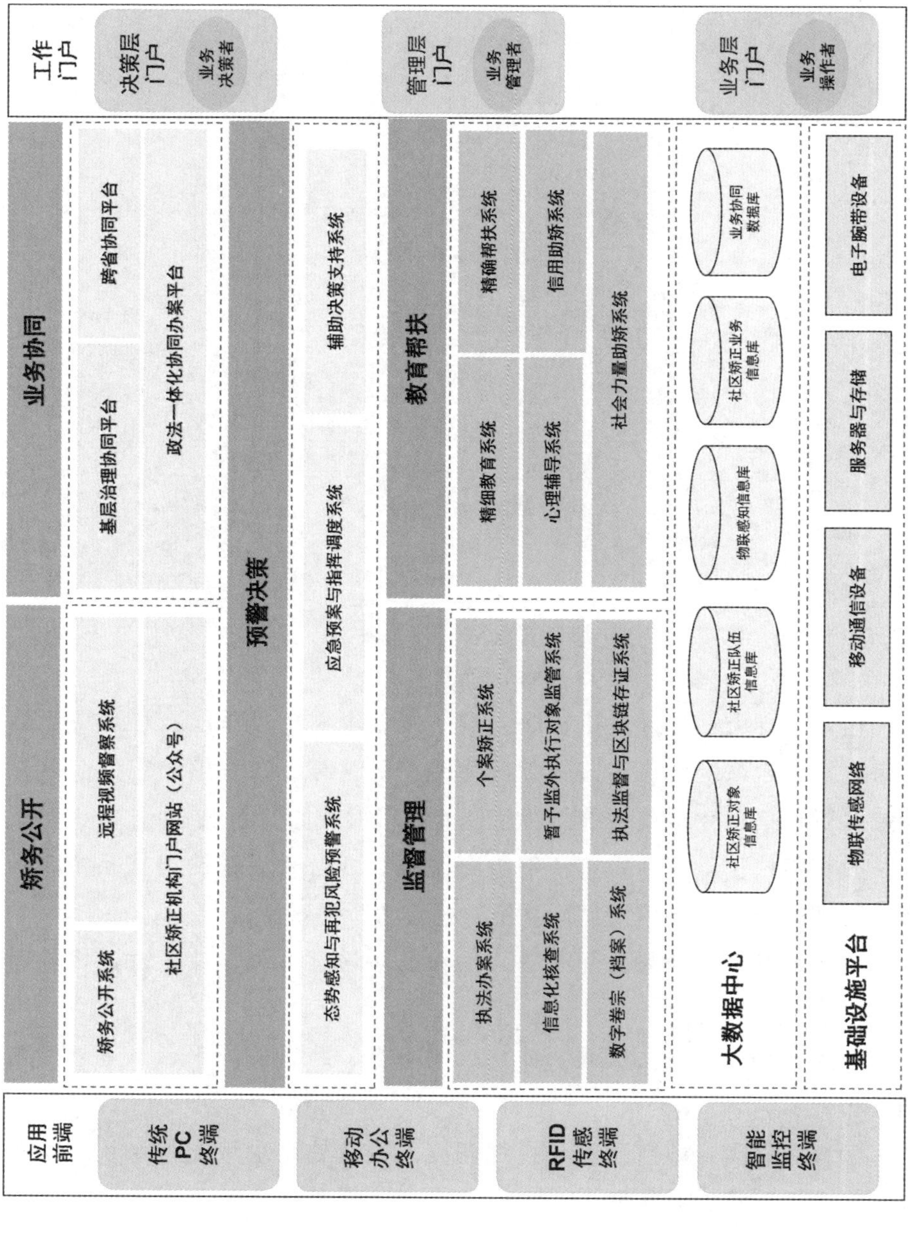

图1-20 社区矫正数智化顶层设计——应用架构蓝图

1.6　社区矫正数智化技术架构

1.6.1　关键技术

1. 物联网

物联网（The Internet of Things，简称 IoT）是指通过各种信息传感器、射频识别技术、全球定位系统、红外感应器、激光扫描器等装置与技术，实时采集任何需要监控、连接、互动的物体或过程，采集其声、光、热、电、力学、化学、生物、位置等各种需要的信息，通过各类可能的网络接入，实现物与物、物与人的泛在连接，实现对物品和过程的智能化感知、识别和管理。物联网是一个基于互联网、传统电信网等的信息承载体，它让所有能够被独立寻址的普通物理对象形成互联互通的网络。

物联网就是物物相连的互联网，其有两层含义：首先物联网的核心和基础仍然是互联网，是在互联网基础之上的延伸和扩展的一种网络；其次物联网的用户端延伸和扩展到了任何物品与物品之间进行信息交换和通信。物联网允许人与物、物与物、人与人之间进行便捷、无缝的连接，即M2M，能够对整合网络内的人员、设备和基础设施实施实时的管理和控制，显然物联网技术非常适合应用于社区矫正数智化，可以预见人脸、步态、微表情、声纹、指纹、生命体征等物联感知信息的采集意义，最具有代表性的如物联网定位监管、智能视频监控系统等。

2. 云计算

云计算（Cloud Computing）是分布式计算的一种，指的是通过网络"云"将巨大的数据计算处理程序分解成无数个小程序，然后，通过多部服务器组成的系统进行处理和分析这些小程序得到结果并返回给用户。云计算的核心思想是将大量用网络连接的计算资源统一管理和调度，构成一个计算资源池为用户提供按需服务。云计算早期，简单地说，就是简单的分布式计算，解决任务分发问题，并进行计算结果的合并。因而，云计算又称为网格计算。狭义的云计算指信息技术基础设施的交付和使用模式，指通过网络以按需要和易扩展的方式获得所需资源。广义的云计算指厂商通过建立网络服务器集群，向各种不同类型客户提供在线软件、硬件租借、数据存储、计算分析等不同类型的服务。

在云计算的服务层次上，顶层设计提供的内容包括基础设施即服务（IaaS）、平台即服务（PaaS）和软件即服务（SaaS）三个层面。在 IaaS 层面，顶层设计可以提供基于虚拟化的基础设施云服务，为各类应用按需提供基础设施平台。在 PaaS 层面，顶层设计可以提供应用支撑云服务，通过统一的、按需分配应用支撑云服务平台支撑顶层设计各类服务。在 SaaS 层面，顶层设计可以提供集中式的信息服务，并可以依据用户权限，提供个性化的按需定制。

3. 大数据

大数据（Big Data）或称巨量资料，指的是所涉及的资料量规模巨大到无法透过主流软件工具，在合理时间内达到撷取、管理、处理并整理成为帮助企业经营决策等积极目的的资讯。在维克托·迈尔-舍恩伯格（Viktor Mayer-Schönberger）及肯尼斯·库克耶（Keneth Cukier）编写的《大数据时代》中大数据不用随机分析法（抽样调查）这样的捷径，而采用所有数据进行分析处理。大数据的 5V 特点（由 IBM 提出）：大量（Volume）、高速（Velocity）、多样（Variety）、低价值密度（Value）、真实性（Veracity）。

大数据是继物联网、云计算之后 IT 产业又一次颠覆性的技术变革。大数据是指无法在一定时间范围内用常规软件工具进行捕捉、管理和处理的数据集合，是需要新处理模式才能具有更强的决策力、洞察发现力和流程优化能力的海量、高增长率和多样化的信息资产。

社区矫正信息化建设阶段多年已积累了大量的基础数据，包括业务数据、音视频资料、电子卷宗（档案）、法律文书、业务协同数据等；物联网技术在社区矫正领域的应用则将带来几何级增长的异构多样化物联感知数据，这些数据中蕴含着大量的有效信息，常规的统计分析难以应对大数据的复杂度，如何将这些信息分拣去噪、提取利用，为社区矫正业务的预警决策提供参考，将是社区矫正数智化发展探索的方向。如何对这类数据有效管理和应用，将成为社区矫正顶层设计的重要技术需求。

4. 区块链

区块链（Blockchain）就是一个又一个区块组成的链条。每一个区块中保存了一定的信息，它们按照各自产生的时间顺序连接成链条。这个链条被保存在所有的服务器中，只要整个系统中有一台服务器可以工作，整条区块链就是安全的。这些服务器在区块链系统中被称为节点，它们为整个区块链系统提供存储空间和算力支持。如果要修改区块链中的信息，必须征得半数以上节点的同意并修改所有节点中的信息，而这些节点通常掌握在不同的主体手中，因此篡改区块链中的信息是一件极其困难的事。相比于传统的网络，区块链具有两大核心特点：一是数据难以篡改，二是去中心化。基于这两个特点，区块链所记录的信息更加真实可靠，可以帮助解决人们互不信任的问题。按照中心化和开放程度的不同，区块链技术可进一步分为公有链、私有链和联盟链。公有链属于完全去中心化，系统最为开放，没有节点准入审查机制，任意节点均可接入并可参与读写数据。私有链中心化程度最高，完全不开放，对私有节点的控制高度集权化，一般仅限于单一机构内部使用。联盟链则可被理解为介于公有链和私有链之间的一种折中方案，只针对联盟特定群体的成员和有限的第三方，其内部指定多个预选节点为记账人，采用协商性共识算法，提高了区块链系统的整体效率和管理的灵活性，也是目前受关注较高、应用前景广泛的区块链技术。

区块链技术除了在证券、保险、支付、清算等金融领域已有探索性的应用，在司法领域的应用也已开始实践。2022年5月最高人民法院出台《最高人民法院关于加强区块链司法应用的意见》,就"充分发挥区块链在促进司法公信、服务社会治理、防范化解风险、推动高质量发展等方面的作用,全面深化智慧法院建设,推进审判体系和审判能力现代化"作出相关规定。

在社区矫正应用领域,社区矫正区块链系统为社区矫正执法工作人员、社区矫正对象等提供了多种链上证照的使用和访问方式,并且基于区块链技术实现存证业务数据写入(如执法证据保全),为业务核查工作提供链上数据查询、提取和验证。

以区块链技术为核心构建社区矫正对象信用评价体系是一种有益尝试。通过建立信用协同机制,社区矫正机构可以与省级信用中心共同搭建以隐私计算(Privacy Computing)为特色的联盟链基础设施,以社会信用分为基础构建社区矫正对象信用评价体系,信用中心可将社区矫正对象基本情况、履约能力、经济行为、遵纪守法、社会公德等信息和时间写入社会信用区块链账本,并关联到社区矫正系统社区矫正对象子账本上,减少部门之间或人为的干扰,实现公平公正公开的执法过程。通过反向修复社会信用分,帮助社区矫正对象建立符合法律道德等要求的行为模式,促进其顺利回归社会、融入社会。"区块链＋信用助矫"架构如图1-21所示。

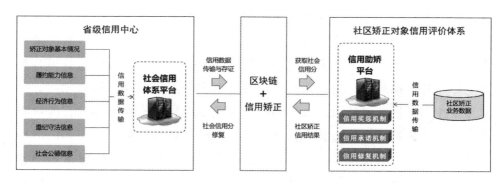

图1-21 "区块链＋信用助矫"架构

5. 人工智能

人工智能（Artificial Intelligence，简称 AI）是研究、开发用于模拟、延伸和扩展人的智能的理论、方法、技术及应用系统的一门新的技术科学。人工智能是计算机科学的一个分支，它企图了解智能的实质，并生产出一种新的能以人类智能相似的方式做出反应的智能机器，该领域的研究包括机器人、语言识别、图像识别、自然语言处理和专家系统等。人工智能可以对人的意识、思维的信息过程进行模拟。人工智能不是人的智能，但能像人那样思考，也可能超过人的智能。

与传统社区矫正"人盯人"工作模式不同，当前社区矫正数字化建设领域正在以司法部部级"智慧矫正中心"创建工作为中心，依托人脸识别、声纹识别、步态识别、心理情绪识别等人工智能技术，创建以"社区矫正智慧大脑"支撑的大数据社区矫正工作新模式，全面开启"AI＋社区矫正""AIoT＋社区矫正"（AIoT ＝ AI 人工智能＋IoT 物联网）新应用时代，不断提升社区矫正工作现代化水平。

当前社区矫正数字化建设领域一些关键技术如图 1-22 所示。

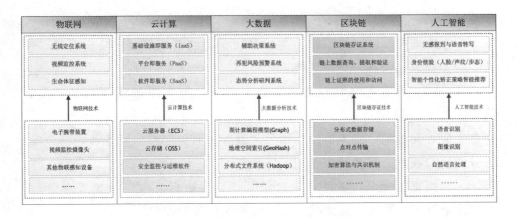

图 1-22　社区矫正数智化领域关键技术

1.6.2 技术架构

社区矫正数智化技术架构采用云平台管理模式（政务云）。通过信息服务层、服务支撑层、信息资源层和基础资源层四个层面，以及标准规范体系、安全保障体系、运维保障体系三大体系实现对社区矫正云管理平台的支撑。

· 信息服务层（社区矫正数智化统一门户）：基础信息类服务、业务协同类服务、矫务公开类服务、业务决策类服务、应用支撑类服务、业务管理类服务、业务支持类服务。

· 服务支撑层（社区矫正信息服务总线/业务协同共享交换平台）：BI分析引擎、检索引擎、传输与交换、ETL、权限管理、安全审计、访问控制、数据加密、鉴别和认证、应用中间件（路由/负载均衡、应用池管理、消息总线、缓存管理、物联网中间件）。

· 信息资源层：数据源区（生产库）、数据交换区、数据整合区（信息资源库、半结构化非结构化数据文件库）、数据归档区（历史归档库）、共享交换区（协同共享交换库）、数据管理区（元数据库、数据质量管理库、ETL调度库、信息资源目录库）。

· 基础资源层：网络系统、主机系统、存储系统、容灾备份系统、安防系统、物联网设备、机房环境。

社区矫正云管理平台包含了服务元管理、数据资源管理和基础平台管理。

· 服务元管理：服务监控与预警、服务注册与定制、服务部署与分发、服务调度与控制、服务目录管理。

· 数据资源管理：信息资源目录管理、元数据管理、数据安全管理、数据质量管理、数据生命周期管理、数据交换复制监控。

· 基础平台管理：虚拟化管理平台、安全运维监控。

社区矫正数智化顶层设计技术架构蓝图如图1-23所示。

第1章 社区矫正数智化顶层设计

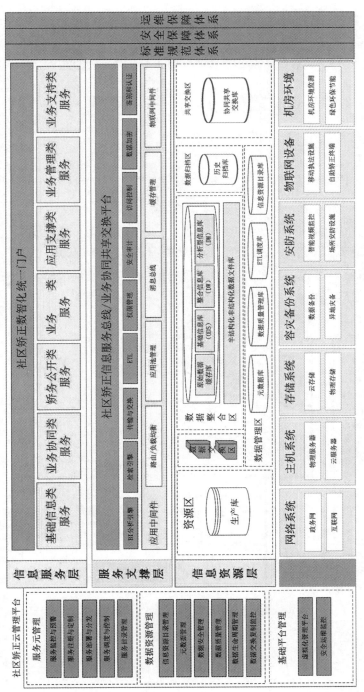

图1-23 社区矫正数智化顶层设计——技术架构蓝图

1.7 社区矫正数智化服务架构

1.7.1 服务参考模型

在进行社区矫正数智化顶层设计时，除了应用 TOGAF 方法外，还应注意其他的相关方法。目前使用比较广泛的 EA 框架和方法论还有联邦企业架构 FEA（Federal Enterprise Architecture），乃是美国政府电子政务的顶层设计架构。FEA 系统分析政府的业务流程、服务能力、组织构件与所用技术的基础，其设计目的正是共享政府 IT 投资、实现政府信息资源的互联互通。FEA 参考模型如图 1-24 所示。

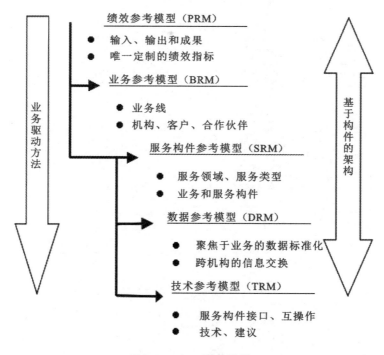

图 1-24　FEA 参考模型

FEA 由以下五个参考模型组成。

• 绩效参考模型（FEA-PRM，Performance Reference Model）：为政府机构提供一般结果与产出指标的绩效测评框架。

• 业务参考模型（FEA-BRM，Business Reference Model）：描述了政府机构内部运行与对外向公民提供服务的业务流程，它构成 FEA 的基础内容。

• 服务构件参考模型（FEA-SRM，Service Component Reference Model）：基于构件的框架，能够支持应用程序的重用、应用系统能力、构件和业务服务。所谓构件就是一项可以自我控制的、事先已经进行功能设定的业务过程或服务。

• 数据参考模型（FEA-DRM，Data Reference Model）：描述那些支持项目计划与业务流运行过程的数据与信息，是发生在政府机构与其各类业务客户间的信息交换与相互作用的类型。

• 技术参考模型（FEA-TRM，Technology Reference Model）：一种分级的技术架构，用于描述传输服务构件与提高服务性能的技术支持方式。

根据本书涉及范畴，顶层设计在原 TOGAF 涵盖的四种基本类型架构的基础上，结合 FEA 的服务构件参考模型，从业务架构、数据架构、应用架构、技术架构和服务架构五个方面对社区矫正数智化总体架构进行设计，EA 范畴调整如图 1-25 所示。

业务架构		
业务战略、治理、组织和关键业务流程信息及其间的交互		
应用架构 应用系统、系统之间的交互、以及与核心业务流程之间的关系	数据架构 组织的各类逻辑和物理数据资产以及数据管理资源的结构	服务架构 服务领域、服务类型，业务和服务构建
技术架构 支持业务、数据和应用服务的部署来说必须的软硬件能力		

图 1-25　EA 范畴 2

1.7.2 服务架构

社区矫正数智化顶层设计中，各类服务与业务之间呈现多对多的关系。在这样的需求模式下，单项服务的复用与灵活组合能力最为重要：一方面，借助 IT 服务的复用能力，使一项 IT 服务能够为多类业务提供辅助支持，降低服务的开发代价和实施、维护代价；另一方面，借助 IT 服务的灵活组合能力，将业务需求拆分到基本服务单元，以各种服务组合的方式最大程度地柔性面对需求变化，不仅满足现在的需求，同时也增强顶层设计系统在未来的抗风险性。

服务架构方案设计如图 1-26 所示。

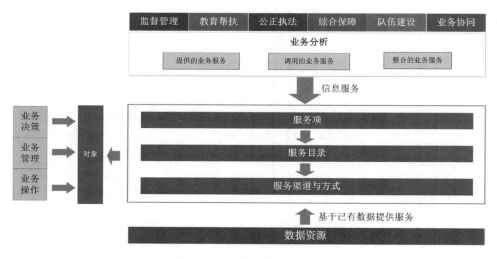

图 1-26 服务架构设计方案

· 服务对象：高层管理人员、中层管理人员、基层工作人员、社会公众、业务系统、公检法司部门、社区矫正对象等。

· 服务目录分类：业务决策类、业务管理类、业务支持类、应用支撑类、矫务公开类、业务协同类、基础信息类等。

· 服务渠道与方式：电脑、物联终端、执法仪、手机、电话、即时通信、电子邮件、移动通信、政务网/互联网、服务接口、管理终端等。

从服务架构设计到技术平台的信息服务层实现均使用面向服务的 SOA 架构模型。它将应用程序面向监督管理、教育帮扶、公正执法、综合保障、队伍建设和业务协同等服务的不同功能单元高度内聚为服务构件,并使服务构件具有标准化、松耦合、弹性粒度、按需组装的特性,从而实现以业务架构、应用架构、数据架构、技术架构和服务架构的全面整合,动态调度服务于不同业务需求,形成融合全社区矫正信息化资源。

社区矫正数智化顶层设计服务架构蓝图如图 1-27 所示。

图 1-27 社区矫正数智化顶层设计——服务架构蓝图

第 2 章
社区矫正数智化评价指标

2.1 评价指标相关说明

科学开展对社区矫正数智化建设成效的评价，需要制定相应的社区矫正数智化建设评价指标体系。社区矫正数智化建设评价指标应坚持导向性原则，充分体现社区矫正数智化的内涵、任务和目标要求；坚持合理性原则，评价指标可根据社区矫正业务与实践发展情况适时进行调整；坚持可操作性原则，保证指标评价的科学、客观、公平、公正；坚持标准性原则，促进建立"标准化＋数智化"双轮驱动架构体系，"以标准化引领数智化，以数智化促进标准化"，有效推动社区矫正工作从数字化向智能化，管理从粗放式到精细化，不断提高社区矫正工作现代化水平。

数智化评价指标应具备以下特征。

一是可采集性。历史和当前数据采集科学方便。

二是代表性。可较全面反映社区矫正数智化工作的总体发展水平。

三是可比性。不同社区矫正机构之间、同一社区矫正机构不同时期数智化建设应用成效可根据指标进行科学比较。

四是可扩展性。可根据社区矫正业务工作实际发展情况对数智化指标体系内容进行增减和修改。

五是引领性。评价指标的设计应对社区矫正数智化工作的全面发展具有重要的指导价值。

2.2 指标体系设计

社区矫正数智化建设评价指标体系分为：理念规划、基础设施、数智应用、建设绩效、支持保障5个评价维度（一级指标），包括19个关键评价要素（二级指标）和56个重要观测点。

第 2 章　社区矫正数智化评价指标

评价指标的测量统计采取分级量化、整体评估的形式，根据指标评价等级赋予分值，然后进行定性与定量结合评估，化主观判断为客观数据。评价等级分优秀、达标、不达标 3 个等次。优秀层次是鼓励社区矫正机构达到的标准，也是社区矫正数智化建设应用发展的方向。达标层次是社区矫正数智化建设应用应该达到的基本要求。同时，评价指标鼓励社区矫正机构积极探索适合自身的数智化特色创新项目。

本节将以区县级社区矫正机构视角，阐述社区矫正数智化建设评价指标体系，指标简表如表 2-1 所示。读者可同时参照司法部行业标准《智慧矫正总体技术规范》(SF/T 0081—2020) 和《"智慧矫正中心"考核评价表》。

表 2-1　社区矫正数智化建设评价指标简表

评价维度 (一级指标)	关键评价要素 (二级指标)	重要观测点
理念规划	建设理念	高层管理者的认识和重视程度
		基层工作人员的认识程度
	建设规划	规划制定的科学性、规范性
		规划方案的实施
基础设施	网络中心	基础网络设施建设
		物联感知与安防设施建设
		智能化技术应用整体情况
	指挥中心	指挥中心基础设施建设和运行管理水平
		应急响应
		智能预警、协作指挥与远程督查能力
	数据中心	数据中心基础规划与架构
		基础数据库建设
		证据保全与容灾备份
		数据中心运行管理水平
		数据中心集成系统智能化程度

社区矫正数智化

续表

评价维度 （一级指标）	关键评价要素 （二级指标）	重要观测点
数智应用	监督管理类	社区矫正执法办案系统
		个案矫正系统
		社区矫正数字卷宗（档案）系统
		执法监督与区块链存证系统
		物联感知定位监管系统
		社区矫正信息化核查系统
		暂予监外执行对象监管系统
	教育帮扶类	社区矫正精细教育系统
		社区矫正精确帮扶系统
		社区矫正心理辅导系统
		信用助矫系统
		社会力量助矫系统
	矫务公开类	矫务公开系统
		远程视频督察系统
		社区矫正机构门户网站（公众号）
	业务协同类	政法协同一体化办案平台
		跨省协同平台
		基层治理协同平台
	预警决策类	应急预案与指挥调度系统
		辅助决策支持系统
		态势感知与再犯风险预警系统
建设绩效	监督管理	违纪率与脱漏管率、禁止令执行
		个别化矫正方案与个案矫正

— 44 —

续表

评价维度 (一级指标)	关键评价要素 (二级指标)	重要观测点
建设绩效	教育帮扶	开展教育、公益劳动的场所和条件
		教育内容的针对性和实效性
		职业技能培训证书和就业率
		社会帮扶力量参与度
	执法规范	矫务公开
		公正文明规范执法
		数智化对提高执法透明度的影响
	矫正质效	再犯风险与重新犯罪率
		认知/心理/行为/家庭/社会五要素评估
	效能提升	成本降低、效益提升、人力优化
		绿色、节能、环保
		提高系统、设备关键性能指标,提升使用率和数智化程度
支持保障	规范体系	组织运行管理标准和制度规范体系
		数智化系统标准化体系和技术规范
		信息安全与运维支撑体系
	资金保障	经费预算、经费来源及支出、财务制度及运行管理
	人才保障	队伍专业结构和岗位配置情况、人事制度及运行管理
	社会支持	社会参与和支持情况

2.3 数智化评价指标——理念规划

理念规划主要包括两个关键评价要素:建设理念、建设规划。

1. 建设理念

重要观测点：2项。重点考查社区矫正执法工作者的数智化建设理念。

1）高层管理者的认识和重视程度

优秀等级标准：具有先进的社区矫正数智化工作理念，发展思路和目标明确。

达标等级标准：注重先进社区矫正数智化工作理念的学习与研究，有科学管理意识。

2）基层工作人员的认识程度

优秀等级标准：基层社区矫正工作人员对社区矫正数智化建设意义非常认同，态度积极。

达标等级标准：基层社区矫正工作人员对社区矫正数智化建设意义有一定认识。

2. 建设规划

重要观测点：2项。重点考查社区矫正数智化规划的顶层设计、实施步骤、资金预算等指标是否与上级总体规划保持协调一致。

1）规划制定的科学性、规范性

优秀等级标准：社区矫正数智化建设与发展规划科学合理，符合上级统一技术标准和规范。

达标等级标准：制定有社区矫正数智化建设与发展规划，基本符合上级规范。

2）规划方案的实施

优秀等级标准：规划方案组织、实施、管理和监督步骤清晰、成效显著。

达标等级标准：规划方案能付诸实施，稳步推进。

2.4　数智化评价指标——基础设施

基础设施主要包括 3 个关键评价要素：网络中心、指挥中心、数据中心。

1. 网络中心

重要观测点：3 项。重点考查网络全覆盖与物联传感网络建设情况。

1）基础网络设施建设

优秀等级标准：社区矫正网络层次功能划分齐全，有效做到安全隔离，网络带宽及性能科学合理，在满足标准要求的同时具有一定的前瞻性，超过标准要求，基础网络覆盖省、市、县、乡所有终端设施，实现全覆盖。

达标等级标准：社区矫正网络层次功能划分基本齐全，初步实现安全隔离，网络带宽及性能达到基本要求，基础网络基本覆盖省、市、县、乡终端设施，覆盖率达到基本要求。

2）物联感知与安防设施建设

优秀等级标准：建设有视频监控、电子定位装置、自助矫正终端、执法仪（车）、远程视频督察、生命体征、报警等物联感知系统，功能与性能超过标准要求，矫正中心重点场所监控覆盖率超过标准要求。

达标等级标准：初步建成视频监控、电子定位装置、自助矫正终端、远程视频督察、报警等基础物联感知系统，矫正中心重点场所监控覆盖率达到基本要求。

3）智能化技术应用整体情况

优秀等级标准：物联传感网络投资比重和建设水平超过标准要求，物联网、云计算、大数据、区块链、人工智能等新技术实际应用水平高。

达标等级标准：注重智能化新技术应用，有部署试点应用。

2. 指挥中心

重要观测点：3项。重点考查指挥中心物联感知设备运行智能化水平。

1）指挥中心基础设施建设和运行管理水平

优秀等级标准：指挥中心平面设计、布线设计、人体工程学、大屏技术、声学/电磁学影响、环境照明、配色理论、座席设计、报警信息、指挥室、安防监控、机房环境等超过标准要求。指挥中心实现自动化操作、实现最小化人为干预、完善的管理工具和技术、优化的流程和步骤、物理环境的有效利用。

达标等级标准：指挥中心基础设施建设和运行管理水平达到基本要求。

2）应急响应

优秀等级标准：应急值守、指挥调度、物联安防信息集成管理、风险隐患监控管理、应急资源管理、应急评估管理等功能超过标准要求，能根据社区矫正地域特点和实际制定应急预案，加强预案的培训、演练工作。

达标等级标准：初步实现应急值守、指挥调度、物联安防信息集成管理、风险隐患监控管理、应急资源管理、应急评估管理等功能，制定有应急预案。

3）智能预警、协作指挥与远程督查能力

优秀等级标准：实现对社区矫正对象日常监督管理、各类突发事件和异常进行智能预警和实时报警，做到快速联动反应，上下级指挥中心等充分发挥协作指挥与远程视频督察等职能。

达标等级标准：能够基本实现对社区矫正对象监管、远程视频督察等日常管理工作。

3. 数据中心

重要观测点：5项。重点考查数据要素采集电子化率。

1）数据中心基础规划与架构

优秀等级标准：数据中心平面规划、电力规划、空调通风系统规划、机房设备与IT基础架构建设水平超过标准要求。

达标等级标准：数据中心平面规划、电力规划、空调通风系统规划、机房设备与IT基础架构达到合格要求。

2）基础数据库建设

优秀等级标准：建立社区矫正数据要素采集审核制度。社区矫正对象信息、矫正队伍建设信息、执法监管信息、教育帮扶信息、OA办公信息、涉矫社情信息、物联感知信息、业务协同信息等数据采集电子化率达到100%。

达标等级标准：数据电子化率达到基本要求。

3）证据保全与容灾备份

优秀等级标准：在执法数据证据保全、数据存储和备份系统、备用数据处理系统、备用网络系统、备用基础设施、技术支持、运营维护管理、灾难恢复预案等方面超过标准要求。

达标等级标准：数据证据保全、容灾备份达到基本要求。[①]

4）数据中心运行管理水平

优秀等级标准：数据中心自动化管理水平高，社区矫正大数据中心建设应用成效显著。

达标等级标准：社区矫正大数据中心运行管理水平达到基本要求。

5）数据中心集成系统智能化程度

优秀等级标准：数据中心集成系统（通信网络系统、办公自动化系统、监控系统、火灾自动报警系统、安全防范系统、人员及资产定位系统、音视频会议系统、综合布线系统、机房工程等）智能化程度超过标准要求。

达标等级标准：数据中心集成系统智能化程度达到基本要求。

---

① 可参照国标《信息安全技术　信息系统灾难恢复规范》（GB/T 20988—2007）。

2.5 数智化评价指标——数智应用

数智应用主要包括 5 个关键评价要素：监督管理类（含公正执法）、教育帮扶类、矫务公开类、业务协同类、预警决策类。重点观测 21 个社区矫正数智化应用系统（平台）建设运行的实际情况。限于篇幅，本节不一一具体展开，下面给出可供参考的 3 项通用观测点。

1) 应用系统规范、功能与性能

优秀等级标准：核心业务领域建立数智化管理规程和工作标准，核心业务应用系统规范全部符合统一标准要求，核心业务应用系统功能实现全覆盖，性能及响应程度能够满足用户数智化应用需求。

达标等级标准：核心业务领域建立管理规程和工作标准，核心业务应用系统功能与性能基本符合标准要求。

2) 系统数智化应用程度

优秀等级标准：建立核心业务领域权责明确、统一协调的数字化转型标准化工作机制，应用系统全部实现集成和上下贯通，核心业务充分运用智能分析进行辅助决策，日常性工作的智能化控制和处理水平高，系统的可扩展性和可升级性高。

达标等级标准：应用系统部分集成，核心业务初步运用智能分析进行辅助决策，日常性工作能够采用智能化控制和处理。

3) 数据共享与业务协同

优秀等级标准：构建开放共享的数据资源体系，坚持数据共享和业务协同双轮驱动，实现政务数据按需共享、有序开放，系统间实现联动，并不断提高数据共享质量。

达标等级标准：核心业务数据实现初步共享和业务协同。

2.6 数智化评价指标——建设绩效

建设绩效主要包括 5 个关键评价要素：监督管理、教育帮扶、执法规范、矫正质效、效能提升。

1. 监督管理

重要观测点：2 项。

1）违纪率与脱漏管率、禁止令执行

优秀等级标准：有效开展社区矫正监督管理和教育帮扶工作，社区矫正对象违纪率与脱漏管率低于全国先进省份的平均比例，禁止令得到有效执行。

达标等级标准：社区矫正对象违纪率与脱漏管率不高于省定比例标准。

2）个别化矫正方案与个案矫正

优秀等级标准：依据社区矫正对象的人身危险性，经过全面分析和综合评估，按社区矫正阶段，制定有针对性的矫正方案，施行个案矫正，实现分类管理、一人一案。矫正方案科学合理，贯彻措施具体，工作责任明确，人员搭配合理，同时矫正方案能根据社区矫正对象表现、矫正方案实施效果等情况动态调整。

达标等级标准：制定针对性的矫正方案，初步实现分类管理、个别化矫正。

2. 教育帮扶

重要观测点：4 项。

1）开展教育、公益劳动的场所和条件

优秀等级标准：根据司法部《司法业务用房建设标准》，按照辖区内社区矫正对象月均数量，为社区矫正对象教育帮扶提供所需面积和相应装备设施，场所和条件能够充分保障教育帮扶工作所需。

达标等级标准：基本达到开展教育帮扶工作需要的基础场所和条件。

2）教育内容的针对性和实效性

优秀等级标准：通过调查和研判分析，按照社区矫正对象个性化差异，全面分析社区矫正对象思想、工作、学习、生活等方面实际需求，采取不同的教育方式和内容，防止表面化、形式化。

达标等级标准：能够根据社区矫正对象个体特征、日常表现等实际情况，开展个别教育。

3）职业技能培训证书和就业率

优秀等级标准：对就业困难的社区矫正对象开展职业能力培训、就业指导，解矫时获得职业技能培训证书的人数比例和就业率达到优秀标准。

达标等级标准：对就业困难的社区矫正对象开展职业能力培训、就业指导，解矫时获得职业技能培训证书的人数比例和就业率达到基本要求。

4）社会帮扶力量参与度

优秀等级标准：建设有社区矫正教育基地、就业基地，充分调动社会组织参与社区矫正工作的积极性。

达标等级标准：社会组织能够参与社区矫正工作。

3. 执法规范

重要观测点：3项。

1）矫务公开

优秀等级标准：依法将社区矫正执法工作的条件、程序、结果向社会公开，程序步骤清晰，注重实效、便于监督。

达标等级标准：初步实现社区矫正执法工作主动公开和依申请公开。

2）公正文明规范执法

优秀等级标准：社区矫正执法监督制度健全，在入矫到解矫各阶段不发生涉矫执法违法违纪案件。

达标等级标准：社区矫正公正文明规范执法达到省定比例标准。

3）数智化对提高执法透明度的影响

优秀等级标准：数智化执法模式实现最大限度压缩自由裁量空间，执法透明度高,促进执法公正规范。

达标等级标准:数智化执法系模式能对执法行为起到一定的规范作用。

4. 矫正质效

重要观测点:2项。

1)再犯风险与重新犯罪率

优秀等级标准:社区矫正对象矫正期间再犯风险和重新犯罪率低于全国先进省份的平均比例。

达标等级标准:社区矫正对象矫正期间再犯风险和重新犯罪率不高于省定比例标准。

2)认知/心理/行为/家庭/社会五要素评估

优秀等级标准:针对认知、心理、行为、家庭关系、社会交往等影响社区矫正对象正常融入社会的问题,采取有效解决方案,提供有针对性、行之有效的教育帮扶,修复社区矫正对象的社会功能。

达标等级标准:能够针对社区矫正对象认知、心理、行为、家庭关系、社会交往等要素提供必要帮扶。

5. 效能提升

重要观测点:3项。

1)成本降低、效益提升、人力优化

优秀等级标准:数智化复杂性有效降低,投资和操作成本有效减少,可实现快速重复建设,有效缓解人力不足,整体效益大幅优化。

达标等级标准:投资和操作成本有所减少,人力配置和整体效益有所优化。

2)绿色、节能、环保

优秀等级标准:高分通过指标检测,矫正中心综合能耗、制冷制热需求和碳排放实现有效降低。

达标等级标准:通过指标检测,矫正中心综合能耗、制冷制热需求和碳排放有一定程度减少。

3）提高系统、设备关键性能指标，提升使用率和数智化程度

优秀等级标准：社区矫正各业务系统、设备关键性能指标在可靠性（平均无故障时间）、可用性（平均可修复时间）、可维护性方面有较大幅度提高，系统、设备使用率大幅提升，数智化程度高。

达标等级标准：社区矫正各系统、设备关键性能指标在可靠性、可用性、可维护性方面有一定提高，系统、设备使用率提升，达到基本要求。

2.7 数智化评价指标——支持保障

支持保障主要包括4个关键评价要素：规范体系、资金保障、人才保障、社会支持。

1. 规范体系

重要观测点：3项。

1）组织运行管理标准和制度规范体系

优秀等级标准：根据社区矫正数智化应用需求，规范组织运行管理体系，成立数智化建设领导机构与工作专班，明确指挥中心、数据中心等相关数智化部门岗位职责，优化重构工作流程，建立数智化管理制度与考核激励机制。

达标等级标准：组织管理体系基本符合规范要求，相关部门岗位职责基本明确。

2）数智化系统标准化体系和技术规范

优秀等级标准：建立涵盖社区矫正各项业务的数智化系统标准化体系和技术规范，包括基础数据采集与交换标准、业务平台建设标准与技术规范等。

达标等级标准：初步建立起符合社区矫正业务的数据采集与交换标准、业务平台建设标准与技术规范等。

3）信息安全与运维支撑体系

优秀等级标准：按照国家相关法律、法规、标准及政策要求，组织建立完整的信息安全体系和运维体系并实施，确保社区矫正网络与信息系统安全。

达标等级标准：信息安全体系和运维体系初步建立，网络与信息系统安全环境逐步完善。①

2. 资金保障

重要观测点：1项。

经费预算、经费来源及支出、财务制度及运行管理

优秀等级标准：数智化建设经费列入财政预算，建立了项目建设和运维动态保障机制；建立多方资金筹措渠道，项目建设资金自筹能力强；建立资金使用管理制度，严格监督评价，资金使用绩效好。

达标等级标准：强调建设经费投入，初步建立了项目建设和运维动态保障机制和资金使用管理制度。

3. 人才保障

重要观测点：1项。

社区矫正队伍专业结构和岗位配置情况、人事制度及运行管理

优秀等级标准：建立分层、分类专业人才培养培育体系，形成良好的人才成长激励机制，不断优化完善队伍专业结构和岗位配置，推动社区矫正队伍正规化、专业化、职业化建设，人事制度及运行管理满意度高。

达标等级标准：专业人才培养培育体系初步建立，社区矫正队伍专业结构和岗位配置基本达标，人事制度及运行管理基本满意。

4. 社会支持

重要观测点：1项。

---

① 可参照ISO27001标准、ISO27002标准。

社会参与和支持情况

优秀等级标准：广泛吸纳社会资源，企业和高校科研院所参与，社会支持程度高。

达标等级标准：社会参与和支持程度一般。

第 3 章
社区矫正业务流程数智化转型

3.1 业务流程驱动的数智化转型

业务流程 BP（Business Process）的经典概念是迈克尔·哈默（Michael Hammer）与詹姆斯·钱皮（James A. Champy）在 1993 年合著的《企业再造》（*Reengineering the Corporation*）一书中提出的，"定义某一组活动为一个业务流程，这组活动有一个或多个输入，输出一个或多个结果，这些结果对客户来说是一种增值。业务流程是企业中一系列创造价值的活动的组合。"

简单理解，业务流程就是组织或企业为达到业务目标而设定的"先做什么，后做什么，由谁来做"的，体现出有逻辑和先后次序的一系列标准化操作步骤。业务流程被设计用来描述并确保关键业务有序、顺利地执行，但流程本身设计并不必然是科学、合理和优化的。

业务流程管理 BPM（Business Process Management）则是指以改善流程的效率和效果、提高组织的运营绩效为目的，通过分析、建模和改进组织业务流程的方法，并使其简单化、自动化的业务过程。业务流程管理是从业务流程改进 BPI（Business Process Improvement）、业务流程再造（重组）BPR（Business Process Reengineering）等发展而来，BPM 全生命周期可分为：流程梳理、流程设计建模、流程运行、流程监控、流程分析以及流程再造。可以看出，业务流程管理的变革程度是按照"业务流程的建立（规范）→业务流程优化→业务流程再造（重组）"这一方向发展的。

流程图是描述业务流程的重要工具，通常业务流程以流程图的形式进行流程定义并实现流程的可视化。一张标准的业务流程图，包含角色（谁）、执行（做什么）、输入与输出（数据/文档）、次序（先后，流程进行方向）、规则（决策判断）等五个要素，既说明了业务、工作的流程，也同时在流程中明确了关键的控制节点和每个节点各自的分工和职责，如图 3-1 所示，微软 Visio 中的流程图形状。其中，跨职能流程图形状中的"泳道"

元素将活动划分到不同的可视化类别中来描述不同参与者的责任与职责，非常符合今天真实的多跨协同业务场景。

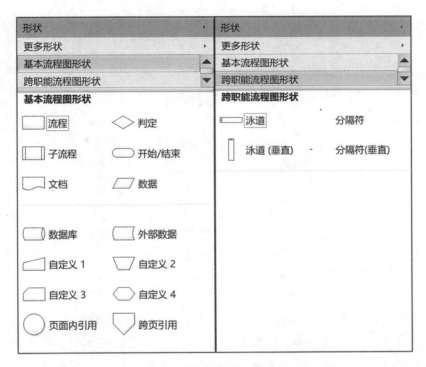

图 3-1　Visio 中的流程图形状

实际应用中，国际协会对象管理组织 OMG（Object Management Group）于 2011 年推出了一个公开的标准——业务流程模型和符号 BPMN2.0（Business Process Model and Notation）。该标准作为业务流程图形化的建模标准（ISO/IEC19510），已被广泛用于设计和实施业务流程。BPMN 的主要目标就是在业务流程设计与实现间提供一套被所有业务用户理解的易用、标准的建模标记语言，简化模型开发，减少标记混乱（如图 3-2 所示）。

随着数智化智能化技术的发展，尤其是人工智能开始应用推广，业务流程驱动的数智化转型方法也越发受到关注。业务流程自动化 BPA（Business Process Automation）是 BPM 的高阶提升，即通过自动化的方式进行业务流程梳理、优化，以减少重复劳动，降低人力成本，实现数智化转型。

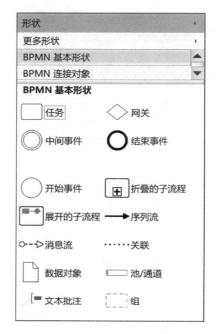

图 3-2　Visio 中 BPMN 基本形状

数智化转型可以简单理解为"数智化转换＋数智化升级",是以数智化实现对传统业务的系统性、颠覆式模式创新。随着数智化技术与业务场景的深度融合,通过数智化技术更多的业务流程和业务模式被精简优化,最后推动整体智治的战略规划进展,即是业务流程驱动的数智化转型。接下来将以社区矫正业务流程数智化转型为例详细论述业务流程再造。

3.2　社区矫正数智化全周期流程

根据社区矫正业务流程,本章将社区矫正数智化全生命周期大致分成四个阶段,分别为调查评估阶段、入矫接收阶段、矫正执行阶段、解除终止阶段。同时依据不同数智应用所赋能的阶段,把各流程定义为全阶段数智应用和单阶段数智应用,具体不同阶段的数智应用如图 3-3 所示。

第 3 章 社区矫正业务流程数智化转型

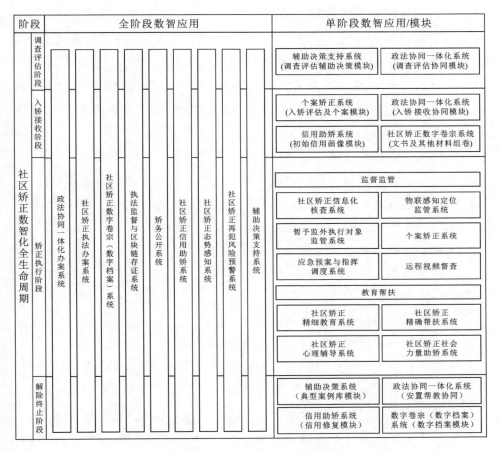

图 3-3　社区矫正数智化全周期流程

3.2.1　调查评估阶段

1. 业务流程

1）业务说明

根据《中华人民共和国社区矫正法》及《中华人民共和国社区矫正法实施办法》相关条例，社区矫正决定机关可以委托社区矫正机构或有关社会组织对被告人或者罪犯的社会危险性和对所居住社区的影响进行调查评估。社区矫正机构收到委托文书后，可以审核委托文书是否合法、清楚、完整。对文书核实无误的，确定调查时限，同时进行调查指派，组建调查评估小组，进行线下走访、取证，调查评估初步意见主要凭借调查人员的工作经验和主观判断，经评审后形成调查评估意见。最终将意见反馈给社区矫正决定机关以及抄送人民检察院，完成调查评估整体业务流程。

常见的调查评估方式，包括但不限于下述方式：

- 查阅、调取资料，包括监狱表现、犯罪前科等法律文书或其他材料；
- 走访被告人、罪犯的家庭成员、工作单位、就读学校、辖区公安派出所和所居住的村（居）民委员会、村（居）群众；
- 召开座谈会（不适用于未成年）；
- 问卷调查；
- 个别约谈；
- 跨省、市的可采用委托调查方式。

常见的调查评估内容，包括但不限于下述内容：

- 家庭和社会关系，包括居所情况、家庭成员情况、社会交往和主要社会关系、监护人或者保证人具保情况等；
- 个性特点，包括身体状况、心理特征、性格类型、爱好特长等；
- 现实表现，包括工作学习表现、遵纪守法情况、是否有不良嗜好、行为恶习等；
- 犯罪情况和悔罪表现，包括犯罪行为后果和影响、犯罪原因、主观恶性、是否有犯罪前科、认罪悔罪态度、社会危险性等；
- 社会反响，包括被害人或者其亲属态度、村（居）群众态度、被调查对象适用社区矫正后可能对其所居住社区的影响等；
- 监管条件，包括家庭成员和监护人或者保证人态度、经济生活状况和环境、工作单位、就读学校和村（居）基层组织意见等；
- 其他违法犯罪记录核查，向辖区公安派出所了解核查相关情况；
- 需要调查评估的其他事项。

2）流程说明

根据调查评估阶段的业务场景不同,可以将调查评估分为委托阶段、调查阶段、反馈阶段,具体阶段流程说明如下。

① 委托阶段。

社区矫正决定机关发起委托,将委托材料线下寄送至社区矫正机构（社会组织参照社区矫正机构）,由社区矫正机构签收审核,并根据是否符合速裁程序确定调查时效,同时可将具体调查任务指派给委托调查机构。

② 调查阶段。

委托调查机构组建调查评估小组,实施线下调查取证,并根据调查情况形成初步评估意见,并将取证材料及评估意见汇报给社区矫正机构。

③ 反馈阶段。

社区矫正机构评议最终评估调查意见,形成调查评估意见书,并将调查评估结论和意见书材料,线下寄送给社区矫正决定机关和人民检察院。

调查评估业务流程如图 3-4 所示。

2. 数智化流程再造

1）再造要点

通过对上述调查评估阶段业务流程的分析,实施数智化再造,重构业务流程,在遵循《中华人民共和国社区矫正法》《中华人民共和国社区矫正法实施办法》等法律法规的基础上,梳理调查评估阶段的数智应用流程,提升矫正工作质效。

① 衔接政法一体化协同办案系统。

基于目前已构建的政法单位间的数智化业务协同桥梁,通过政法协同一体化办案系统,实现线上发起调查评估委托,包括调查对象信息、罪名信息、委托调查信息、委托调查书等附件。社区矫正机构完成调查评估后,将调查评估意见如调查评估结论、调查评估日期、调查评估意见书、实际居住地等信息,通过线上进行反馈,并同步通报人民检察院。

社区矫正数智化

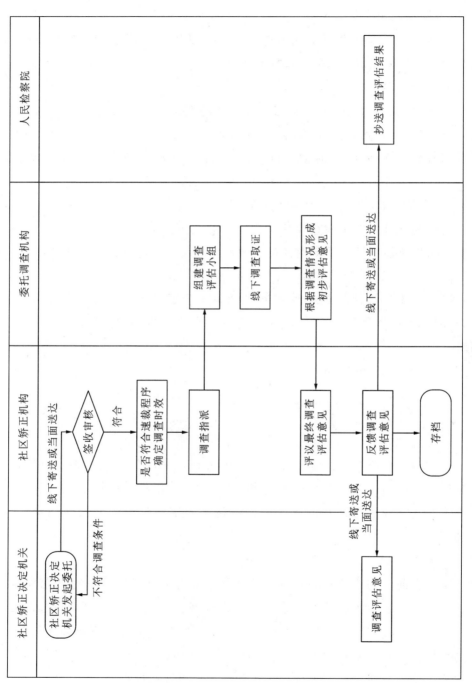

图 3-4 调查评估业务流程图

② 数据质检。

通过前期梳理各政法单位的调查评估标准，确定数据质检规则，将材料不齐或不属于本辖区调查的调查委托自动退回；并确认符合要求的调查委托是否为速裁程序，确定本次调查评估时效。

③ 多跨场景协同取证。

评估核对表中部分信息，如家庭结构完整情况、工作情况、前科犯罪、失信情况等可通过与人社、民政、公安、法院进行多跨协同，系统自动取证，进行初步核实。

④ 调查评估智能辅助。

线上进行调查评估指派给对应司法所后，系统可自动组建本次调查评估小组。同时根据调查对象的不同类型和特征（如被告人、罪犯、未成年人、疾病患者等），形成个性化调查评估核对表，通过多跨场景协同取证、线下完善调查评估核对表，最终定向定量输出智能化调查评估意见和评估分值，形成适宜社区矫正分值，系统自动提供客观的评估意见，减少人为主观判断因素，保障调查评估期间证据链路完整，为最终调查评估意见决策赋能（表 3-1 为调查评估核对表示例）。

表 3-1 调查评估核对表（示例）

调查评估对象基本情况	姓名		性别		民族		年龄	
	文化程度		家庭住址				联系方式	

序号	项目	评估标准	分值	评分		详细说明
				符合	小计	
1	居所情况（25分）	拟矫正地有固定住所	15			
		有固定经济来源	10			

社区矫正数智化

续表

序号	项目	评估标准	分值	评分 符合	评分 小计	详细说明
2	家庭与社会关系（15分）	家庭成员间关系融洽且愿意接纳	5			
		家庭有稳定的经济收入	5			
		家庭有监管能力和约束力，且愿意承担监管责任	5			
3	犯罪行为的后果和影响（9分）	未造成人员伤亡	3			
		未造成重大经济财产损失	3			
		未产生严重的社会舆论负面影响	3			
4	居住地村（居）民委员会和被害人意见（8分）	居住地村（居）民委员会同意接纳，愿意配合监管	4			
		取得被害人及其家属谅解，同意判处社区矫正	4			
5	社会危害性（16分）	本次犯罪前无刑事处罚记录	4			
		无暴力、故意等主观恶性犯罪情形	4			
		非共同犯罪，或共同犯罪但起次要作用	4			
		真诚悔罪，积极减轻危害，已履行部分或全部民事赔偿责任	4			
6	居住社区的影响（18）	邻里及社区成员愿意容纳，不排斥	4			
		无重度传染性疾病（艾滋病、肺结核等）	4			
		无精神疾病	4			
		无吸毒史	4			
		无酗酒、赌博等恶习	2			

续表

序号	项目	评估标准	分值	评分符合	评分小计	详细说明
7	其他事项（9分）	有从事相关工作的能力（如：私营企业主、个体户、工人、农民等）	3			
		购买有社会保险、医疗保险或其他商业保险	3			
		身体健康，生活能够自理（除保外就医对象）	3			
	总计		100			

调查评估核对表常用规则：

• 评估分数≥80分，系统自动提出适宜社区矫正意见，并提供原因以及注意事项。

• 评估分数＜80分，系统自动提出不适宜社区矫正意见，并提供原因以及复核事项。

2）流程再造

根据调查评估阶段的业务场景，针对调查评估的委托阶段、调查阶段、反馈阶段进行流程再造。

① 委托阶段。

由社区矫正决定机关发起委托，将委托材料通过政法协同一体化办案系统线上推送至社区矫正机构。社区矫正机构在线签收后，系统通过OCR能力、数据质检能力，自动判断是否符合速裁程序，并提取委托调查书中关键信息，如居住地、现工作单位、前科犯罪等。核实无误后可将调查任务通过社区矫正执法办案系统指派给委托调查机构（如司法所、第三方服务机构等）。

② 调查阶段。

为维护当事人合法权益，保障司法公平公正，根据执法回避原则，由调查评估智能辅助模块自动组建本次调查评估小组。根据调查对象的不同类型（如被告人、罪犯、未成年人、疾病患者等），初始个性化调查评估核对表。经社区矫正工作人员人工审核确认，形成实际调查评估小组和调查评估核对表并实时将核对表信息推送至工作人员手机端 APP。部分核对表信息，如家庭结构完整情况、工作情况、前科犯罪、失信情况等可通过与公安、法院、人社、民政等进行多跨协同，系统自动取证，进行初步核实。其他内容，则可由工作人员通过线下取证，勾选符合调查结果的选项，勾选完成后系统可定向定量输出智能化调查评估意见和评估分值，赋能调查评估决策。

③ 反馈阶段。

由社区矫正机构评议最终评估调查意见，形成调查评估意见书，归纳至社区矫正数字卷宗（数字档案）系统，并将调查评估结论和意见书材料，通过政法协同一体化办案系统线上推送至社区矫正决定机关和人民检察院。

调查评估数智化流程再造如图 3-5 所示。

通过对调查评估的数智化再造，利用数据质检、线上指派、多跨协同取证、"一人一表"、政法一体化协同等功能，实现调查评估阶段"让系统多判断，让数字多跑路"的效果，确保调查评估期间证据链路完整，并客观对调查评估意见决策赋能。

3.2.2　入矫接收阶段

1. 业务流程

1）业务说明

入矫衔接指的是社区矫正决定机关自判决、裁定或者决定生效之日起五日内通知执行地县级社区矫正机构，并在十日内送达有关法律文书，同时抄送人民检察院，社区矫正机构依法接收社区矫正对象的过程。

第3章 社区矫正业务流程数智化转型

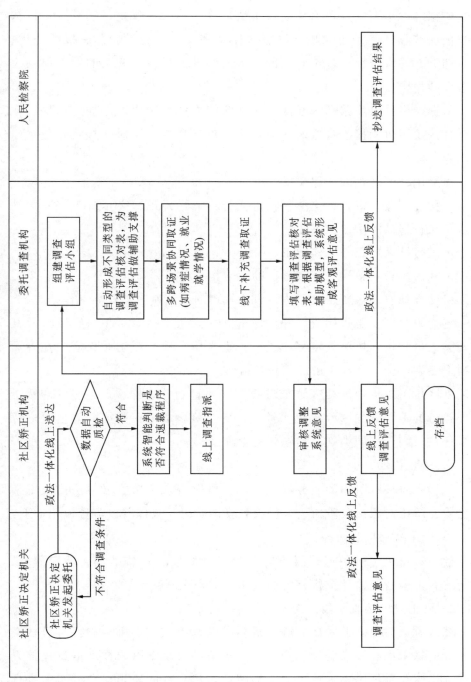

图 3-5 调查评估数智化流程再造图

依据《中华人民共和国社区矫正法》第二十二条规定：社区矫正机构应当依法接收社区矫正对象，核对法律文书、核实身份、办理接收登记、建立档案，并宣告社区矫正对象的犯罪事实、执行社区矫正的期限以及应当遵守的规定。

依据《中华人民共和国社区矫正法实施办法》第十八条规定，执行地县级社区矫正机构接收社区矫正对象后，应当建立社区矫正档案，包括以下内容：

- 适用社区矫正的法律文书；
- 接收、监管审批、奖惩、收监执行、解除矫正、终止矫正等有关社区矫正执行活动的法律文书；
- 进行社区矫正的工作记录；
- 社区矫正对象接受社区矫正的其他相关材料。

接受委托对社区矫正对象进行日常管理的司法所应当建立工作档案。

宣告由社区矫正机构或者司法所的工作人员主持，矫正小组成员及其他相关人员到场，按照规定程序进行。宣告后，社区矫正对象应当在书面材料上签字，确认已经了解所宣告的内容。

社区矫正机构根据社区矫正对象被判处管制、宣告缓刑、假释和暂予监外执行的不同裁判内容和犯罪类型、矫正阶段、再犯罪风险等情况进行综合评估，划分不同类别，实施分类管理。

2）流程说明

根据入矫接收阶段的业务场景不同，可以将入矫接收分为法律文书接收阶段、矫正对象接收阶段、入矫报到反馈阶段，具体阶段流程说明如下：

① 法律文书接收阶段。

社区矫正决定机关通过线下邮寄将判处管制、宣告缓刑、裁定假释、决定或者批准暂予监外执行相关的法律文书寄送至社区矫正机构。

② 矫正对象接收阶段。

社区矫正对象线下来社区矫正机构报到，社区矫正机构进行身份核实并办理信息采集和接收登记工作，矫正对象签订承诺书，办理信息化核查手续，机构对矫正对象进行首次谈话教育，建立社区矫正对象档案，进行入矫宣告等相关工作。

③ 入矫报到反馈阶段。

社区矫正机构将送达回执材料，线下寄送给社区矫正决定机关和人民检察院。

入矫接收业务流程如图 3-6 所示。

2. 数智化流程再造

1) 再造要点

通过对上述入矫接收阶段业务流程的分析，推进数智化再造，在符合《中华人民共和国社区矫正法》《中华人民共和国社区矫正法实施办法》及相关规定的情况下，梳理入矫接收阶段的数智应用流程，对以下几个关键节点进行改造，整体流程再造分为以下步骤：

① 政法协同一体化办案系统衔接。

基于目前已构建的政法单位协同"桥梁"，通过社区矫正执法办案系统，社区矫正决定机关可推送矫正对象信息、家庭及社会关系信息、同案犯信息、定罪量刑信息、禁止令信息及《起诉书》《刑事判决书》《执行通知书》《结案登记表》《书面告知书》等文书，由决定机关线上推送。社区矫正对象报到后，可将社区矫正对象报到情况、《执行通知书（回执）》等通过一体化办案途径，线上送达回执反馈给决定机关并抄送至检察机关。

② 自助矫正。

社区矫正对象通过自助矫正终端，办理首次报到业务，自助录入社区矫正对象的基本信息，如姓名、家庭住址、社会关系等数据项信息，同步利用生物特征采集硬件模块，采集指纹、人脸、声纹等特征信息，从而减轻工作人员入矫登记的工作负担。

③ 入矫评估。

对社区矫正对象过往基础数据、行为数据、心理数据、犯罪类型、所处环境和社会关系比对分析，并通过心理学基本理论，采用大数据分析技术，自动形成心理评估、危险性评估和矫治建议，通过个案矫正系统，形成初步个性化矫正方案，为后续精准矫正、分类管理提供初步支撑。

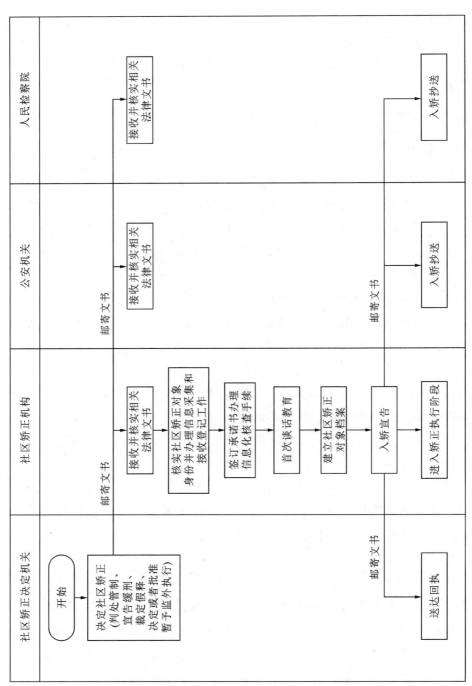

图 3-6 入矫接收业务流程图

④ 社区矫正数字卷宗（数字档案）。

利用电子签名、电子签章、组卷拆卷等能力，对社区矫正对象的入矫衔接材料进行初步组卷，电子卷宗随案同步应用，实现卷宗数据与入矫衔接融合，保证入矫材料登记保存规范化、数智化，提高入矫登记工作的质量和效率。

2）流程再造

根据入矫接收的业务场景，针对入矫接收阶段的法律文书接收阶段、矫正对象接收阶段、入矫报到反馈阶段进行流程再造。

① 法律文书接收阶段。

社区矫正决定机关通过政法协同一体化办案系统将判处管制、宣告缓刑、裁定假释、决定或者批准暂予监外执行相关的文书信息和结构化字段等信息推送至社区矫正机构，社区矫正机构线上核实文书材料是否齐全，进行预入矫登记。

② 矫正对象接收阶段。

根据报到时效，自动外呼提醒尚未报到的矫正对象。社区矫正对象线下来社区矫正机构报到时，利用自助矫正终端，实现基本信息如姓名、家庭住址、社会关系等数据项信息及指纹、人脸、声纹等特征信息的自助录入。通过入矫评估模块形成心理评估、危险性评估和矫治建议，利用个案矫正系统形成初步个性化矫正方案。同时将入矫衔接材料、入矫评估结果归纳组卷，包括《执行通知书》《结案登记表》《起诉书》《居住地证明》等基础档案，实现卷宗数据与入矫衔接融合，保证入矫材料登记保存规范化、数智化。最终通过线下入矫宣告或针对行动不便的矫正对象进行远程视频入矫宣告，代表入矫阶段完成，可进入矫正执行阶段。

③ 入矫报到反馈阶段。

社区矫正机构将送达回执材料通过政法协同一体化办案系统线上推送至社区矫正决定机关和人民检察院。

入矫接收数智化流程再造如图 3-7 所示。

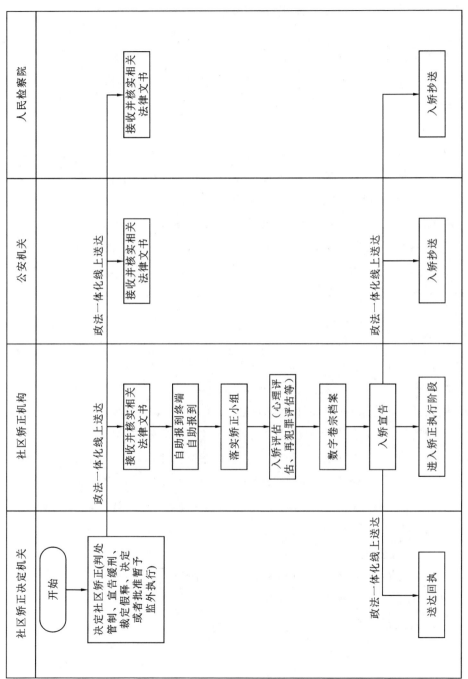

图 3-7 入矫接收数智化流程再造图

入矫接收阶段的数智化再造主要体现在自助信息采集、入矫初步评估以及接收过程由线上线下双轨制向线上单轨制变革,保障法律文书送达的时效性,让数据跑路代替人跑路,为基层工作人员减负,在形成综治合力、推进诉源治理、提升办案质效等方面取得突出成效。

3.2.3 矫正执行阶段

按照社区矫正机构监督管理和社会力量参与帮扶适度分离的原则,本章主要讨论矫正执行阶段信息化核查、应急处突等监督管理相关的事项流程,梳理了信息化核查数智流程、应急处突数智流程。对矫正执行阶段的心理辅导、教育学习、职业技能培训、指导就业就学、改善社会关系等非执法的事项和请销假审批、执行地变更审批等审批类事项以及按规章制度开展的表扬、训诫等奖惩事宜,本章不再展开,可参考本书附录。

1. 信息化核查

1)业务流程

(1)业务说明。

根据《中华人民共和国社区矫正法》第二十六条,社区矫正机构应当了解掌握社区矫正对象的活动情况和行为表现。社区矫正机构可以通过通信联络、信息化核查、实地查访等方式核实有关情况,有关单位和个人应当予以配合。

信息化核查是指社区矫正机构运用位置信息核查、远程视频督查系统实时核验与信息共享核实、互联网、物联网等技术手段,获取或查验监督管理社区矫正对象所需相关信息的活动。常见信息化核查手段包括使用电子定位装置,基于运营商的基站定位、智能核辅以及远程视频督查系统实时核验、大数据协同核验等。

一般常见的核查主体可以是社区矫正机构以及委托的司法所。

(2)流程说明。

社区矫正机构通过信息化核查手段,针对异常情况,如发现活动区域过大、关机、停机、越界、人机分离、轨迹异常等现象,在本级登记《社区矫正对象信息化核查日记本》，并提供录音、截图等证据材料，通知下级纠正或调查取证，最终由司法所或本级社区矫正机构直接登记核实，进行调查取证或纠正，并提出处理意见，将调查材料上报或处置情况书面逐级反馈至区县、市级社区矫正机构。

常见的信息化核查类型如表 3-2 所示。

表 3-2　常见的信息化核查类型

核查类型	核查内容	核查频次
信息化核查	关机停机情况	预警情况出现时，准时介入预警核查工作
	人机分离情况（停留超时）	
	越界情况	根据社区矫正对象管控等级设置相应的核查频次
	日常位置（行动轨迹）情况核查	
	人机分离（生活状态）核查	

信息化核查业务流程如图 3-8 所示。

2）数智化流程再造

（1）再造要点。

通过对上述信息化核查业务流程的分析，梳理信息化核查的数智应用流程，对以下几个关键节点进行改造：

① 位置监管。

以对社区矫正对象实时信息化监管为基础，通过电子定位装置、手机监管 APP 等设备，利用卫星、基站、WiFi 等定位技术，对社区矫正对象的位置、行动轨迹、活动区域等进行有效及时的监控，结合社区矫正实际日常工作、业务逻辑，对信息进行整合和处理，形成轨迹回放、围栏管理、越界报警、关机报警、人机分离报警、异常处置等功能，并利用位置信息开展夜不归宿、重点对象交叉、同案犯交叉等研判，加强风险感知能力。完成异常预警、消息提醒、异常处置等一系列预警的业务闭环，达到对社区矫正对象的有效监管，防止其出现违规外出、脱管等异常事件。

第3章 社区矫正业务流程数智化转型

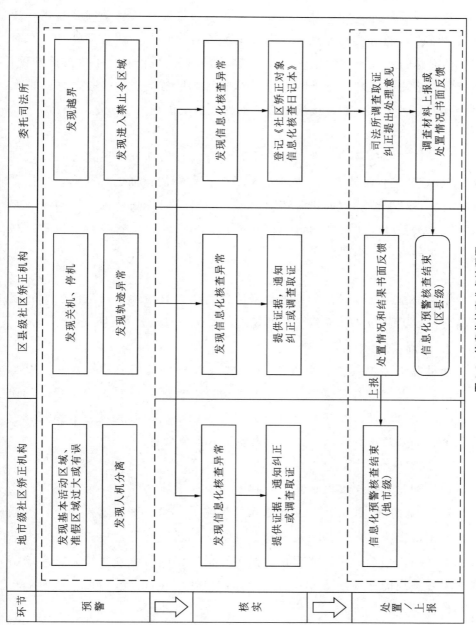

图3-8 信息化核查业务流程图

② 智能核辅。

建立专业的社区矫正对象声纹库，利用话术配置及自动问答技术，建立报警核查、随机抽查等机制，当发生预警时，触发电话自动外呼，并对声纹信息进行核验。如信息化核查系统接收到社区矫正对象手机关机预警，智能核辅模块会立即执行外呼任务，并根据外呼结果是否接通来判断本次关机预警是否属实，如可接通则会自动处理该关机预警。

③ 位置签到。

社区矫正对象根据日常监管要求，结合人脸识别及卫星定位技术，利用手机 APP 进行位置签到。同时，位置签到和智能核辅进行联动，当信息化核查发现预警或疑似人机分离时，通过智能核辅外呼社区矫正对象，并要求矫正对象在一定时间内进行位置签到。系统通过位置签到的位置，判断其是否越界以及人机分离。

（2）流程再造。

根据信息化核查的业务场景，将信息化核查分为预警发生阶段、智能核辅阶段、消息通知阶段和异常处置阶段四个阶段进行流程再造。

① 预警发生阶段。

通过电子定位装置、手机监管 APP 等设备，利用卫星、基站、WiFi 等定位技术以及公安人脸视频分析等手段，对社区矫正对象的位置、行动轨迹、活动区域等进行综合分析，形成关机预警、疑似人机分离预警、越界预警、进入禁止令区域、日常行为预警等预警信息。

② 智能核辅阶段。

通过配备专用声纹采集终端，利用声纹质量检测能力，全面搭建社区矫正对象声纹库。利用其声纹检测和外呼能力，建立每日随机抽查、重点时段严密排查、异常预警触发核查、日常信息通知等各类业务模式，由系统依据三项机制常态化、智能化落实抽查任务。同时对外呼结果、声纹结果、位置签到信息进行综合分析，实现自动处理异常预警数据，从而减轻人工核实压力。

③ 消息通知阶段。

将智能核辅信息以及转入人工处置的预警信息通过站内消息、短信提醒等消息渠道，第一时间告知社区矫正工作人员，保证其在智能核辅基础上快速开展后续人工处置过程。

④ 异常处置阶段。

信息化核查系统根据本次预警核实情况，将结果分为预警属实和系统误报两大类。综合分析社区矫正对象异常核实情况以及历史异常情况，自动形成后续处置建议，如训诫、警告等，达到对社区矫正对象的有效监管，防止其出现不假外出、脱漏管等异常事件。

信息化核查数智化流程再造如图3-9所示。

2. 应急处突

本节从区县级社区矫正机构的角度，展开应急处突相关流程说明。本节提到的应急处突即突发事件处置机制，是指社区矫正机构接到社区矫正突发事件信息时，紧急开展的应急响应措施。

1）业务流程

（1）业务说明。

根据《中华人民共和国社区矫正法实施办法》第五十二条规定，社区矫正机构应当建立突发事件处置机制，发现社区矫正对象非正常死亡、涉嫌实施犯罪、参与群体性事件的，应当立即与公安机关等有关部门协调联动、妥善处置，并将有关情况及时报告上一级社区矫正机构，同时通报执行地人民检察院。

常见的突发事件包括：

- 社区矫正对象准备或正在实施行凶、杀人、放火、抢劫、绑架等犯罪，或者以要挟或制造重大社会影响为目的的自杀、自焚、自残等行为；
- 社区矫正对象非法组织或参与群体性事件；
- 社区矫正对象参与非正常上访；
- 社区矫正对象脱离监督管理；
- 社区矫正对象在参加教育学习、公益活动等过程中严重滋扰管理秩序；

社区矫正数智化

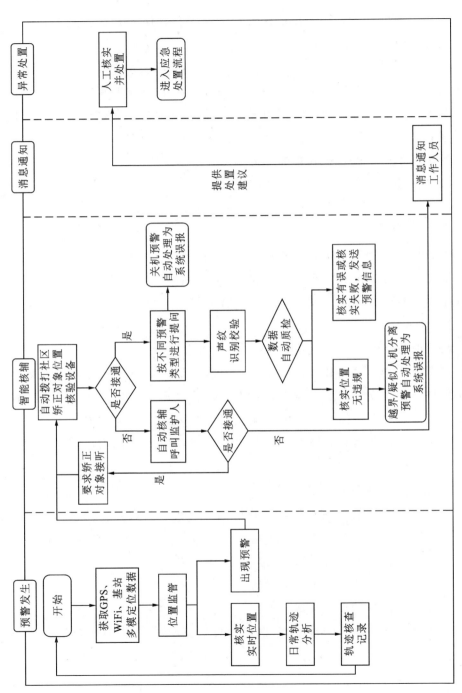

图 3-9 信息化核查数智化流程再造图

- 社区矫正对象非正常死亡；
- 社区矫正对象在参加教育学习、公益活动等过程中发生人身伤亡；
- 社区矫正工作场所内发生暴力事件；
- 社区矫正对象发生涉及重大疫情相关情形；
- 社区矫正对象在特殊敏感时间段违规进入重要场所和设施；
- 其他突发事件。

（2）流程说明。

根据应急处突阶段的业务场景，可以将应急处突分为预案建设阶段、信息报告阶段、预案启动阶段、应急善后阶段。

① 预案建设阶段。

社区矫正机构需明确适合自己环境和条件的可行、有效的应急预案内容。应急预案在应急处突响应中起着关键作用，明确了事故发生前后谁负责做什么、何时做以及相应的策略和措施，是有序和有效开展应急处突措施的行动指南和基础。

② 信息报告阶段。

社区矫正机构通过实地查访、信息化核查等手段了解社区矫正对象在社区矫正执行期间发生的非正常死亡、涉嫌实施犯罪、参与群体性事件等造成或者可能造成人员伤亡、重大财产损失、严重影响社会秩序或危及公共安全的突发事件。

社区矫正机构横向报告给本级人民政府，发现社区矫正对象非正常死亡、涉嫌实施犯罪、参与群体性事件的，可立即与公安机关等有关部门协调联动、妥善处置，并将有关情况及时报告上一级社区矫正机构，同时通报执行地人民检察院。

社区矫正机构纵向报告至省市两级社区矫正应急处置办公室或指挥中心。针对区县社区矫正机构不能及时有效处置的，市级社区矫正机构可组织应急处置工作，如突发事件影响较广较大的，省级社区矫正应急处置办公室可协调其他市、县启动应急处置预案，进行突发事件处置。

社区矫正突发事件常分为Ⅰ级（特别重大）、Ⅱ级（重大）、Ⅲ级（较大）、Ⅳ级（一般），社区矫正突发事件初始响应等级如表3-3所示。

表 3-3 社区矫正突发事件初始响应等级

事件类型	初始响应等级
社区矫正对象发生杀人、放火、抢劫、绑架等重大犯罪行为	Ⅰ级（特别重大）
社区矫正对象发生以制造重大社会影响为目的的自杀、自残等行为	Ⅰ级（特别重大）
社区矫正对象发生非正常死亡（他杀及其他意外事故造成死亡）事件	Ⅱ级（重大）
社区矫正对象非法组织或参与越级访、群访、缠访、闹访等非法上访、扰乱公共秩序的群体性事件	Ⅱ级（重大）
社区矫正对象以言论或行为要挟政府工作人员	Ⅲ级（较大）
出现社区矫正领域较大负面舆情	Ⅲ级（较大）
社区矫正对象脱管失控	Ⅳ级（一般）
社区矫正对象在公益活动、集中教育等活动中发生严重滋扰管理秩序的行为	Ⅳ级（一般）

③ 预案启动阶段。

突发事件发生后，启动应急处置和预案流程，设立现场指挥部，并根据需要可设立如下 5 个应急处置工作小组，形成针对本社区矫正突发事件应急处置工作组，应急处置工作小组设立如表 3-4 所示。

表 3-4 应急处置工作小组

工作组类型	负责事项
现场处置组	负责控制局面、消除危险、平息事态等工作
秩序维护组	负责现场警戒、疏散人群、维护秩序等工作
医疗救治组	负责联系协调医院、实施伤员救治等工作
后勤保障组	负责应急处置必需的人力、财力、物力保障等工作
信息综合组	负责情况收集、信息传递、材料汇总、媒体应对等工作

④ 应急善后阶段。

突发事件应急处置工作结束后,负责处置的司法所、区县社区矫正机构应当及时查明突发事件的经过和原因,总结应急处置工作的经验教训,制定改进措施,形成书面报告逐级上报。负责处置突发事件的区县社区矫正机构研究决定对外发布信息相关事宜。需要对外发布的,应当拟定信息内容,报送职能部门审核后统一发布。组织宣传报道,应正确引导社会舆论。

应急处突业务流程如图 3-10 所示。

2) 数智化流程再造

(1) 再造要点。

通过对上述业务流程的分析,应急处突业务数智化流程再造适合与社区矫正信息化核查中的应用模块形成业务数据联动,并构建各级社区矫正机构、司法所、基层治理及社会协助力量联动的应急机制。同时,县(市、区)级社区矫正机构应根据辖区内列管社区矫正对象人数的一定比例配置应急人员,形成应急预案与指挥调度系统。

① 应急预案管理。

前期应配置不同预案内容,预案内容需包括各应急小组人员组成、人员职责、应急措施等内容。系统按照"平时有序、战时有力"原则,根据重大安保期或突发事件情况,智能化启动对应预案,积极构建平稳有序、畅通高效的应急响应体系。

② 风险预警管理。

风险预警管理可根据平台中信息化核查、心理矫正等应用模块所产生的数据以及智能物联设备捕捉到的数据对社区矫正对象的风险行为进行风险预警及核实验证,系统将预警信息通过多种通知渠道告知社区矫正工作人员,工作人员收到预警后,需快速进行核实,根据核实结果将事件实际情况与已建预案库进行信息匹配,根据匹配结果与实际情况确定是否进入应急阶段以及启动对应应急预案。

常见的风险行为如表 3-5 所示。

社区矫正数智化

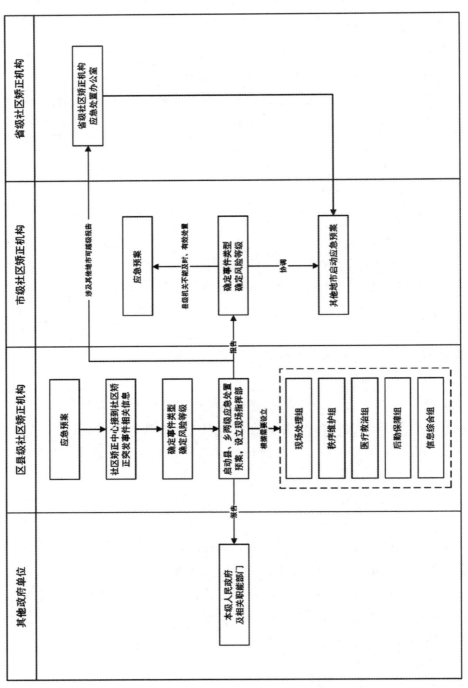

图3-10 应急处突业务流程图

第 3 章 社区矫正业务流程数智化转型

表 3-5 常见的风险行为表

序号	信息内容
1	社区矫正对象在信息化核查中产生"进入禁止区""停留超时""人机分离""越界""长时间关机"等结果信息
2	社区矫正对象在心理测评中出现"有明显攻击性行为或暴力倾向""有自杀念头""情绪高度异常"等心理行为信息
3	社区矫正对象以隐蔽性形象外出或携带具有危险性物品、管制器具外出
4	社区矫正对象违反禁止令或与不良人员频繁见面或出现掩藏性行为
5	社区矫正对象在互联网发表不当言论
6	从其他政府部门或社会机构接收到的异常信息
7	其他可能形成风险的行为

③ 融合通信。

构建融合通信功能，全方位赋能实时点验、移动执法、场所工作督查、突发情况处置等多场景协同功能。提供在线通话功能，可以在通讯录选择对应的人员（如社区矫正对象、网格员、基层司法所工作人员）进行一键拨打，也可以通过平台输入电话号码或短号拨打，通话记录自动保存供在线查看；实现点对点、点对多在线音频或视频功能，为方便工作人员之间的直接沟通，通过对接执法记录仪，将现场画面实时传输至指挥中心，实现远程指挥作战，使上下联动更便捷、更直接，实现"可视、可见、可查"的效果，提升全局指挥、高效处置、快速相应的能力。

④ 协同处置。

当突发事件（如涉嫌实施犯罪、参与群体性事件）需协同公安机关或其他单位力量处置，可通过平台联动协调公安机关警力，进行现场联合处置。同时社区矫正机构可以利用网格员的地理位置优势，通过网格图层对接和网格员位置，确定所属网格，调动网格能力，从而建立情报、分析、处理、反馈的异常处理业务流程闭环，为社会维稳安全提供一定条件的保障。事件处置完成后形成突发事件报告，并利用系统上报功能将突发事件报告横向汇报给本级人民政府和执行地人民检察院，纵向汇报给省市级社区矫正机构。

（2）流程再造。

根据应急处突阶段的业务场景，对应急处突的预案建设阶段、应急预防阶段、应急处置阶段、应急善后阶段四个阶段进行流程再造。

① 预案建设阶段。

根据已有社区矫正突发事件的信息记录、相关研究性成果等构建社区矫正应急处置案例知识库和应急预案库。建议利用人工智能等手段学习案例知识库和应急预案库，探索社区矫正突发事件的发生及发展机理，形成应急预案全智能匹配机制。

② 应急预防阶段。

应急预防分为风险辨识和风险控制两个环节。

• 风险辨识。

风险辨识可根据平台中信息化核查、心理矫正等应用模块所产生的数据以及智能物联设备捕捉到的数据对社区矫正对象的风险行为进行提前辨识。

• 风险控制。

风险控制对辨识为风险行为的信息进行核实验证，核实验证的方法，主要包括：利用智能物联设备开展实时行为核验；利用信息化手段联动司法所、基层治理及社会协助力量等开展就近线下核查；利用信息化手段联动相关部门开展职能范围内的核查等（如公安协查、雪亮工程等）；对验证属实但未发展为社区矫正突发事件的风险行为，应联动相关部门在职能范围内提前介入。

③ 应急处置阶段。

应急处置分为应急响应和事件处置两个环节。

• 应急响应。

当接收到社区矫正突发事件信息后，平台能根据社区矫正突发事件的

严重程度进行自动分级,并启动相应等级的应急响应措施。应急响应一般分为以下步骤:

信息报告。通过平台将事件信息纵向逐级上报或横向协同联动。

预案启动。将事件实际情况与已建预案库进行信息匹配,根据匹配结果与实际情况选择确定应急预案。

队伍组建。利用已建的应急人员数据库,以高效处置、便捷联动为原则,根据预案要求调取合适的应急人员组建应急处置队伍,队伍内应包括指挥人员、执行人员等角色,必要时可加入援助人员。

· 事件处置。

应急处置队伍中的执行人员在接收到组建信息和委派任务后,立即赶往社区矫正突发事件现场,根据现场情况和指挥调度信息及时采取措施并利用平台上报执行情况。

社区矫正突发事件处置结束后,应利用平台及时上报应急处置全流程数据记录。若处置记录需同其他部门协同的,可及时利用平台进行信息传递。

④ 应急善后阶段。

应急善后分为事件评估和事件善后两个环节。

· 事件评估。

通过平台采集和记录的数据对社区矫正突发事件应急处置的全流程进行评估,评估内容包括:

社区矫正突发事件的产生原因;社区矫正突发事件的后果及影响;社区矫正突发事件处置时的责任情况和效率情况等。

· 事件善后。

依法对社区矫正突发事件相关社区矫正对象进行处理,并对社区矫正对象的矫正管理措施进行调整完善。将社区矫正突发事件的评估结果应用至平台应急知识库和预案库的优化工作中。

应急处突数智化流程再造如图 3-11 所示。

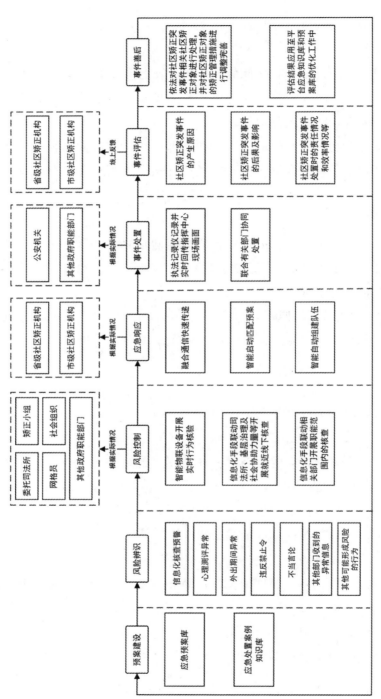

图 3-11 应急处突数智化流程再造图

3.2.4 解除/终止矫正阶段

1) 业务流程

（1）业务说明。

解除/终止矫正阶段分为两类情况，即矫正期满，和被裁定撤销假释，被裁定撤销缓刑、假释，被决定收监执行或者死亡导致的矫正终止。

依据《中华人民共和国社区矫正法实施办法》，社区矫正对象矫正期限届满，且在社区矫正期间没有应当撤销缓刑、撤销假释或者暂予监外执行收监执行情形的，社区矫正机构依法办理解除矫正手续。

社区矫正对象一般应当在社区矫正期满三十日前，作出个人总结，执行地县级社区矫正机构应当根据其在接受社区矫正期间的表现等情况作出书面鉴定，与安置帮教工作部门做好衔接工作。

执行地县级社区矫正机构应当向社区矫正对象发放解除社区矫正证明书，并书面通知社区矫正决定机关，同时抄送执行地县级人民检察院和公安机关。

（2）流程说明。

解除/终止阶段业务流程，根据类型不同，可分为矫正解除流程和矫正终止流程。

① 矫正解除（被赦免）流程。

首先社区矫正对象在社区矫正期满三十日前，作出个人总结。司法所上报《社区矫正期满鉴定表》《矫正期满个人总结》等解除矫正相关材料，县级社区矫正机构对上报材料进行审核，县级社区矫正机构负责人批准。执行地县级社区矫正机构应当向社区矫正对象发放《解除社区矫正证明书》，解除信息化核查措施，开展解矫宣告，解矫宣告包括以下内容：

宣读对社区矫正对象的鉴定意见；宣布社区矫正期限届满，依法解除社区矫正；对判处管制的，宣布执行期满，解除管制；对宣告缓刑的，宣布缓刑考验期满，原判刑罚不再执行；对裁定假释的，宣布考验期满，原判刑罚执行完毕。

宣告由社区矫正机构或者司法所工作人员主持，矫正小组成员及其他相关人员到场，按照规定程序进行。同时将解矫结果及《解除社区矫正证明书》等文书材料，书面通知社区矫正决定机关，同时抄送执行地县级人民检察院和公安机关，并落实安置帮教衔接。

② 矫正终止流程。

针对矫正终止场景，即被裁定撤销假释，被裁定撤销缓刑、假释，被决定收监执行或者死亡，将矫正过程文书和判决文书等文书材料进行存档，并解除信息化核查措施，签发抄送《终止社区矫正通知书》至社区矫正决定机关和检察机关。

解除/终止矫正业务流程如图 3-12 所示。

2) 数智化流程再造

(1) 再造要点。

基于上述业务流程，解矫阶段的数智化流程再造主要体现在审批及文书通知流程线上流转、归纳总结矫正经验以及线上帮教衔接。

① 解矫审批流程线上流转。

建立社区矫正执法办案系统，将《社区矫正期满鉴定表》《矫正期满个人总结》等解除矫正相关材料、县级社区矫正机构审核意见、县级社区矫正机构负责人批准结果进行线上流转，并将矫正期间所有文书及证据材料归纳入卷，形成矫正期间的完整卷宗。

② 政法协同一体化办案系统线上衔接。

基于目前已构建的公检法司间的协同"桥梁"，社区矫正决定机关将解矫信息，如矫正表现、解矫通知书等材料，线上发送给矫正决定机关，同时抄送执行地县级人民检察院和公安机关。

第3章 社区矫正业务流程数智化转型

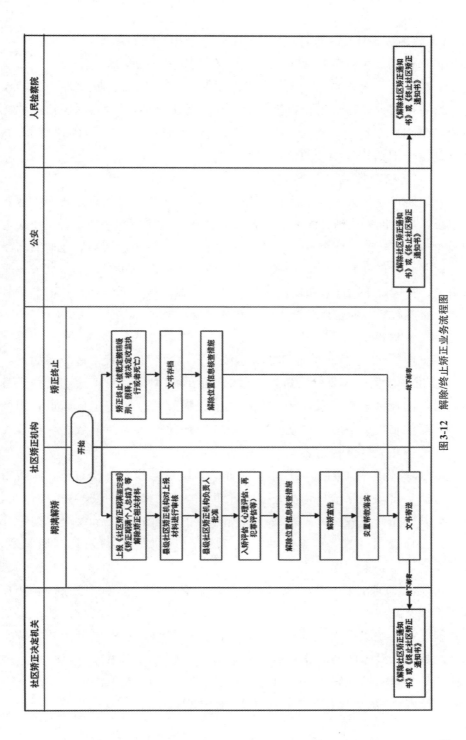

图3-12 解除/终止矫正业务流程图

③ 矫正效果评估。

根据社区矫正对象从入矫至矫正解除或终止阶段的矫正方案、全量文书及数据分析，提炼归纳典型案例经验，同步至社区矫正案例库，为后续社区矫正决策、学习等工作提供帮助。针对矫正效果较好的社区矫正对象，可通过信用矫正机制，将社区矫正和社会信用评价、公共信用评价联动，修复其由于刑罚执行导致的信用"污点"。

④ 安置帮教衔接。

社区矫正对象矫正解除后，可将社区矫正对象的解矫信息同步至安置帮教系统，从社区矫正档案同步至安置帮教档案，做到一人一档。矫正小组与帮教小组同步转换。社区矫正小组成员在社区矫正对象解矫后，及时履行手续，转变职能，成为该对象的帮教小组成员，使社区矫正对象同步向安置帮教对象、社区矫正期同步向安置帮教期顺利过渡，做到无缝衔接，有利于社区矫正对象解矫后的帮扶教育，促使其更好地遵纪守法，回归社会。

（2）流程再造。

根据解除/终止矫正的业务场景，解矫阶段数智化流程再造步骤如下：

① 准备阶段：根据社区矫正对象的矫正结束时间，自动筛选近一个月内要解矫的社区矫正对象，并通过站内消息提醒社区矫正工作人员；当社区矫正对象临近解矫时，自动分析比对在矫期间所有的档案数据，生成在矫期间的矫正表现评估初表。

② 解矫阶段：通过社区矫正执法办案系统发起线上审批流程，解矫审批通过后，自动解除信息化核查措施，评估矫正结果，同步公共信用体系，进行公共信用修复或惩戒，并最终将所有矫正期间的文书及数据归纳至社区矫正数字卷宗（数字档案）系统，形成数字档案；并归纳其典型案例，归集至社区矫正案例库。

③ 通知阶段：将社区矫正对象的解矫信息同步至安置帮教系统，从社区矫正档案同步至安置帮教档案，做到一人一档。矫正小组与帮教小组同步转换。社区矫正小组成员在社区矫正对象解矫后，及时履行手续，转变职能，成为该对象的帮教小组成员；同时将《解矫通知书》等材料通过政法协同线上送达社区矫正决定机关、公安机关及检察院。

解除/终止矫正数智化流程再造如图 3-13 所示。

第 3 章 社区矫正业务流程数智化转型

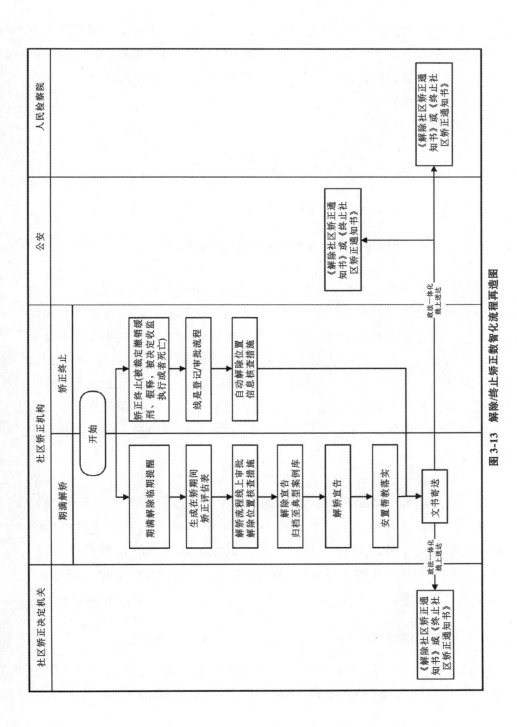

图 3-13 解除终止矫正数智化流程再造图

通过对解除/终止矫正过程的数智化再造，实现全业务、全流程线上流转，并不断积累矫正经验和案例库，综合分析其信用矫正成效，与公共信用相结合，按评估结果进行信用修复或信用惩戒，从而降低社区矫正对象的再犯风险和矫正成本。

3.3 设计实例

3.3.1 社区矫正区块链存证数智流程

区块链存证是通过公安、检察院、法院、司法行政（监狱）等多个公信主体参与共建的可信区块链实时存证，为执法活动存证提供保真和溯源功能，运用区块链不可删除、不可篡改、时间戳、多方维护及账本共享等特性，实现人、事、物、行为等案件材料数据的全生命周期确权和置信可靠，对关键证据、电子卷宗等数据上链留痕，解决执法办案的规范性约束短板，保证执法办案电子数据在多方流转过程中准确保留和信息共享，解决电子数据"取证难、示证难、认证难、存证难"等问题，赋能社区矫正执法办案。

执法监督与区块链存证系统，以社区矫正执法为切入点，针对调查评估、交付接收、外出审批、监督管理、考核奖惩、提请治安管理处罚、提请减刑、提请逮捕、提请撤销缓刑、撤销假释和收监执行等重点执法环节，协同共享检察院检察建议等多渠道数据，利用区块链存证手段，从法律时效及执法规则上开展数智化监管，包括定位监管数据存证模块、执法监督存证模块、多跨协同存证模块，多角度开展社区矫正存证管理。

1. 定位监管数据存证

信息化核查中运用最广泛的就是电子定位监管技术，包括基于手机的基站定位（LBS 定位）、基于电子定位装置的多模定位（北斗、GPS、

第 3 章　社区矫正业务流程数智化转型

WiFi、LBS 混合)、基于手机软件的 APP 定位（GPS），三种模式都存在一定的数据偏差问题，虽通过技术手段可以交叉比对，互为佐证，但对数据偏差的产生缘由及数据传输过程中发生的异常行为难以界定责任，仍不能避免发生诸如通过软件后台篡改定位数据的违规行为。

运用区块链定位监管存证技术，将四种定位方式产生的原始数据从源头一分为二，一份数据直接上链存证，监督用户（如检察院等检察机关），可经授权追溯核验社区矫正对象定位监管数据的数据源；一份数据传送到社区矫正信息化核查系统，提供位置监管、轨迹回放、异常预警等信息化核查业务应用。

定位监管数据存证流程如图 3-14 所示。

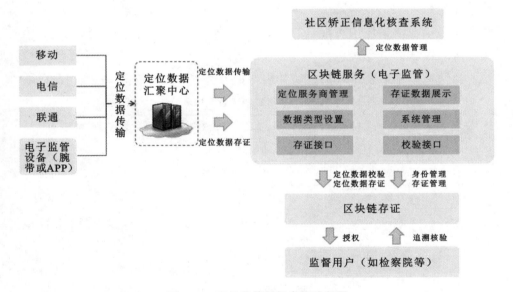

图 3-14　定位监管数据存证流程图

运用区块链定位监管存证，从技术的使用上避免发生数据的二次污染，从而确保定位数据的防篡改性。另一方面，监察部门可以通过区块链的授权，对特定时段的原始定位数据进行追溯、核验，从而起到对社区矫正工作的广泛监督。

2. 执法监督存证

执法监督指的是监督社区矫正工作人员在开展社区矫正工作过程中的规范性和时效性。在执法监督过程中，区块链特有的分散网络、可追溯性、共识机制、安全性、高可用性和不变性为司法实践提供了全新保障能力，在执法公开、证据保存、司法举证、案件追溯、数据共享等方面快速增强司法行政信息化手段和能力，极大提升司法行政的司法公信力。

运用区块链执法监督存证，将社区矫正执法办案的原始数据从源头一分为二，一份数据直接上链存证，一份数据传送到社区矫正执法监督系统正常使用，从技术的使用上避免发生数据的二次污染。通过分析社区矫正执法监督系统中的业务数据，从法律时效及执法规则上开展数智化监管，筛选出各项执法模块中可能存在问题的数据，并预警、告知工作人员以及时整改和监督。

执法过程中需要审查的模块如表 3-6 所示。

表 3-6 执法过程审查模块表

序号	入矫接收审查模块	日常监管审查模块	处罚决定审查模块
1	调查评估超期模型	脱管漏管应上报未上报模型	—
2	回执发送超期模型	应走访未走访模型	应训诫未训诫模型
3	文书不齐全未通知模型	变更矫正执行地逾期模型	应警告未警告模型
4	矫正责任书未签订模型	信息化核查异常情况 24 小时预警逾期处理模型	应提请治安处罚未提请模型
5	虚假报到监督模型	信息化核查预警应核实未核实模型	应提出撤销缓刑未提出模型
6	—	信息化核查未开展模型	应提出撤销假释未提出模型
7	—	违规批准请假模型	应提出逮捕未提出模型
8	—	虚假销假模型	应提出收监未提出模型

执法监督数据存证流程如图 3-15 所示。

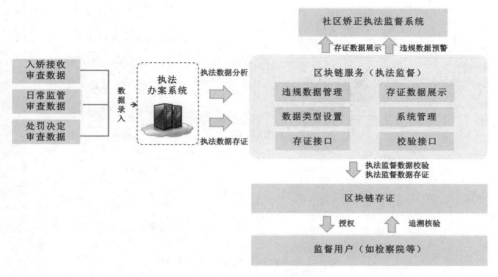

图 3-15　执法监督数据存证流程图

通过区块链执法监督存证模块，可防止工作人员执法不规范或通过后台篡改执法数据导致执法过程存在异常，实现执法数据不丢失、不篡改的作用。区块链的运用可减少部门之间或人为的干扰，实现公平、公正、公开；极大提高追责、纠错的效率和降低成本。

3. 多跨协同存证

社区矫正业务多跨协同业务，包括政法一体化办案协同、跨区域协同、跨部门协同等多种协同场景，在多跨协同过程中，数据在多节点之间流转容易出现丢失或被篡改的情况。而区块链技术的分布式数据结构，恰好可以让政法各单位所有部门都参与"记账"且数据公开透明，所有数据的交换都有迹可循，数据交换的容错率也较高，为建立和维系各部门之间的信任和共识提供了技术条件，有利于打破各部门之间的信息孤岛，在确保数据安全的同时促进案件数据跨界共享。

多跨协同数据存证流程如图 3-16 所示。

社区矫正数智化

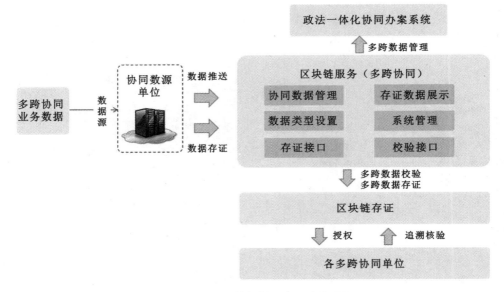

图 3-16　多跨协同数据存证流程图

借助区块链技术的数据不可篡改和可溯源能力，可提升数据协同流程的规范整合程度，提升规范执法办案规范水平和业务协同能力。

3.3.2　社区矫正数智协同流程

通过梳理社区矫正数智化流程，除数据共享外，业务协同是另一个关键要素。协同包括跨业务之间的部门协同、跨省市之间的区域协同、各级社区矫正机构之间的纵向协同。

1. 跨部门协同——政法协同

（1）调查评估一体化协同流程。

社区矫正决定机关通过政法协同一体化办案系统，实现线上发起调查评估委托，包括调查对象信息、罪名信息、委托调查信息、委托调查书等附件。

社区矫正机构核实案件信息，并将调查评估委托信息接收至社区矫正监管执法管理系统，线上组建调查评估小组进行后续调查评估。完成调查评估后,将调查评估意见,如调查评估结论、调查评估日期、调查评估意见书、实际居住地等信息,也通过线上进行反馈。

调查评估一体化协同流程如图3-17所示。

(2)交付执行一体化协同流程。

社区矫正决定机关通过政法协同一体化办案系统,将矫正对象信息、案件信息发送至社区矫正端。区县级社区矫正机构核实案件信息,信息有误或非本区管辖社区矫正对象可退回决定机关。信息核实无误,可将交付协同信息无缝接收至社区矫正执法办案系统,并由司法局审核确定机构及信息补充,社区矫正对象报到后将报到情况、文书情况反馈送达社区矫正决定机关并抄送检察院。

交付执行一体化协同流程如图3-18所示。

(3)提请事项一体化协同流程。

提请事项一体化协同流程包括减刑、治安处罚、撤销缓刑、撤销假释、收监执行、逮捕等。以撤销缓刑为例,《撤销缓刑建议书》或者提请《撤销缓刑报告》签发后,县级社区矫正机构将《撤销缓刑建议书》或者提请《撤销缓刑报告》发送至执行地同级人民检察院征求意见。征求人民检察院意见后,按下列程序办理:

① 原审人民法院为基层人民法院的,县级社区矫正机构一般向原审人民法院报送《撤销缓刑建议书》并附相关证据材料;如果原审人民法院不在本省的,可以向执行地同级人民法院报送《撤销缓刑建议书》并附相关证据材料。

② 原审人民法院为中级人民法院的,县级社区矫正机构应当及时向市级社区矫正机构呈报《撤销缓刑报告》并附相关证据材料。市级社区矫正机构经评议审核,填写评议审核意见表、提请撤销缓刑审核表,制作《撤销缓刑建议书》,向原审人民法院报送《撤销缓刑建议书》并附相关证据材料;如果原审人民法院不在本省的,可以向执行地同级人民法院报送《撤销缓刑建议书》并附相关证据材料。《撤销缓刑建议书》同时抄送执行地同级人民检察院,如表3-7所示。

社区矫正数智化

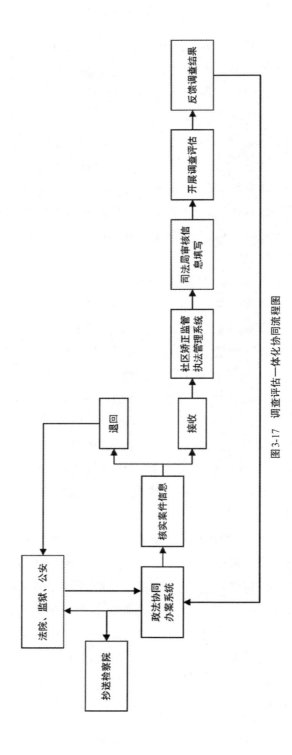

图3-17 调查评估一体化协同流程图

第 3 章 社区矫正业务流程数智化转型

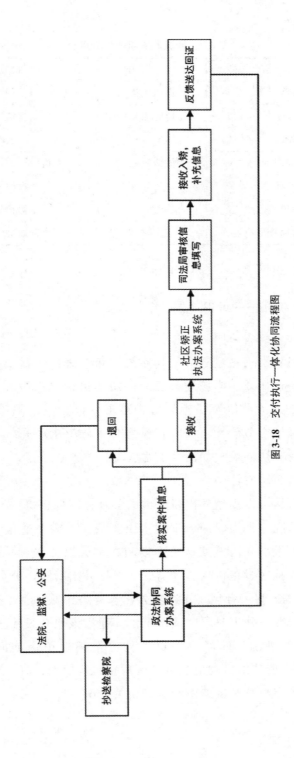

图 3-18 交付执行一体化协同流程图

表 3-7　涉及的协同流程节点表

协同业务节点	发送方	接收方
征求检察院意见	提请机构	执行地同级检察院
出具检察意见	执行地同级检察院	提请机构
提请撤销缓刑	提请机构	法院
提请撤销缓刑	提请机构	执行地同级检察院
反馈签收回执	法院	提请机构
作出（不）撤销缓刑决定	法院	提请机构
作出（不）撤销缓刑决定	法院	执行地同级检察院

提请一体化协同流程如图 3-19 所示。

2. 跨区域协同——跨省协同

（1）调查评估跨省协同。

社区矫正机构发现被调查人居住在外省市某地的，需要提请该地县级社区矫正机构予以协查。向该地县级社区矫正机构提供调查评估对象的基本信息、被调查人信息以及明确的协查事项，包括但不限于居住地情况、前科劣迹情况、社会危险性、社区表现情况、家庭情况等。

调查评估跨省协同流程如图 3-20 所示。

（2）外出监管跨省协同。

社区矫正机构可以提请外出目的地的县级社区矫正机构开展协助监管。矫正对象基本情况、外出时限、请假事由等信息，需要通报协管县级社区矫正机构，其中批准外出至某地单次期间在 7 天以上（含）的，可以提请外出目的地县级社区矫正机构协助监管。根据外出时间，分为两个流程：

① 外出批准通报。社区矫正对象外出至外省市某地在 7 天以内的，可以将对象基本情况、外出时限、请假事由等通报该地县级社区矫正机构。

② 协助监管机制。社区矫正对象外出至某地单次期间在 7 天以上（含）的，可以提请外出目的地县级社区矫正机构协助监管。外出目的地县级社区矫正机构应当及时反馈协助监管相关情况。

第 3 章　社区矫正业务流程数智化转型

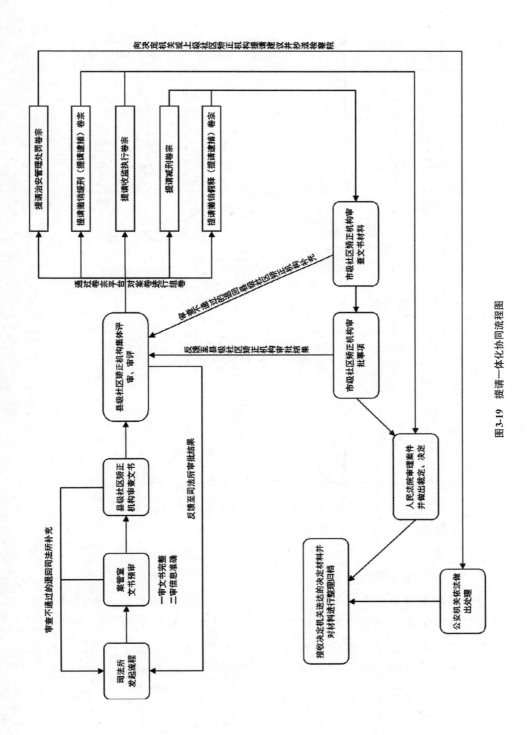

图 3-19　提请一体化协同流程图

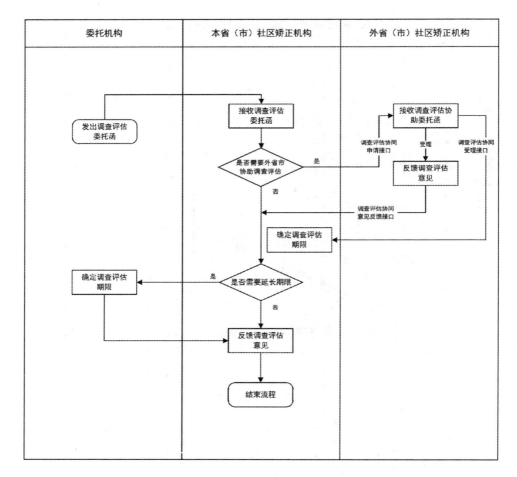

图 3-20 调查评估跨省协同流程图

7天内外出监管跨省协同流程如图 3-21 所示。

7天及以上外出监管跨省协同流程如图 3-22 所示。

(3) 执行地变更跨省协同。

社区矫正对象变更执行地至外省市某地的,向外省市发送矫正对象基本信息和迁出执行地变更申请信息。拟迁入地社区矫正机构依法及时予以调查核实并出具是否同意变更的意见,反馈迁出地社区矫正机构。执行地变更跨省协同流程如图 3-23 所示。

第3章　社区矫正业务流程数智化转型

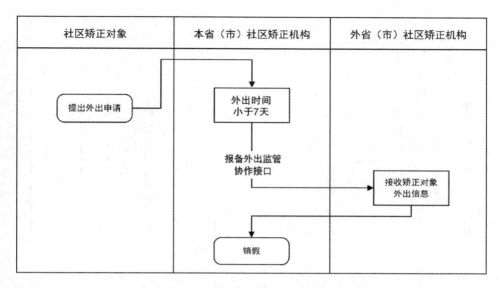

图 3-21　7 天内外出监管跨省协同流程图

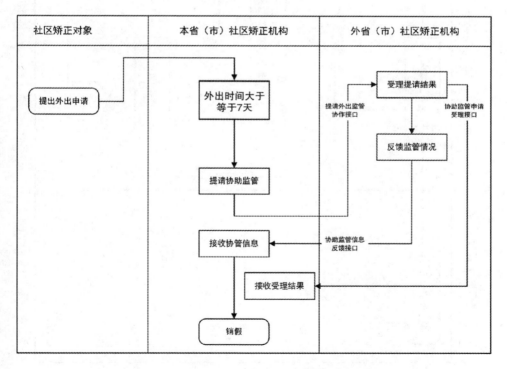

图 3-22　7 天及以上外出监管跨省协同流程图

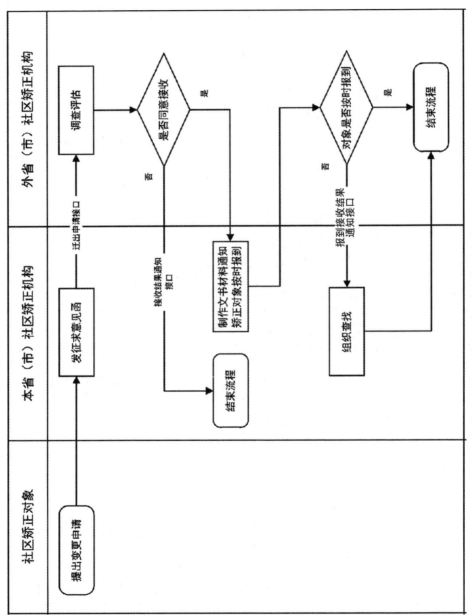

图3-23 执行地变更跨省协同流程图

3. 跨层级协同——基层治理协同

社区矫正和基层治理协同，架构了正向下发任务和逆向反馈情况两条流程，实现业务闭环。

（1）正向下发任务——走访任务下发。

下发给基层网格人员走访的任务主要分为周期性任务和临时性任务两个方面。走访任务事项指标可包括走访反馈是否解矫、走访反馈是否有收入来源、走访反馈是否有家庭重大变故、走访反馈是否存在行为异常、走访反馈是否需要帮扶、走访反馈是否疑似有异常等情况。

（2）逆向反馈情况——走访结果反馈、异常事件上报。

主要有两个方面：

① 走访结果反馈。基层网格人员认领任务后，走访巡查社区矫正对象，走访结果及时逐级上报至基层社会治理平台，数据同步至社区矫正执法办案系统，省、市、县、乡四级能同步接受反馈的数据结果。

② 异常事件上报。基层网格人员走访社区矫正对象发现异常事件后，也及时逐级上报至基层社会治理平台，省、市、县、乡四级能同步获取事件信息，及时进行处置，事件受理、办理结果也能同步反馈至网格。

基层治理协同流程如图 3-24 所示。

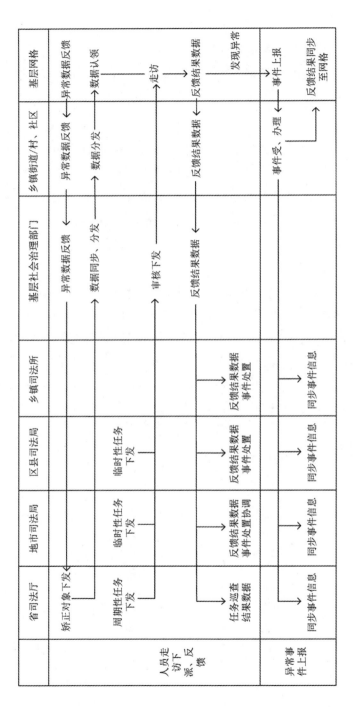

图 3-24 基层治理协同流程图

第 4 章
社区矫正数智化大脑设计

社区矫正数智化

2021年3月，《中华人民共和国国民经济和社会发展第十四个五年规划和2035年远景目标纲要》中在第五篇《加快数字化发展 建设数字中国》的开篇就提出"迎接数字时代，激活数据要素潜能，推进网络强国建设，加快建设数字经济、数字社会、数字政府，以数字化转型整体驱动生产方式、生活方式和治理方式变革"。在该篇第十七章《提高数字政府建设水平》中，明确指出将数字技术广泛应用于政府管理服务，推动政府治理流程再造和模式优化，不断提高决策科学性和服务效率，要求全面推进政府运行方式、业务流程和服务模式数字化智能化；深化"互联网＋政务服务"，提升全流程一体化在线服务平台功能；加快构建数字技术辅助政府决策机制，提高基于高频大数据精准动态监测预测预警水平；强化数字技术在公共卫生、自然灾害、事故灾难、社会安全等突发公共事件应对中的运用，全面提升预警和应急处置能力。其中"智慧政务"被列入十项数字化应用场景之一。

2021年8月，《法治政府建设实施纲要（2021—2025年）》中的第九条"健全法治政府建设科技保障体系，全面建设数字法治政府"也明确提出，坚持运用互联网、大数据、人工智能等技术手段促进依法行政，着力实现政府治理信息化与法治化深度融合，优化革新政府治理流程和方式，大力提升法治政府建设数字化水平；加强对大数据的分析、挖掘、处理和应用，善于运用大数据辅助行政决策、行政立法、行政执法工作，建立健全运用互联网、大数据、人工智能等技术手段进行行政管理的制度规则；积极推进智慧执法，加强信息化技术、装备的配置和应用；探索推行以远程监管、移动监管、预警防控为特征的非现场监管，解决人少事多的难题。

4.1 人工智能与知识图谱

4.1.1 人工智能的发展

人工智能 AI（Artificial Intelligence）简单理解就是"为机器赋予人的智能"，通过创建能够采集数据的系统，经过数据预处理，创建模型假设，预测或影响结果。从 1956 年达特茅斯会议提出"人工智能"算起，人工智能已经历了六十多年的起起落落，清晰地展现出从"推理"到"知识"再到"学习"为重点的发展历史。人工智能领域涵盖很多大的学科，包括自然语言理解与交流、计算机视觉、认知与推理、机器人等。

人工智能研究领域主要分为三大流派：

（1）符号主义。模拟人思维过程的符号逻辑，即用计算机符号记录人脑的知识记忆，通过人总结规则，然后用"if else"规则方法堆砌实现的知识工程与专家系统。为了解决符号主义每个规则都需要人手工录入，人们又提出了机器学习 ML（Machine Learning）的思想，即让机器自己在数据中学习到规则。知识图谱就归属于符号主义的流派。

（2）连接主义。模拟人脑生理结构的认知神经网络 NNs（Neural Networks），即用计算机模拟人脑的神经网络连接结构和行为特征，最具代表性的就是今天在计算机视觉、模式识别等应用上大放光彩的深度学习 DL（Deep Learning）。深度学习模仿人类大脑的运行方式，通过神经网络（深度神经网络 DNNs、卷积神经网络 CNNs、递归神经网络 RNNs、长短期记忆网络 LSTM、生成对抗网络 GAN、迁移学习 TL、注意力模型 AM，等等）作为参数结构自动提取特征，从经验中学习、获取知识。借助大数据的积累、硬件计算能力的提升以及算法模型的改进，基于数据驱动的深度学习技术在 21 世纪得到迅猛发展，最具标志性的事件就是 2016 年 AlphaGo 围棋人机对战，人类围棋的顶级高手被基于深度学习的 AlphaGo 打败。

深度学习通过模仿人脑机制建立起模拟人脑分析学习的神经网络，深度学习的优势在于不需要依靠人工而是自动执行特征的提取，并有效地从样本数据中学习到数据的本质特征。

（3）行为主义。受行为主义心理学启发，模拟自然选择，通过对环境的探索获得新数据，借鉴人类的学习方式，通过奖励（Reward）机制来指导模型训练，循环往复地更新迭代模型，在探索未知和利用已知知识间保持平衡，就是强化学习 RL（Reinforcement Learning）。强化学习用于描述和解决智能体（Agent）在与环境的交互过程中通过学习策略以达成回报最大化或实现特定目标的问题。很多强化学习中也加入了深度学习部分，也就是所谓的深度强化学习。ChatGPT（GPT-3.5）就是由 OpenAI 在 2022 年 11 月 30 日发布的一款人工智能技术驱动的自然语言处理 NLP（Natural Language Processing）工具，采用生成式预训练 GPT（Generative Pre-trained Transformer）模型，基于人类反馈的强化学习 RLHF（Reinforcement Learning with Human Feedback），通过连接超大规模的语料库来训练模型，与 AlphaGo 相比，ChatGPT 已开始深入到认知领域。

上述三大流派并不完全孤立，而是相互影响、相互借鉴、共同发展的。深度学习与强化学习都属于机器学习的范畴，深度学习是有标签、静态的，多用于感知。强化学习是无标签、动态的，多用于决策。

机器学习主要研究如何让计算机学习人类的思维方式，从而获取新的知识及技能，模拟或者实现人的行为。人依靠经验学习，而机器则依靠从已有的数据样本中发现规律和数学模型，然后利用该模型对未知数据进行预测。比较常用的典型的机器学习方法有：回归分析、分类（如决策树、神经网络、支持向量机）、聚类（如 K-Means）、数据降维、特征抽取等。按照训练的数据有无标签，可以将机器学习分为有监督学习（Supervised Learning）、无监督学习（Unsupervised Learning）、半监督学习（Semi-Supervised Learning）和强化学习（Reinforcement Learning）。如卷积神经网络 CNNs 就是一种有监督的机器学习模型。机器学习对人工智能的发展起到了重要的推动作用。一般来说，完成一个机器学习任务的步骤如下：包含了数据采集、数据预处理和特征处理、模型训练、模型评估与模型优化、模型部署应用等方面，如图 4-1 所示。

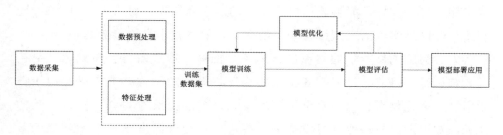

图 4-1　机器学习的一般步骤

4.1.2　知识图谱与深度学习

数据与知识是实现人工智能的两大基石。对于数据要素，国务院《促进大数据发展行动纲要》就指出，信息技术与经济社会的交汇融合引发了数据迅猛增长，数据已成为国家基础性战略资源，要建立用数据说话、用数据决策、用数据管理、用数据创新的管理机制，实现基于数据的科学决策。

对于知识获取，目前主要有三种技术路径。一种是通过语言预训练模型从大量语料库中训练得到一个由大量参数组成的模型。如 OpenAI 的 GPT 生成式预训练模型，模型中就包含数千亿参数化表示的知识。另一种就是构建知识图谱，利用符号化的表示手段来描述知识，从而完成复杂的语言理解和问题推理。第三种则是将知识图谱植入到语言预训练模型中，两者结合提升预训练模型处理复杂问题的能力。

知识图谱是一种利用图结构建模、识别和推断事物之间的复杂关联关系和沉淀通用或领域知识的技术方法，是实现认知智能的重要基石。早期搜索引擎只能获得内容相关的页面，而非直接得到最终答案，需要用户自己从众多页面中寻找正确答案。2012 年谷歌发布知识搜索产品"谷歌知识图谱"（Google Knowledge Graph），通过构建庞大的知识图谱，以结构化方式描述事物的属性以及事物之间的关联关系来实现精确的对象级搜索。

"Things，not Strings！"① 成为谷歌知识图谱的宣传语，此后知识图谱一词开始被学术界和工业界广泛使用。显然，对于机器而言，图结构比文本字符串序列更加友好，能够表达更为丰富的语义和知识，更易于被机器处理。利用神经网络实现语义理解与知识处理是重要的技术发展趋势之一。

人的大脑依靠所学的知识进行思考、推理，理解语言。知识图谱更接近人脑认知，目前已经成为各类结构化知识系统的统称，被广泛应用于搜索引擎、智能物联、问答系统、推理决策、个性化推荐等众多知识驱动的任务。知识图谱与深度学习模型融合是进一步提升深度学习模型效果的重要研究方向，如图4-2所示。

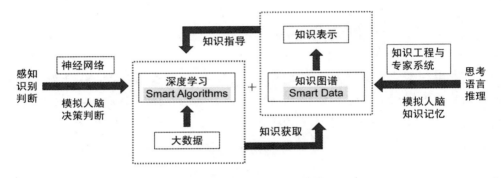

图4-2 知识图谱与深度学习模型融合

4.1.3 以知识图谱为核心的数据中台构建

中台是一个源自国内的技术概念。在各种企业数字化转型的解决方案中，数据中台、业务中台等名词不断涌现。前台是系统的前端平台，是直接与终端用户进行交互的应用层。后台是系统的后端平台，用于存储和计算企业的核心数据。当变化的用户需求导致前台的快速迭代需求和后台的稳定性需求难以适配时，中台概念就应运而生，中台是平台化架构的自然演进，引入中台概念的目标就是进一步提升效能以更好支持业务的敏捷创新。

---

① 意即在知识图谱中输入的是真实世界的"物"实体，而非抽象的字符串组成。

中台一般分为三类：业务中台、数据中台和组织中台。业务中台定义了一套元业务标准，用来规范业务后台供应，整合业务流程，提供公共服务，以更快的响应来提供给业务前端的业务服务能力集合。数据中台通过定义元数据标准，用来规范数据抽取、数据整理等动作，并快速向前端提供数据服务能力集合。组织中台是由财务、人力、战略等部门向前台派出的业务伙伴 BP（Business Partner）组成的团队，代表后台高效配置资源和政策。数据中台也被称为"业务中台的数据化"，其让资源和能力在极度共享后形成数据汇集，并基于算法进行智能决策，以支持业务中台和组织中台的运作。

人工智能时代，数据要素已经成为最核心、最重要的生产资料，是否具备数据洞察能力成为决定数字化转型的关键因素。构建以知识图谱为核心的数据中台正是因此产生。通过融合知识图谱和神经网络技术，我们从业务的角度组织数据来完成传统数据模式无法支持的节点关联分析、个性化推荐等复杂计算和挖掘任务。以知识图谱为核心的数据中台架构如图 4-3 所示。

知识图谱的数据来源可以是数据库数据、文本、音视频多媒体数据、物联网传感数据等结构化、半结构化或非结构化数据。知识图谱是激活数据要素的有效技术手段，通过规范统一的知识表示方法来描述数据并利用图结构对数据之间的关联关系建模，推动数据要素的知识图谱化；通过神经网络对知识图谱数据进行计算、推理和分析，推动数据要素的神经网络化，实现知识图谱支撑下的全量数据关联和多维数据集成。

从知识全生命周期出发，构建迭代过程主要包含知识抽取、知识融合、知识加工等三个阶段，形成的"智能知识中心"是知识库的最新形态，帮助用户从海量数据中获取结构化完整的知识和关系并进行推理，实现知识内容的图谱化、智能化、场景化，推动更便捷的知识赋能。知识抽取是从半结构化和非结构化数据中提取出实体、属性以及实体间的相互关系，涉及的主要关键技术有实体识别（分类打标签）、关系抽取、属性抽取。知识融合用于解决知识抽取阶段产生的大量缺乏层次性与逻辑性的冗余信息，包含实体链接、知识合并两个部分，实体链接涉及的主要关键技术有共指

社区矫正数智化

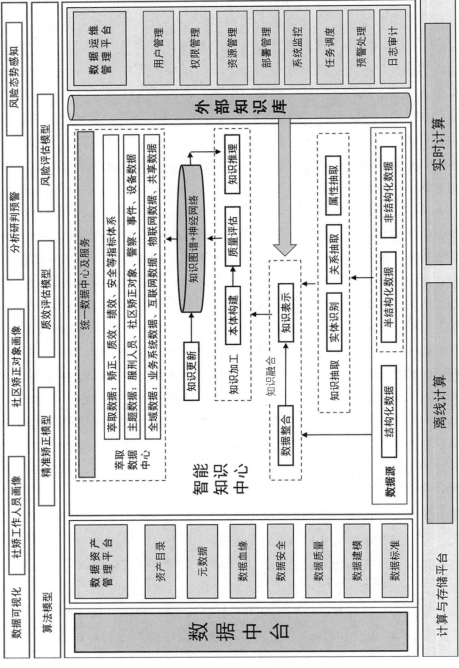

图4-3 以知识图谱为核心的数据中台架构

消解（解决多个指称对应同一实体对象）、实体消歧（解决同名实体产生歧义）两种技术，知识合并还包括融合外部知识库已有的知识沉淀等。知识加工是对融合的新知识经过质量评估后加入知识库中，主要包含本体构建（本体是指公认的如"人""事""物"等概念集合和框架）、知识推理（进一步知识发现）、质量评估（量化知识的可信度）三个部分。

4.2 数据驱动的大脑整体架构

4.2.1 智慧大脑的基本概念

数字时代，信息化向智能化的迈进是现阶段人类社会技术形态的标志。从脑科学和神经科学获得启发，人工智能的发展目标就是模拟、延伸和扩展人脑智能。而研究揭示人脑信息处理机制，发展模仿人类大脑的工作机理和神经系统工作原理的类脑智能技术是人工智能当前面临的重大挑战，尤其在通用智能领域更是如此。

智慧城市与互联网类脑架构等概念上不断结合，产生了智慧大脑、城市大脑、产业大脑等新名词和框架。浙江省地方标准《数字化改革术语定义》（DB33/T 2350—2022）对城市大脑的定义是，以数据、算力、算法等为基础和支撑，运用大数据、云计算、区块链等新技术，推动全面、全程、全域实现城市治理体系和治理能力现代化的数字系统，是现代城市重要基础设施。"大脑"建设本质是核心业务实现数字化、智能化。相类似的概念还有现实物理系统向虚拟空间数字映射实现数字化模型反馈的数字孪生（Digital Twins），以及元宇宙（Metaverse）等。

谈及"大脑"，掀起新一轮人工智能热潮的 ChatGPT 是绕不开的话题。ChatGPT 进化的关键就是形成"数据＋知识"的训练模型。作为人工智能公司 OpenAI 的自然语言生成式预训练模型衍生版本 GPT-3.5，ChatGPT 是典型的"大模型＋大数据＋大算力"三大要素的结合，是"符号主义

（知识图谱）＋连接主义（深度学习）＋行为主义（强化学习）"三大流派的结合，在自然语言处理及人工智能领域具有里程碑意义。

根据公开资料，2017年谷歌大脑团队（Google Brain）在NeurIPS（Neural Information Processing Systems）神经信息处理系统国际人工智能顶级学术会议上首次提出利用Transformer模型（一种深度神经网络架构）作为特征抽取器，共有6500万个可调参数，引入注意力机制AM（Attention Mechanism），学习单词之间共现概率关联。Transformer的预训练语言模型具备从大规模无标注文本数据学习通用语言表征并将所学知识迁移到下游的特点，避免下游任务从头开始训练，因此在NLP自然语言处理领域取得了巨大的成功。这类模型包括谷歌的BERT（Bidirectional Encoder Representation from Transformers）、OpenAI的GPT（Generative Pre-trained Transformer），等等。

要关注大型的AI大模型训练所消耗的巨大数据量需求。根据公开资料，2018年OpenAI的GPT-1模型有1.17亿个参数，2019年GPT-2模型有15亿个参数，GPT-3模型参数数量达到了1750亿的规模。从模型的预训练数据量看，GPT-1约5 GB，GPT-2约40 GB，GPT-3则达到了45 TB规模。GPT-3的训练集比GPT-1和GPT-2要大得多，主要由5个不同的语料库组成。经过基础过滤的全网页爬虫数据集Common Crawl占了60%。

与海量高质量的数据需求相比，算力是另一大挑战。显然要将文本等符号化的数据变成知识图谱数值化的图建模和向量，需要巨大的算力支撑。根据Build 2020开发者大会公开资料，由微软提供给OpenAI专门用来在Azure公有云上训练和运行超大规模AI模型的超算平台具备28.5万个CPU核心，1万块GPU（Nvidia A100 GPU），每个GPU服务器的网络连接能力为400Gb/s。可以看到，AI大模型投入是非常惊人的，可以预见，数据和算力将成为接下来AI大模型发展的主要竞争高地。

值得注意的是，一方面，人工智能已经上升至国家战略。全球产业界都已充分认识到AI技术引领新一轮产业变革的重大意义，世界主要发达国家均把发展人工智能作为提升国家竞争力、维护国家安全的重大战略。另一方面，如何保证GPT这类大模型的公平公正并不真正容易，使用RLHF

强化学习的方法并未改变 GPT 这类模型需要大规模学习训练的事实，人工智能算法规则的人为修改，恶意标记的数据关联，包含大量有意引导的信息训练集……各种风险是需要加以考量的。

4.2.2 "平台＋大脑"的建设路径

在浙江数字化改革实践中，"大脑"是基于一体化智能化公共数据平台，围绕特定业务或领域，综合集成算力、数据、算法、模型等数字资源，形成以数据计算分析、知识集成运用、逻辑推理判断为核心的智能化系统，具有控制运行和决策分析等能力，支撑各大系统数字化改革应用，提升各领域业务的运行监测评估和预测、预警及战略目标管理的能级水平，实现质量变革、效率变革、动力变革。"大脑"是一体化智能化公共数据平台的有机组成部分、平台的智能中心，其核心是数据计算分析、知识集成应用、逻辑推理能力。"平台＋大脑"一体建设，推动公共数据平台向智能化变革，提升平台的分析、预警、研判和预测、模拟、推演能力。

一体化智能化公共数据平台为各业务领域"大脑"提供公共数据、通用算法、通用模型、通用知识库（规则库）、通用工具和组件，以及算力支持。一体化数字资源系统 IRS（Integrated Resources System）将全省政务数字资源整合成为有机整体，实现数据资源跨层级、跨地域、跨系统、跨部门、跨业务统一管理共享调度。"平台＋大脑"整体架构如图 4-4 所示。

数字化改革将"大脑"的层级架构分为省域层面的"系统大脑"（集成本系统大脑中的数据、知识、算法、模型、组件等，是各系统的智能中心）和"业务领域大脑"（特定领域的智能中心，由省级部门牵头建设），以及市域层面的"城市大脑"（市域治理各领域智能化要素的集合，由设区市统筹建设，各区县依托平台＋城市大脑开发智能应用）。

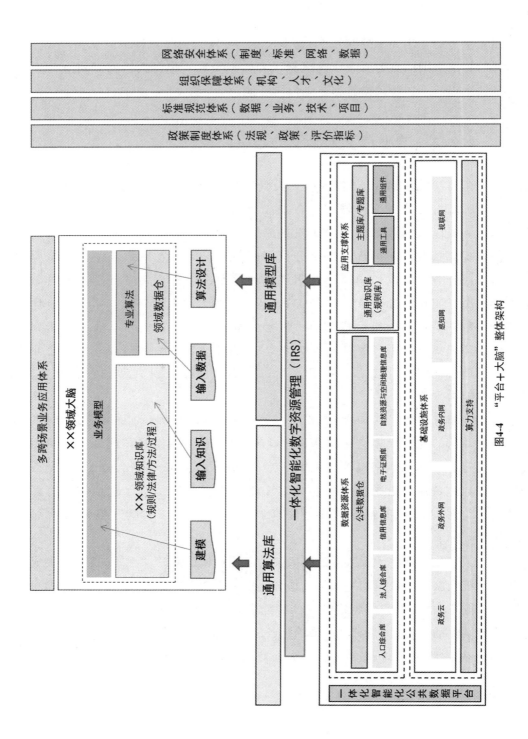

图4-4 "平台+大脑"整体架构

第 4 章　社区矫正数智化大脑设计

社区矫正数智化大脑属于省域数字法治系统大脑中的司法行政业务领域大脑范畴。通过梳理出社区矫正数智化大脑精准矫正、风险评估、质效评估等三大核心业务模型，构建"物联感知为主，手工采集为辅"的全时空多维度集成的社区矫正全量数据归集体系。通过构建社区矫正领域知识库、领域数据仓、模型库、算法库以及规则和法律库，加快数据集成、知识集成、工具集成、模块集成、生态集成，形成预警、预测和战略目标管理，实现智能辅助决策。一个可供参考的社区矫正数智化"大脑"架构设计如图 4-5 所示。

将社区矫正数智化大脑架构设计整合到"平台＋大脑"整体架构体系，形成完整的"平台＋大脑"整体架构，如图 4-6 所示。

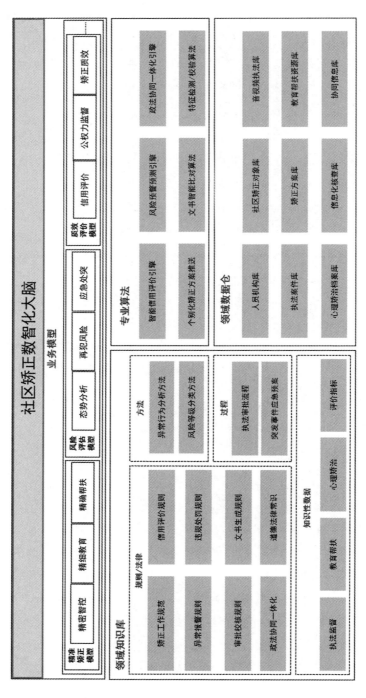

图4-5 社区矫正数智化"大脑"架构设计

第 4 章 社区矫正数智化大脑设计

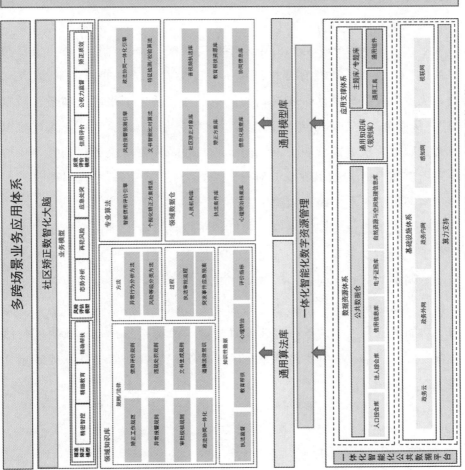

图 4-6 完整的"平台+大脑"整体架构

4.3　社区矫正数智化大脑关键应用设计[①]

4.3.1　智慧矫正生态系统

智慧矫正系统本身可以看作是一个平衡的生态系统。社区矫正对象心理表征与行为模式演化态势、矫正策略智能匹配与动态调整、矫正质量与效果评估、监管执法与教育帮扶是智慧矫正生态系统里的四项平衡因子。因此，关键绩效目标设计就变成"如何动态调整矫正策略以达到最佳矫正效果"。从而解决"社区矫正对象心理和行为变化动态性强、矫正策略难以适时调整跟进"这一监管矫正领域的核心问题，需要解决关口前移，适时找出平衡破坏前的关键"矫正干预点"，实现真正意义的"智慧矫正"。智慧矫正生态系统与平衡因子如图 4-7 所示。

社区矫正信息化建设关注解决社区矫正信息系统、矫正案例知识库和个性化矫正策略推荐等问题，智慧矫正建设则更关注解决矫正策略智能匹配与动态调整的适时性问题。智慧矫正建设与社区矫正信息化建设的本质差异就是智慧矫正要实现社区矫正各领域全方面的智能化流程再造、规则重构、功能塑造、生态构建，打造监督管理与教育帮扶体系、执法监督体系、业务协同体系、决策支持体系，实现数智赋能，全面提升社区矫正工作质效。

[①] 本节内容源自作者主持的国家重点研发计划"公共安全风险防控与应急技术装备"重点专项"犯情动态演化和再犯风险预警研判技术研究"（2018YFC0831005）课题研究成果。

第 4 章 社区矫正数智化大脑设计

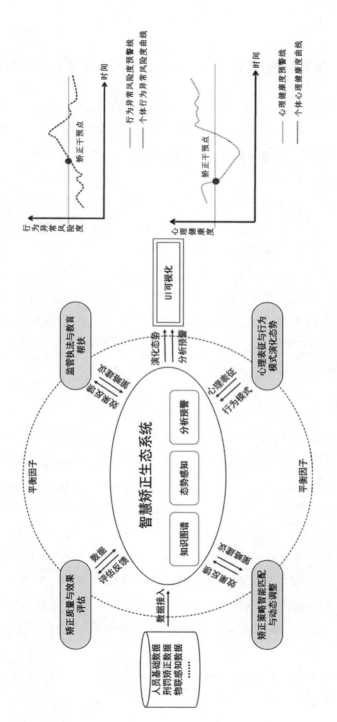

图 4-7 智慧矫正生态系统与平衡因子

4.3.2 犯情态势与再犯风险预警研判关键应用设计

当前，罪犯风险监测和评估主要是通过人工手段，采用社会心理学的主观问卷量表方法，评估场景单一，评估准确性易受罪犯主观有意或无意的掩饰的干扰。在对抗环境下，罪犯行为线索隐匿性强、防范心理严重、潜在心理活动和行为意图通过量表和传统问卷调查等难以挖掘、犯情演化态势和再犯风险评估准确率完全取决于执法人员专业化水平，造成人工评估质量的良莠不齐。已有的一些风险评估系统则要求输入大量基于人工判断的犯情数据来实现预警预测（实际上系统"智能分析"得到的结果仍然基于人工判断），不仅未能体现智能化系统带来提质增效减负的红利，而且大量的数据录入增加了人工负担。犯情演化态势和出监再犯风险（重新犯罪率）受社会、心理、特定情境等多种因素共同影响，传统人工心理/行为风险评估和矫正策略在动态性、实时性、精准性等方面难以满足需求。

1. 科学问题

针对服刑人员（社区矫正对象）心理和行为变化动态性强、矫正策略难以适时调整跟进、犯情态势演化机理认知模糊、犯情预警及再犯风险预测精准率不高等问题，我们采用复杂系统动力学理论，构建犯情风险计算与演化模型，建立基于社区矫正大数据的矫正评估体系、矫正策略体系、预警预测体系，为社区矫正对象的监督管理、矫正策略的动态调整和潜在风险的发现提供支撑，为风险关键点感知和适时介入防控提供辅助决策支持。犯情态势与再犯风险预警研判关键应用设计框架如图 4-8 所示。

•矫正评估体系：开展多跨场景下社区矫正对象的心理/行为数据采集，实施"再社会化"矫正质效智能评估，根据质效评估情况指导矫正策略的动态调整。

•矫正策略体系：开展基于循证矫正案例知识库的个性化矫正策略智能推荐，实施精准心理矫治。

第 4 章 社区矫正数智化大脑设计

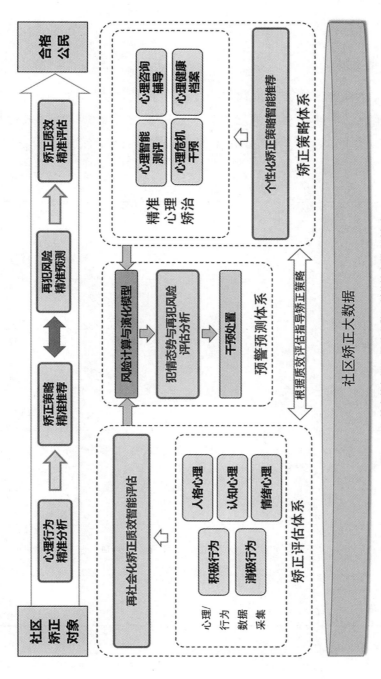

图4-8 犯情态势与再犯风险预警研判关键应用设计框架

・预警预测体系：构建风险计算与演化模型，开展犯情态势与再犯风险评估分析预警预测，并实施干预处置。

2. 数据准备

围绕上述内容，社区矫正数据源主要包括社情信息库、办公信息库、队伍建设信息库、矫正对象信息库、社区矫正信息库、物联感知信息库、业务协同信息库，如表 4-1 所示。本节详细内容可参考作者《社区矫正信息化》一书。

表 4-1 社区矫正数据源

信息库	数据集
社情信息库	矫务公开数据，涉矫舆情数据
办公信息库	OA 办公平台数据，网站、公众号数据
队伍建设信息库	党建组工数据，人事系统数据
矫正对象信息库	基础与体征数据，家属与社会关系数据
社区矫正信息库	调查评估与执法办案数据，精细教育与精确帮扶数据，个案矫正数据，心理辅导数据，报告、会客、外出、迁居、保外就医等数据，数字卷宗（数字档案），社会力量助矫数据，执法监督与区块链存证数据
物联感知信息库	电子定位数据，矫正终端采集数据，视频监控采集数据
业务协同信息库	政法一体化协同办案数据

社区矫正大数据应用架构如图 4-9 所示。

第 4 章 社区矫正数智化大脑设计

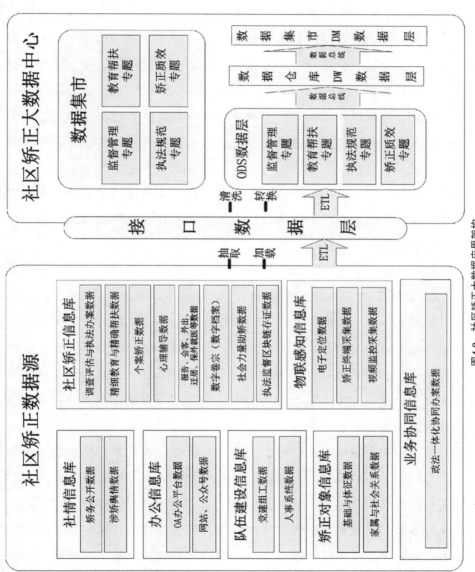

图4-9 社区矫正大数据应用架构

3. 犯情风险计算与演化模型设计

在传统社会科学与大数据信息科学交叉融合领域，结合监狱、社区矫正工作实际，服刑人员风险计算与演化模型设计基于"入监（入矫）—服刑（在矫）—出监（解矫）"全周期多维度服刑人员（社区矫正对象）数据（人员基础数据、刑罚矫正数据、业务协同数据等），融合心理表征和行为模式数据及分类矫正案例，进行特征提取和关联关系挖掘，建立服刑人员知识表示方法，高效提炼出基于"地—事—人—行为"多层复杂异质网络的"矫正—心理/行为—风险"级联动力学模型及其分析算子，建立多要素、多维度、多层次风险数据计算与评估，为犯情动态演化趋势分析、犯情态势精准预警和再犯风险预测提供知识表示基础。"矫正—心理/行为—风险"级联动力学模型如图4-10所示。

步骤1：构建服刑人员知识图谱本体概念模型。

ABC本体模型是一种基于前因（Antecedent）—行为（Behavior）—后果（Consequences）的本体模型，具有通用性高、轻量级、扩展性强的特点，能够清晰地对事件、动作、地点、态势、Agent智能体等概念以及概念间关系进行描述。基于服刑人员心理/行为的记录数据、基础台账数据、专家知识库等，在ABC本体概念模型的基础上开展服刑人员行为与突发事件本体构建，建立多层次、多粒度的知识表示框架，进一步基于多源异构数据的结构化表示、关联模式定义、关联抽取等技术，建立基于实体和关系知识的关系抽取模型，实现了监狱、社区矫正中的人、行为、关系、事件等对象的知识描述和关系表示；通过结合本体模型与深度学习方法，有效提升多源异构数据下服刑人员知识图谱构建的智能化水平，为后续的模型的输入提供了高质量的数据保障。服刑人员知识图谱本体概念模型如图4-11所示。

第 4 章 社区矫正数智化大脑设计

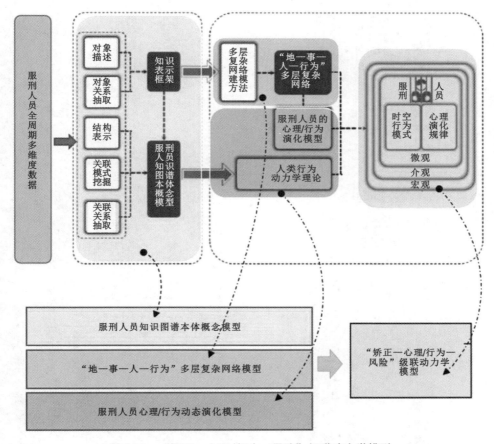

图 4-10 "矫正—心理/行为—风险"级联动力学模型

步骤 2：构建面向监狱（社区矫正）的"地—事—人—行为"多层复杂网络模型。

基于服刑人员知识图谱本体概念模型输出的人、行为、关系、事件等对象的知识描述和关系数据库及知识图谱，有效表示出监狱（社区矫正）复杂系统以"人"为核心的"地—事—人—行为"多层复杂网络模型系统中实体及实体间复杂动态关系，输出（建立）"监区—突发事件—服刑人员—行为"多层复杂网络，为后续实现演化态势与风险计算模型设计提供了可靠的标准输入。面向监狱（社区矫正）的"地—事—人—行为"多层复杂网络模型如图 4-12 所示。

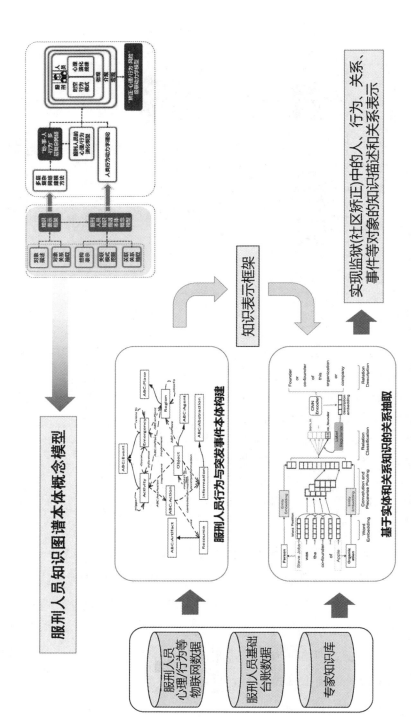

图4-11 服刑人员知识图谱本体概念模型

第 4 章 社区矫正数智化大脑设计

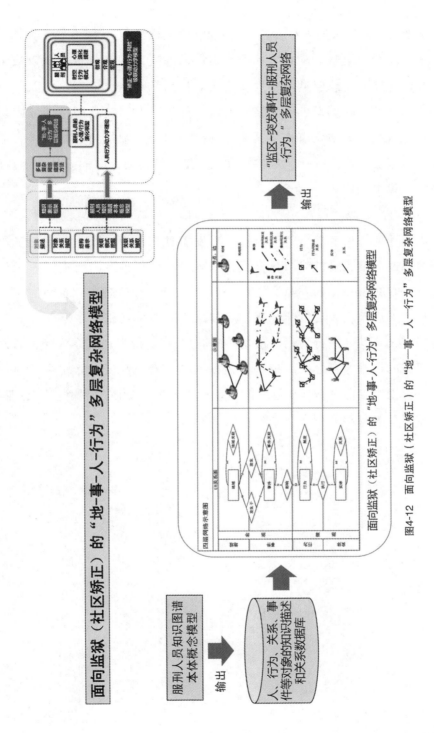

图4-12 面向监狱（社区矫正）的"地-事-人-行为"多层复杂网络模型

步骤 3：构建服刑人员心理/行为动态演化模型。

通过联合人类行为动力学理论与多层动态复杂网络分析方法，构建服刑人员演化态势追踪驱动的多层动态关联网络结构演化模型，并以上一模型输出的"监区—突发事件—服刑人员—行为"多层复杂网络为输入，得到了服刑人员态势演化模式及其演化强度，以及异常检测策略及风险量化指标，可服务于监狱（社区矫正）系统突发事件检测。服刑人员心理/行为动态演化模型如图 4-13 所示。

步骤 4：完成"矫正—心理/行为—风险"级联动力学模型构建。

以前述两个模型输出的"监区—突发事件—行为—服刑人员"多层复杂网络以及服刑人员态势演化模式为输入，在循环神经网络中引入注意力机制（Attention Mechanism，AM），融入监狱（社区矫正）系统的时空特性信息，实现服刑人员风险预测。从理论模型的角度研究多层异质复杂网络级联模式建模并进行预测，正是"矫正—心理/行为—风险"级联动力学模型研究的核心内容之一，解决了监狱（社区矫正）复杂系统中"地—事—人—行为"多层复杂异质网络的级联模式建模。完成的"矫正—心理/行为—风险"级联动力学模型如图 4-14 所示。

第 4 章 社区矫正数智化大脑设计

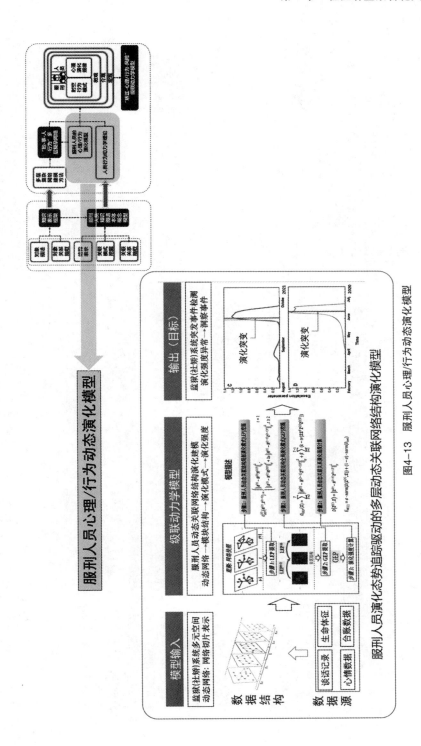

图 4-13 服刑人员心理行为动态演化模型

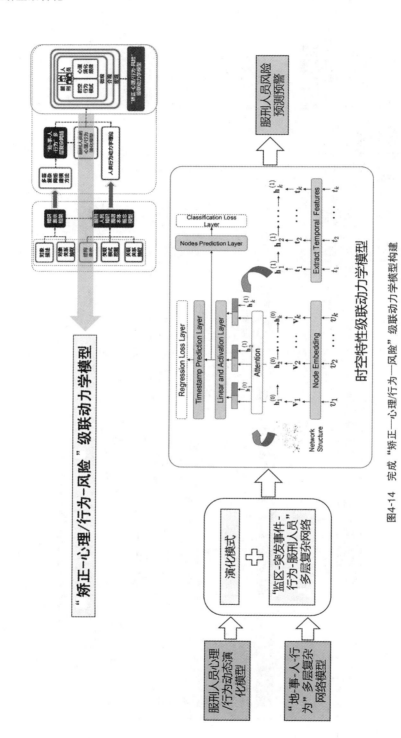

图4-14 完成"矫正-心理/行为-风险"级联动力学模型构建

第 5 章
社区矫正数字化改革的浙江实践

浙江省社区矫正工作自2004年5月启动试点，到2009年4月开始在全省全面推广。2020年7月1日《中华人民共和国社区矫正法》正式施行，面对新法的颁布和社区矫正对象人数的增长，社区矫正工作面临重大挑战。

一是社区矫正信息化监管手段匮乏。《中华人民共和国社区矫正法》严格规范了社区矫正信息化监管手段，对电子腕带定位的使用条件进行了严格的限定，使用率与试点期相较大幅下降。手机定位存在"人机分离"等不足，尚缺乏有效的信息化监管核查手段。

二是受社区矫正传统管理模式制约。社区矫正工作传统管理模式是"人盯人、人管人"，面对社区矫正工作人员和矫正对象人数比仅为1.29％（2022年末数据）的实际情况，传统管理模式的制约凸显。基层司法所受社区矫正机构委托开展社区矫正工作，但基层专职社区矫正工作人员少，多数还兼有法律服务、人民调解等其他司法行政业务工作，时间与精力往往难以保障，对社区矫正工作的规范性和业务延续性不利。

三是社区矫正智能化元素相对薄弱。《中华人民共和国社区矫正法》规定社区矫正工作具有监督管理和教育帮扶的职能。全省创建部级智慧矫正中心工作方兴未艾，但实践应用中智能化元素不足，在矫正工作的便捷化减负增效、规范化监督管理、精准化教育帮扶方面还难以体现智能化措施破解矫正治理难题的优势。

基于上述堵点和难点，按照《中华人民共和国社区矫正法》中对社区矫正对象采取"分类管理、个别化矫正"的要求，浙江省结合数字化改革创新发展需求，在智慧矫正实践中秉承真用、实用、管用的建设要求，本章将以浙江实践为蓝本，阐述社区矫正数字化改革建设路径与实践探索。

5.1 智慧矫正建设概述

5.1.1 浙江社区矫正信息化历程

1. 信息化启动阶段

2004年5月,浙江省启动社区矫正试点工作。

2006年8月,社区矫正基层综合管理系统试点上线,浙江社区矫正信息化工作正式启动。

2009年4月,地市、县区司法局全面开展社区矫正信息化工作。

2013年1月,启动社区矫正信息化建设年。

2015年6月,启动省级社区矫正信息化改革第一轮三年建设周期,"智慧社矫"作为本次改革的第一战略。

2. 省级统筹统建阶段

2016年8月,推行省级平台统筹统建,省社区矫正指挥中心建成并投入使用,实现省市县乡四级联动,有效支持G20峰会安保。

2017年7月,实施"手机定位+电子腕带"双重监管体系。

3. 智慧矫正建设阶段

2018年5月,参与省级政法协同,启动政法一体化协同办案系统,实现公检法司各家"执法流程网上办理、执法文书网上流转"。

2019年5月,全国首家智慧矫正联合实验室启动,开展智慧矫正相关研究、咨询、指导、评估等相关工作。

2020年8月,依据《中华人民共和国社区矫正法》,推动具有浙江特色的智慧矫正工作体系高质量发展,初步形成"大平台共享、大系统共治、大数据慧治"的信息化新格局。

4. 数字化改革阶段

2021年2月,"智慧矫正应用"被列入浙江省数字化改革数字法治总体框架应用之一。

2022年5月,健全"风险研判—源头把控—监测预警—精准管控"全闭环数字监管体系,"浙里社区矫正应用"被省委政法委评为浙江数字法治好应用。

2018年10月,启动制订智慧矫正省级地方标准——《智慧矫正 第1部分:信息化核查》,2022年12月1日实施。

2021年12月,启动制订智慧矫正省级地方标准——《智慧矫正 第2部分:应急管理》。启动制订智慧矫正省级地方标准——《智慧矫正 第3部分:心理矫正》,2023年3月29日实施。

2022年1月,启动制订智慧矫正省级地方标准——《智慧矫正 第4部分:区块链存证应用》。

2023年1月,将社区矫正数字化建设融入"信用浙江"整体框架,探索信用矫正实施。

5.1.2 "智慧矫正"总体架构

根据司法部司法行政行业标准《社区矫正术语》(SF/T 0055—2019),智慧矫正(smart community-corrections)的定义是,将信息技术与社区矫正工作深度融合再造,实现人力、设备和信息等资源有效整合与优化配置,构建集自动化数据采集与共享、精准化大数据分析与研判、智能化管理决策与指挥调度等功能为一体的全流程智能化社区矫正信息化体系。

根据浙江社区矫正数字化改革实践,智慧矫正应用建设总体架构如图5-1所示。

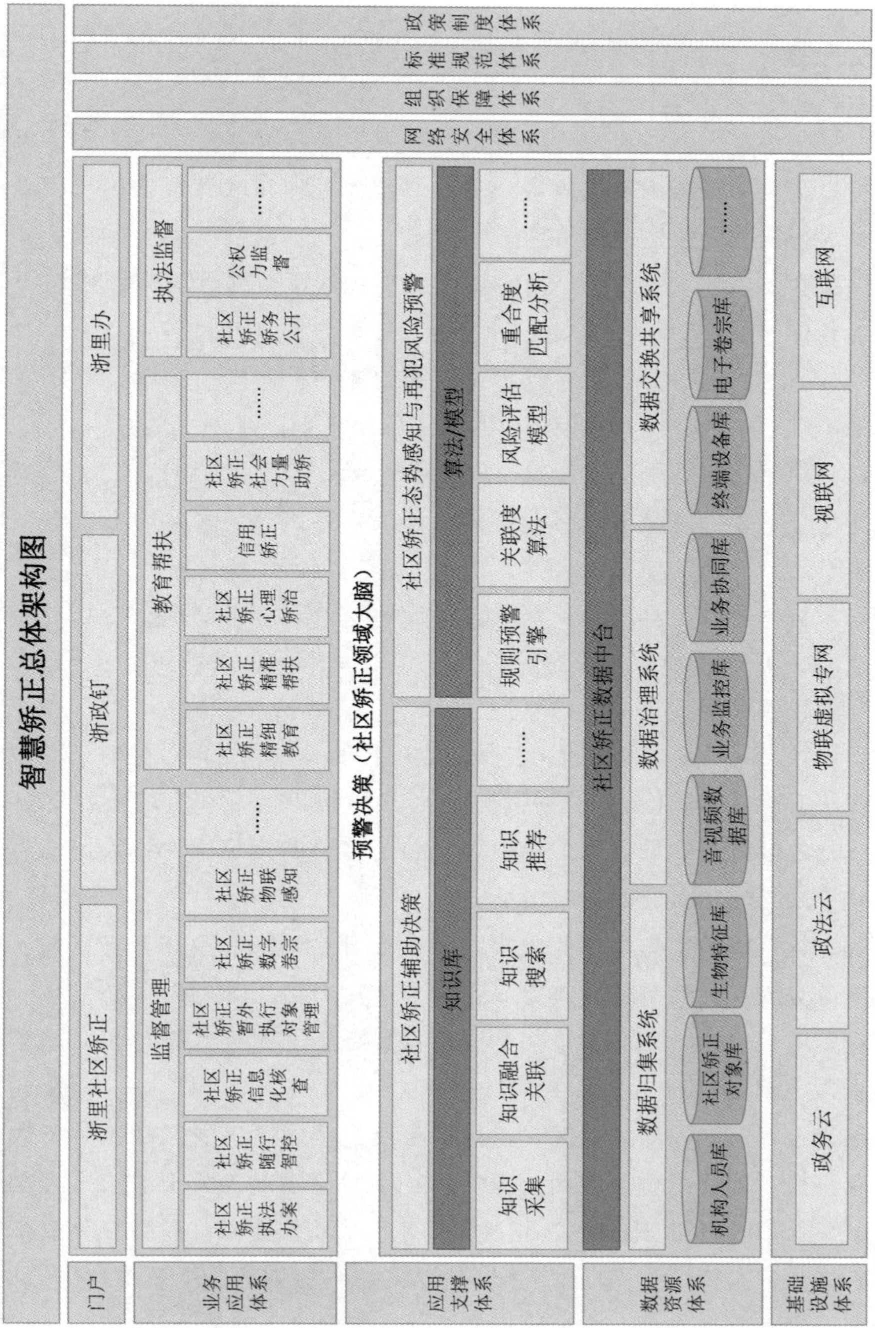

第 5 章　社区矫正数字化改革的浙江实践

图 5-1　智慧矫正应用建设总体架构

5.1.3 "智慧矫正"建设目标与重点任务

根据《中华人民共和国社区矫正法》第五条,国家支持社区矫正机构提高信息化水平,运用现代信息技术开展监督管理和教育帮扶。社区矫正工作相关部门之间依法进行信息共享。

但是在实践建设过程中,社区矫正数字化改革所遇到的问题依然极具挑战,具体如下:

(1)与公检法司(监狱)数字化协同的体制机制尚未完善,各单位数据标准不统一,业务协同时效性不高,时常出现不同步的情形。

(2)信息化监管手段较为单一,尚未形成全方位、立体式的监管模式,难以对矫正对象的风险进行自动感知,多模融合预测预警算法仍处于较低实用水平。

(3)对社区矫正对象犯罪成因的数据分析不够,矫正方案针对性不强,千人一案、千所一案较为普遍,个别化、差异化教育落地难,VR/AR教育矫正效果不明显。

(4)社会力量参与社区矫正工作的数字化能力较弱,对社区矫正对象的教育帮扶不够精准,多部门协同帮扶受限于数据孤岛问题,有较大实施难度。

(5)社区矫正委员会成员单位之间的衔接协调不足,省级数据汇总质量不佳,缺乏实际有效的业务场景。

(6)社区矫正工作内部监督机制仍有提升空间,特别在调查评估、执法办案等方面,弹性取证、权力寻租、小微权力滥用等问题屡有发生。数据错误、时效超期、文书差错都是制约智慧矫正开展大数据分析、趋势研判的根本因素之一。

综合上述问题,浙江社区矫正数字化改革明确提出浙江社区矫正数字化改革实践,即智慧矫正应用建设目标:按照司法部《关于加快推进全国"智慧矫正"建设的实施意见》精神及要求,紧密结合浙江省数字化改革创新发展需求,坚持"统一场景、统一开发""一地创新、全省推广"原则,依托互联网大省技术、人才和环境等综合资源优势,坚持高标准、高质量、高水平谋划推进全省智慧矫正体系建设，实现物联网、云计算、大数据、区块链、人工智能等信息技术与社区矫正工作的深度融合，打造"管理智能、管控精准、管教便捷、协同高效"的智慧矫正新格局。

智慧矫正应用建设思路大致可分为三个阶段。

第一阶段：围绕智慧矫正整体规划及智慧矫正中心创建工作，加强顶层设计，加大整合力度，确立数据标准和接口标准，融合各种应用，推动社区矫正信息化平台和新一代信息技术应用的融合对接，聚焦引导市、县、区开展"一县一品（牌）"工程建设，形成开放、共享、协同的智慧矫正生态体系，推进数字化监督管理体系，完善社区矫正平战结合安防平台管理水平。

第二阶段：进一步夯实"掌上办""网上办"实效，优化手机端 APP 的功能模块，推进数字化教育帮扶体系建设，提升再犯罪趋势研判和心理矫治智慧化水平。围绕开展政法协同一体化办案工作，完善社区矫正数字化业务协同体系，依法有序推进社区矫正执法办案数据的融合共享，包括各省（市）间跨地区共享、各政法单位间跨部门共享、各职能单位间跨业务共享，大幅提升信息共享、业务协同水平。

第三阶段：以社区矫正执法为切入点，针对社区矫正重点执法环节，协同共享来自检察院的检察建议、公安机关的治安处罚决定等多渠道数据，从法律时效及执法规则上开展数字化监管，自动预警提示，多角度开展对社区矫正执法工作的监督闭环管理。

第四阶段：打造社区矫正领域大脑，推动智慧矫正建设纵深发展，全面建设智慧大脑对风险感知、趋势研判、战略决策和快速响应的支持能力，推动实现社区矫正工作高度智能化、智慧化。

由此，确定浙江社区矫正数字化改革，即智慧矫正建设重点任务：

（1）构建社区矫正数字化监督管理（执法办案）体系；

（2）构建社区矫正数字化教育帮扶（精准矫正）体系；

（3）构建社区矫正数字化业务协同（政法协同）体系；

（4）构建社区矫正数字化执法监督（清廉矫正）体系；

（5）打造社区矫正领域大脑。

5.2 智慧矫正建设的浙江实践

2021年1月,智慧矫正应用被列入浙江省数字化改革数字法治总体框架应用之一,在改革实践中秉持"智能化+法治化"双轮驱动的建设思路,按照数字化转型推进要求,聚焦社区矫正机构履行社会管理职能和辅助决策需要,以社区矫正数字化、网络化、智能化发展为主线,对传统社区矫正信息化工作进行全方位、全角度、全过程的迭代重塑。

5.2.1 实现路径

智慧矫正建设围绕浙江省数字化改革"V字理论",分为任务细化的标准关、流程再造制度重塑的改革关、业务和数据的综合集成关,体现了工作流程重塑和优化,如图5-2所示。

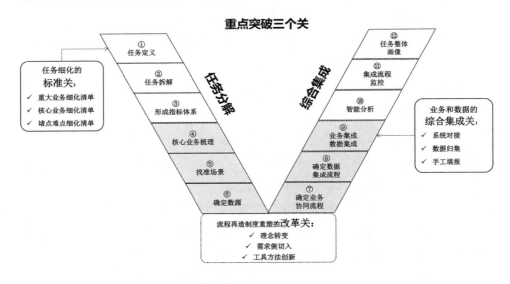

图5-2 "V字理论"

将梳理、分类、运用、迭代"三张清单"贯穿全省社区矫正数字化改革始终,主体框架改革步骤分为:核心业务梳理→多跨场景谋划→业务重塑→应用集成,如图 5-3 所示。

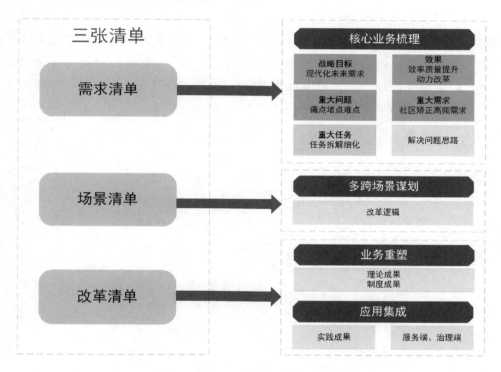

图 5-3 智慧矫正数字化改革实现路径

5.2.2 任务定义

社区矫正数字化改革是指按照《中华人民共和国社区矫正法》中对社区矫正对象采取"分类管理、个别化矫正"的要求,针对社区矫正对象日常监管、教育、帮扶工作中存在的监管不够精密、教育不够精细、帮扶不够精确等问题,通过跨部门、跨业务、跨地区、跨层级等协同方式,采用数字化手段推动解决相关问题,实现社区矫正对象精密智控、精细教育、精确帮扶,实现社区矫正的全域精准智治。

5.2.3 任务拆解

根据社区矫正数字化改革目标，围绕省厅、地市、区县、乡镇街道（司法所）四个层级的社区矫正工作，详细梳理业务需求，拆解出监督管理、教育帮扶、执法监督、预警决策（领域大脑）、业务协同 5 个二级任务，并将任务逐级拆解至最小事项，形成 20 项三级任务，如表 5-1 所示。

表 5-1 智慧矫正三级任务清单

序号	一级任务	二级任务	三级任务
1	数字化改革"智慧矫正"	监督管理	社区矫正执法办案
2			社区矫正应急管理
3			社区矫正信息化核查
4			暂予监外执行对象管理
5			社区矫正数字卷宗（数字档案）
6			社区矫正物联感知（人脸、步态、微表情、声纹、指纹、定位、生命体征等）
7		教育帮扶	社区矫正精细教育
8			社区矫正精确帮扶
9			社区矫正心理矫治
10			信用矫正
11			社区矫正社会力量助矫
12		执法监督	社区矫正矫务公开
13			公权力监督
14		预警决策（领域大脑）	社区矫正辅助决策
15			社区矫正态势感知与再犯风险预警
16			社区矫正数据中台
17			社区矫正区块链存证
18		业务协同	政法一体化协同办案（社区矫正）
19			社区矫正跨省协同监管
20			社区矫正基层治理协同

5.2.4 指标体系

根据各地梳理的场景、可量化指标、制度文件及任务协同建议，构建多个相关又相互独立的指标，形成整体统一、可认知、可量化的指标体系。

指标一：社区矫正对象再犯罪率低于0.2%。

指标二：社区矫正对象心理档案建档率不低于97%。

指标三：社区矫正对象个性化矫正方案智能生成与推送达到100%。

指标四：跨区域协同，外省协助监管达到需求的90%。

指标五：跨部门协同，管制、缓刑、假释、暂予监外执行案件，单轨制办案比例达到协同案件总数的95%。

指标六：跨层级协同，基层治理网格员周期性走访协同任务每月不少于1次。

5.2.5 核心业务梳理

按"部门履职全覆盖、多跨业务皆协同、数据整合最大化、事项粒度最小化"的总要求，开展社区矫正核心业务梳理，构建业务协同模型，充分理清社区矫正工作脉络，推进矫正业务数字化转型。

根据《中华人民共和国社区矫正法》第一条中规定，"为了推进和规范社区矫正工作，保障刑事判决、刑事裁定和暂予监外执行决定的正确执行，提高教育矫正质量，促进社区矫正对象顺利融入社会，预防和减少犯罪"，梳理社区矫正的核心业务需求分为两方面，一是面向社区矫正对象构建"精密智控、精细教育、精确帮扶"的监督管理与教育帮扶体系，二是面向社区矫正构建"矫务公开、执法公正、透明公信"的执法监督体系。

5.2.6 找准场景

根据数字化改革梳理出的智慧矫正三级任务清单，进一步分析每项任务涉及的领域、层级和部门，以及任务之间业务存在的关联关系，确定社区矫正监督管理、社区矫正教育帮扶和社区矫正执法监督三大多跨场景应用。

5.2.7 确定数据需求和数源系统

社区矫正多跨协同数据的汇聚，主要来自全省一体化智能化公共数据平台的数据共享和部门间的应用协同，包含公安、检察院、法院、司法行政（监狱）、人社、民政、医保、卫健委、市场监管等单位数据的汇聚。

根据数据需求和数据目录，确定数源系统，如来自全民健康信息系统、市场监管案件管理信息系统、企业信用管理系统、社保查询系统、智慧医保系统、政法一体化协同办案系统等数源系统及数源单位，进行数据归集。数据需求和数源系统如表 5-2 所示。

表 5-2 数据需求和数源系统

序号	场景	数据类别	数源单位	更新频次	数源系统	共享方式
1	业务协同	门诊就诊记录	卫健委	每天	全民健康信息系统	Dataworks 数据同步工具
2		检验检查信息	卫健委	每天	全民健康信息系统	Dataworks 数据同步工具
3		检查报告信息	卫健委	每天	全民健康信息系统	Dataworks 数据同步工具
4		住院信息	卫健委	每天	全民健康信息系统	Dataworks 数据同步工具
5		企业法人	市场监管局	实时	企业信用管理系统	API 接口
6		行政处罚数据	市场监管局	每天	市场监管案件管理信息系统	Kettle 数据同步工具
7		流动人口基本信息	公安	实时	浙江省流动人口居住信息管理系统	Dataworks 数据同步工具
8		社保连续参保缴费情况	人社局	实时	社保查询系统	API 接口
9		社保历史参保缴费明细	人社局	实时	社保查询系统	API 接口

续表

序号	场景	数据类别	数源单位	更新频次	数源系统	共享方式
10	业务协同	医保个人参保信息	医保局	实时	智慧医保系统	API 接口
11		低保救助	民政厅	实时	浙江省大救助信息系统	API 接口
12		边缘救助对象基本信息	民政厅	实时	浙江省大救助信息系统	API 接口
13		婚姻登记信息	民政厅	实时	婚姻登记管理信息系统	API 接口
14	政法协同	调查评估委托信息	社区矫正决定机关	实时	各政法系统	API 接口
15		矫正衔接信息	社区矫正决定机关	实时	各政法系统	API 接口
16		征求检察院意见信息	检察院	实时	各政法系统	API 接口
17		作出治安处罚结果	公安	实时	各政法系统	API 接口
18		提请撤销缓刑结果	法院	实时	各政法系统	API 接口
19		提请撤销假释结果	法院	实时	各政法系统	API 接口
20		提请收监执行结果	法院、监狱	实时	各政法系统	API 接口
21		提请逮捕	法院	实时	各政法系统	API 接口

续表

序号	场景	数据类别	数源单位	更新频次	数源系统	共享方式
22	跨省协同	调查评估委托信息	各省（市）社区矫正系统	实时	各省（市）社区矫正系统	API接口
23		调查评估协查信息	各省（市）社区矫正系统	实时	各省（市）社区矫正系统	API接口
24		跨省外出协管信息	各省（市）社区矫正系统	实时	各省（市）社区矫正系统	API接口
25		跨省外出报备信息	各省（市）社区矫正系统	实时	各省（市）社区矫正系统	API接口
26		跨省执行地变更迁入信息	各省（市）社区矫正系统	实时	各省（市）社区矫正系统	API接口
27		跨省执行地变更迁出信息	各省（市）社区矫正系统	实时	各省（市）社区矫正系统	API接口
28	……	……	……	……	……	……

5.2.8 确定业务协同和数据集成流程

智慧矫正应用建设推动实现纵向贯通、横向协同、覆盖全省。从纵向贯通方面，聚焦基层治理，省、市、县（区）、乡（镇）、村（社区）五级平台贯通，同时加快完成省、市、县（区）三级矫正平台迭代升级，强化数据治理。从横向协同方面看，对内与公安、检察院、法院、司法行政

第5章 社区矫正数字化改革的浙江实践

（监狱）、人社、民政、医保、卫健委、市场监管进行数据共享和业务协同，对外与志愿者、行业协会、公益组织、专业组织、社团组织进行教育帮扶业务协同，在地域上与沪、苏、皖形成长三角社区矫正跨省业务协同。社区矫正业务协同和数据集成流程如图5-4所示。

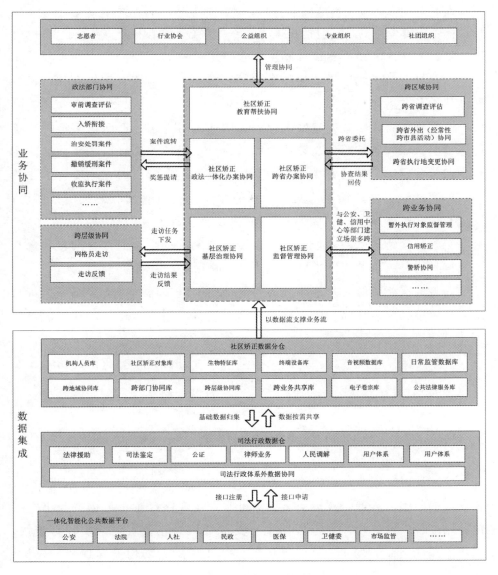

图5-4 社区矫正业务协同和数据集成流程

社区矫正数据仓承载了社区矫正所有的数据，为社区矫正业务的横向协同、纵向贯通提供基础数据支撑。数据来源可归为四类，一是省、市、县（区）三级社区矫正系统产生。二是依托一体化智能化公共数据平台汇聚形成，包括公安、检察院、法院、司法行政（监狱）、人社、民政、医保、卫健委、市场监管等相关部门的数据。三是应用间业务协同产生。四是司法行政体系内部资源共享，包括法援、公证、鉴定等对外服务资源信息。

社区矫正业务协同建设具体包括五个方面：

一是社区矫正政法一体化办案协同，实现了审前调查评估委托、入矫案件移交及奖惩提请协同。

二是社区矫正跨省办案协同，解决诸如跨省就医、返回户籍地矫正等特殊情况。浙江省按照先高频后低频、先易后难的原则，跨区域社区矫正审批业务实现线上流转，在调查评估、外出管理审批、居住地变更等业务环节，实现线上材料移送、业务交割的一体化办理，开展跨域远程监管，发挥智控联防体系。

三是社区矫正基层治理协同，通过与基层治理平台对接协同，实现基层网格员力量参与社区矫正日常走访工作的并轨，为基层司法所减负。

四是社区矫正监督管理协同，通过部门间应用协同，建设暂外执行对象监督管理、警矫协同、信用矫正等多跨场景应用，实现社区矫正监督管理业务的纵深迭代。

五是社区矫正教育帮扶协同，通过搭建教育帮扶社会化协同体系，实现与志愿者、行业协会、公益组织、专业组织、社团组织的管理协同。

5.2.9 实施业务集成和数据集成

梳理社区矫正业务标准规范和数据标准规范，搭建社区矫正数据中台，建立数据归集、治理、共享和交换等机制，实现社区矫正数据资源集中存储、调度、供给、使用，以数据中台支撑社区矫正监督管理、教育帮扶、执法监督三大业务场景应用，推动社区矫正领域大脑建设实现智能分析、辅助决策。

5.2.10 智能分析

1. 矫正对象异常维度分析

系统自动汇聚异常事件、违规事件及处罚事件，基于结果性事件分析社区矫正对象的行为，自动筛选对整体指标影响较大的行为指标，将其初步判定为异常指标，经数据碰撞分析，给出指标正常区间，不在指标区间内的，则被系统标识为重点关注对象。矫正对象异常维度分析如图5-5所示。

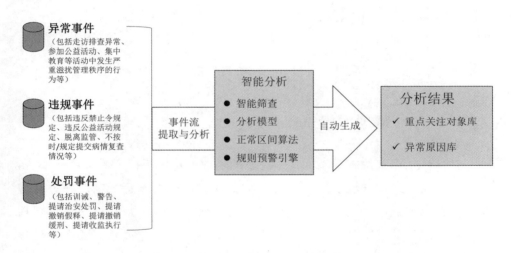

图 5-5 矫正对象异常维度分析

2. 智能预警分析

全面梳理社区矫正对象的异常行为，构建异常行为原因库，基于异常原因点的时间序列，进行重合度匹配分析，及时、全面了解同期预警指标的异常情况，同时建立异常指标间的关联性，进行关系图谱分析，分析不同时期同一类指标出现的频次，通过预警分析模型综合分析实现社区矫正对象风险等级预警，辅助领导决策。智能预警分析如图5-6所示。

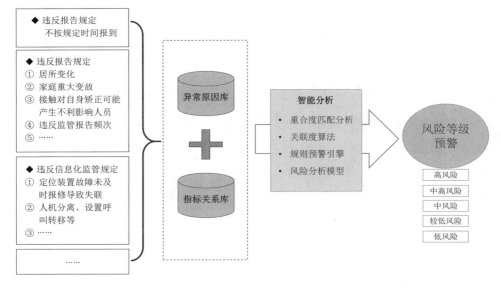

图 5-6　智能预警分析

5.2.11　集成流程监控

在保证数据来源客观、真实、完整的基础上，依托社区矫正数据中台，采集社区矫正工作开展产生的过程性数据，通过设立告警规则对业务流程实施监控，如社区矫正风险等级监控、心理健康监控、帮扶诉求监控、执法规范性监控等，将各项指标及其变化情况进行可视化展示，并在触发告警时生成告警通知，借助监控数据反向不断修正规则，实现集成流程监控闭环。集成流程监控如图 5-7 所示。

5.2.12　任务整体画像

本节主要围绕社区矫正监督管理、教育帮扶、执法监督三大核心业务构建任务整体画像。

第 5 章 社区矫正数字化改革的浙江实践

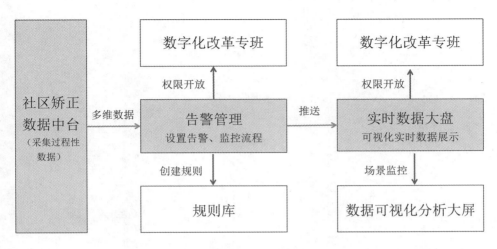

图 5-7 集成流程监控

1. 社区矫正监督管理多跨场景

（1）场景设计思路。

社区矫正监督管理多跨场景主要思路是构建从入矫到解矫全生命周期全业务流程监督管理体系。

入矫阶段与公安、检察院、法院、司法行政（监狱）通过政法一体化办案协同平台实现案件移送、入矫衔接工作，刑事判决信息、文书等自动流转到社区矫正监督管理应用。

在矫阶段实现多个场景的业务多跨，一是请假外出的社区矫正对象，联动省外社区矫正机构协助管理。二是暂外执行的社区矫正对象，需定期掌握其身体健康状况，通过卫健部门实现数据贯通。三是并轨基层治理力量，通过与基层治理平台对接，实现基层网格员走访任务下派及就近执法。四是对接公安公共视频智能分析，筛选匹配重点社区矫正对象位置信息并推送给社区矫正机构，帮助其有效监控重点社区矫正对象的活动范围。

解矫阶段通过社区矫正电子卷宗（数字档案）系统实现矫正周期所有的档案自动存档，并建立一人一档，供后续查询。

社区矫正监督管理多跨场景任务画像如图 5-8 所示。

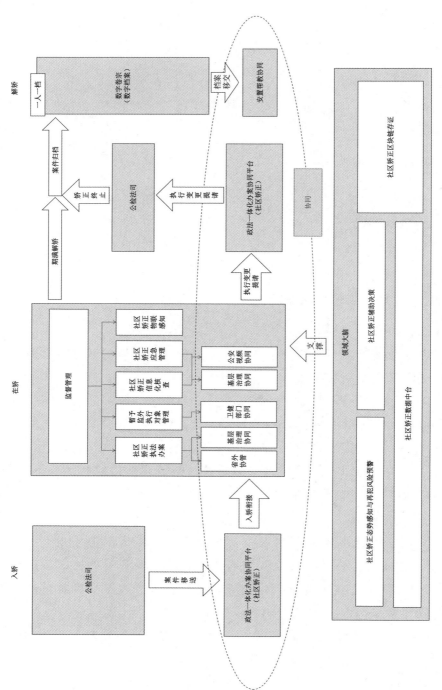

图5-8 社区矫正监督管理多跨场景任务画像

(2) 多跨谋划清单。

社区矫正监督管理多跨谋划清单如表 5-3 所示。

表 5-3 社区矫正监督管理多跨谋划清单

序号	协同类型	协同系统	多跨场景描述
1	跨部门协同	社区矫正政法一体化协同办案	与公安、检察院、法院、监狱实现一体化办案协同,包括调查评估委托、矫正衔接、解除和终止矫正协同、执行地变更协同以及提请撤销缓刑、提请减刑、收监执行等各类提请类协同
2	跨区域协同	社区矫正跨省协同办案系统	与上海市、江苏省、安徽省等实现业务协同,共同定制长三角地区跨省调查评估委托、外出请假协管、跨省变更执行地协同等协同场景
3	跨层级协同	社区矫正基层治理协同系统	与基层治理平台完成业务协同,省、市、县、乡、村五级应用贯通,获取网格信息,并轨网格员力量参与社区矫正
4	跨业务协同	暂外执行对象监督管理	依托一体化智能化公共数据平台,实现与卫健、医保等部门贯通,构建多跨协同应用场景,解决社区矫正在暂外执行对象管理碰到的堵点难点,降低执法风险
5		警矫协同	与公安部门建立多跨协同,利用社区矫正对象完整的基础信息库及生物特征库数据,借助公安视频监控,实现对社区矫正对象警矫协作全场景、全业务、全流程的网上协同

(3) 应用集成实例——"信息化监管+应急管理"应用。

① 应用场景实现路径。

社区矫正"信息化监管+应急管理"应用是监督管理多跨场景的一个子场景,集定位、通信联络、应急指挥、核查于一体,以协同监管和智能核查为两翼,以智能预警为尾翼,构建"平战结合"安防体系,筑牢社区矫正信息化监管屏障,防止社区矫正对象出现脱管失控现象。"信息化监管+应急管理"应用场景实现路径如图 5-9 所示。

社区矫正数智化

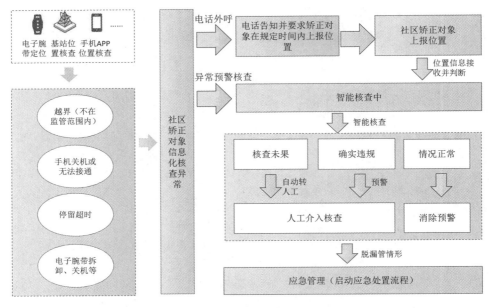

图 5-9 "信息化监管+应急管理"应用场景实现路径

信息化监管期间如果发现社区矫正对象出现脱管失控现象时，启动应急管理流程，如图 5-10 所示。

② 应用场景功能设计。

按照社区矫正信息化监管应用架构图谋划，根据"情报、研判、指挥、实战"（简称"情研指战"）一体化，设计定位监管、智能预警、智能核查、指挥调度、协同监管五个模块。

• 定位监管。

定位监控融合了手机基站定位、APP 定位、电子腕带定位、船舶定位，提供社区矫正对象的位置实时查看，支持历史轨迹回放及轨迹查询等功能。

当前总体定位误差率在 0.2%～0.5%，定位不准主要原因包括：临时小区基站的搭建，如应急演练通信车；基站位置信息不准确，即基站的真实经纬度数据存入错误；用户登记信息与实际移动管理实体 MME（Mobile Management Entity）不一致等。

第 5 章 社区矫正数字化改革的浙江实践

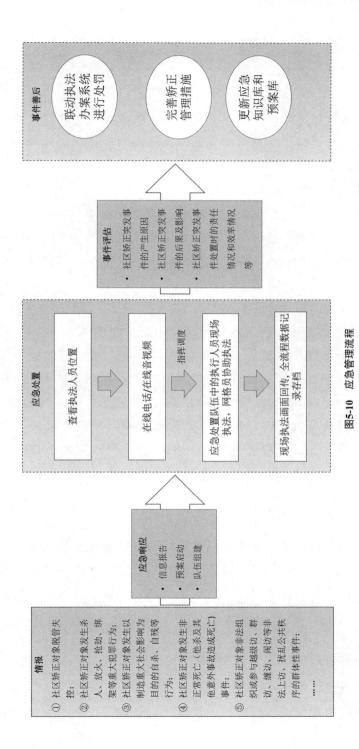

图5-10 应急管理流程

• 智能预警。

依托多模定位能力，通过设定告警规则对社区矫正对象的活动轨迹进行监控与分析：一方面将活动轨迹异常的矫正对象生成告警记录，并在触发告警时生成告警通知，另一方面利用历史轨迹数据建立行为趋势分析研判机制，研判社区矫正对象常去区域、夜不归宿、疑似工作变动、疑似居住地变更等场景。

• 智能核查。

依托社区矫正声纹采集库，并利用 AI 智能外呼技术，针对信息化监管异常的社区矫正对象，系统自动拨打社区矫正对象电话，经声纹核验确定是否为本人接听，并要求其在规定的时间内上报位置，实现异常报警自动核实、自动处理，减轻基层工作压力。

• 指挥调度。

充分整合信息化监管，融合通信能力及应急管理能力，实时查询社矫对象位置信息以及执法人员分布情况，利用天地图影像地图能力，将社区矫正中心应急指挥系统真正与社区矫正业务相融合，激发其应有的潜能和作用，实现"指挥作战"一张图，并建立核心区反向预警机制。当遇到突发紧急事件，可以第一时间联系社矫对象核实情况，并一键拨号通知就近执法人员及时赶赴现场，执法记录仪实时回传现场画面至指挥中心，移动执法终端及时将现场处理结果上传至省社区矫正平台，形成业务处理闭环。

• 协同监管。

通过与基层网格员建立业务联动，协助社区矫正机构就近执法；与公安视频监控协同，经公共监控摄像头人脸抓拍及人脸核验监控矫正对象活动范围，对存在越界情形的社区矫正对象给予报警并推送给社区矫正机构核查处置。

2. 社区矫正教育帮扶（精准矫正）多跨场景

（1）场景设计思路。

社区矫正教育帮扶（精准矫正）多跨场景按照《中华人民共和国社区

矫正法》中对社区矫正对象采取"分类管理、个别化矫正"的要求，采用信息化手段推动解决分类矫正和教育帮扶领域相关问题，构建社区矫正对象心理评估、心理咨询、危机干预等"一键式"流转心理矫治工作体系，完善社区矫正对象再犯预测预警预防，实现社区矫正工作的全域智治。

通过内部数据贯通、外部数据共享，实现数据归集、数据分析，基于社区矫正领域大脑，实现精细教育、精确帮扶、精准矫正。同时，建立教育帮扶（精准矫正）质效评价体系，以评价结果反馈教育帮扶（精准矫正）实施效果，借助效果评估反向调整教育帮扶措施，实现业务闭环。

将信用矫正工作融入教育帮扶整体建设，以修心教育为导向，学历、技能双提升为教育手段，信用承诺为核心要素，守信激励和失信约束为奖惩机制，信用修复为自身改造动力，推进教育帮扶工作的顺利开展，帮助和促使社区矫正对象重塑价值观、转变思想行为、再造心理人格、修复社会关系等。同时，在社区矫正工作人员人力不足、监管要求不断提高的背景下，通过引入社会多元化组织协助开展教育帮扶工作，进一步提高教育矫正质量，促进社区矫正对象顺利融入社会。教育帮扶（精准矫正）多跨场景任务画像如图5-11所示。

（2）多跨场景谋划清单。

对教育帮扶（精准矫正）多跨场景进行分析、筛选、汇总，形成教育帮扶（精准矫正）多跨场景清单如表5-4所示。

（3）应用集成实例1——多模态心理矫治系统。

① 应用场景实现路径。

省厅统建心理矫治平台，同时鼓励地市、区县基于经济社会发展水平、文化传统、民风民俗、矫正对象犯罪情况和社会组织发展状况等当地实际，坚持因地制宜，以打造"一县一品（牌）"为抓手，开展社区矫正心理矫治品牌孵化工作，因材施"矫"。创新心理矫治模式，从多模态三段式评估→构建心理画像→五色心晴码分级预警→智能预警核查→实施心理矫治服务→生成社区矫正对象心理档案，实现由依靠人力主观判断向基于数据辅助分级智治转变。多模态心理矫治实现路径如图5-12所示。

社区矫正数智化

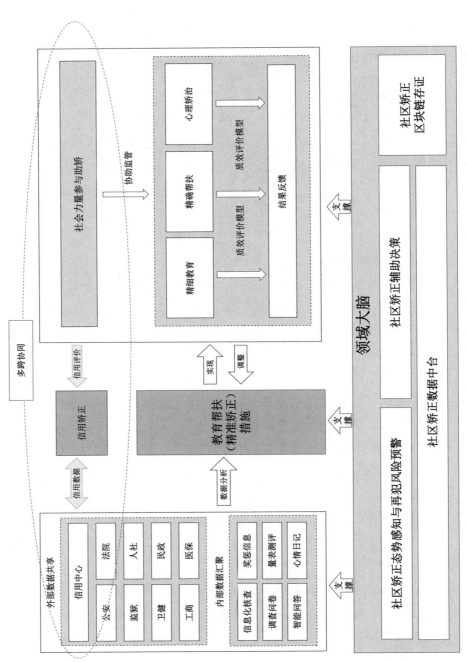

图5-11 教育帮扶（精准矫正）多跨场景任务画像

表 5-4 教育帮扶（精准矫正）多跨场景清单

序号	协同类型	协同系统	多跨场景描述
1	业务数据协同	社区矫正精准矫正系统	依托一体化智能化公共数据平台，与公安、检察院、法院、监狱、人社、民政、医保、卫健委、市场监管等单位数据的汇聚，为实现社区矫正对象精准画像分析提供多维度数据支撑
2	社会广泛协同	社区矫正社会力量助矫系统	与志愿者、行业协会、公益组织、专业组织、社团组织进行管理协同
3	跨业务协同	信用矫正系统	建立与省公共信用中心的多跨协同，依次匹配设立信用承诺机制、信用奖惩机制和信用修复机制，贯穿社区矫正全周期。通过信用激励、信用惩戒双向机制将矫正期内产生的行为数据形成相应的正负分值，开展信用评价，评价结果推送至省信用中心

② 应用场景功能设计。

心理矫治场景以"风险—需求—反应—矫正—赋能原则"RNRCE (Risk-Need-Responsivity-Correction-Empowerment) 为理论依据，以《浙江省社区矫正工作实务指南》为工作规范，运用"平战结合""一县一品（牌）""人机协同""精准矫治"四大工作机制，通过多模态智能评估、动态分析、风险监控、分级管理等开展心理矫治工作，打造社区矫正心理矫治新模式。

• 智能评估。

通过采集生理、行为、眼动、脑电、步态、红外、面部表情识别等多模态数据，整合司法、公安、民政等多跨数据，建构"三段式（入矫阶段—矫中阶段—解矫阶段）"社区矫正风险评估体系，精准掌握社区矫正对象心理动态，快速筛查心理危机重点人员，发挥数字赋能预防管控心理危机与重新犯罪风险的作用。

社区矫正数智化

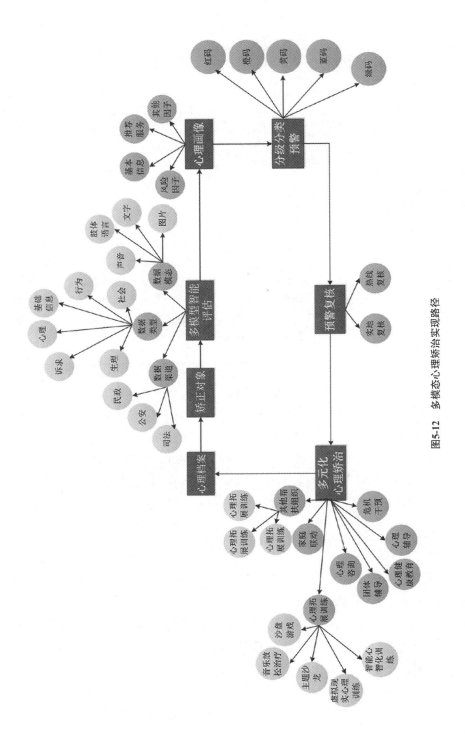

图5-12 多模态心理矫治实现路径

- 心理画像。

通过智能评估,形成社区矫正对象多维度、全方位个体与群体心理画像,包括人格特质、精神健康、社会关系、认知态度、需求动机、能力资源等情况,对重点人员进行自动需求分析和智能分级,明确矫治重点,促进心理矫治数字化、智能化、精准化。

- 风险预警。

创新多模态智能评估手段捕捉再犯罪人员的典型特征,建设社区矫正对象分级管理及预测预警系统——心晴码。风险等级以五色心晴码进行区分:红码、橙码、黄码、蓝码、绿码,红码为最高等级,绿码风险级别最低。切实预防管控社区矫正对象心理危机与二次犯罪风险。心晴码风险等级与相应的监管矫治措施如图 5-13 所示。

- 多元化心理矫治服务。

基于社区矫正对象心理画像标签与预警的风险靶点,运用多源融合算法智能匹配矫正方法,推荐个性化心理矫治服务,有力提升心理矫治质量。

其中,针对未成年社区矫正对象实施如下方案措施。

——心理健康教育:基于大数据分析,对未成年社区矫正对象及其监护人精准推送心理科普教育知识、心理健康知识。

——个体咨询:基于未成年社区矫正对象的心理特点,进行一对一个体心理咨询。

——督促监护:督促未成年社区矫正对象监护人履行监护责任,承担抚养以及管教义务。

——家庭联动:与未成年社区矫正对象监护人进行未成年社区矫正对象心理情况的联动交流,引导监护人关注未成年矫正对象的成长与心理动态变化。

——协同帮扶:协调相关部门,在未成年社区矫正对象就业、就学等方面提供帮助。

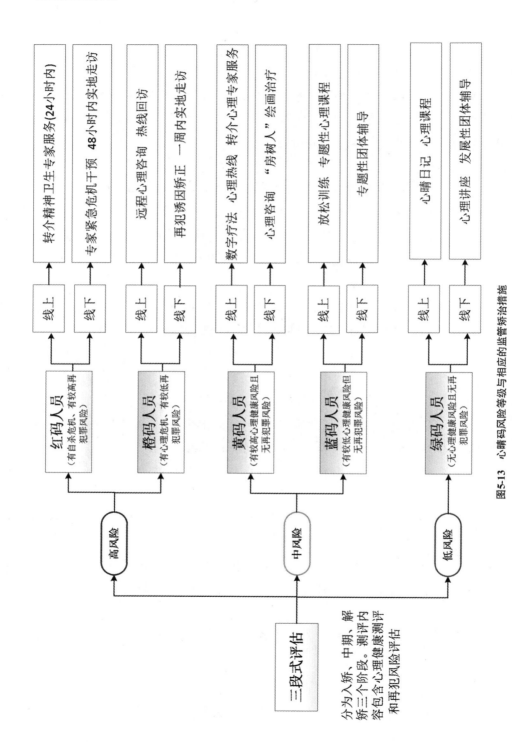

图5-13 心晴码风险等级与相应的监管矫治措施

——危机干预：对发生重大负性事件导致心理严重失衡、心理状态严重异常、存在严重心理矛盾和冲突以及有行凶、自杀、自伤、自残等危险倾向或者行为的未成年社区矫正对象提供心理急救、情绪减压、哀伤辅导等心理危机干预措施，帮助其缓解心理矛盾和冲突，恢复心理平衡，避免、减少极端事件和危及安全稳定的事故发生。

针对成年社区矫正对象实施如下措施。

——心理健康教育：基于大数据分析，对成年社区矫正对象精准推送心理科普教育课程。

——心理咨询：基于成年社区矫正对象的特点，提供心理咨询或心理疏导。

——心理辅导：基于成年社区矫正对象的特点，进行远程团队辅导或个体辅导。

——心理训练：基于成年社区矫正对象的特点，开展智能心智化训练、主题沙龙、沙盘游戏、虚拟现实心理训练、音乐放松治疗等心理拓展训练。

——危机干预：对发生重大负性事件导致心理严重失衡、心理状态严重异常、存在严重心理矛盾和冲突以及有行凶、自杀、自伤、自残等危险倾向或者行为的成年社区矫正对象提供心理急救、情绪减压、哀伤辅导等心理危机干预措施，帮助其缓解心理矛盾和冲突，恢复心理平衡，避免、减少极端事件和危及安全稳定的事故发生。

• 心理档案。

心理档案归集社区矫正对象基本信息、多模态智能评估结果、心理画像、心理预警情况、个性化心理矫治方案以及心理矫治过程数据，落实心理档案管理制度，推动心理矫治工作过程信息化，切实提升心理矫治实效。

（4）应用集成实例2——社区矫正精准矫正系统。

① 应用场景实现路径。

社区矫正精准矫正场景是以个性化矫正方案的制定、实施、评价、反馈为主线，以数据多跨、数据汇聚、数据分析为支撑，构建社区矫正对象精准画像，自动生成个性化矫正方案，形成教育学习措施、多元帮扶措施、心理矫治措施等，并以个性化学习清单、多元化帮扶清单及心理异常矫治清单分别推送至社区矫正对象应用端、工作人员管理端、社会力量助矫端。

利用动态评估方法不断精准更新社区矫正对象的个人画像，并反向调整矫正方案，实现矫正方案纵深迭代，最终达到精细教育、精确帮扶、精准矫治的目的。精准矫正应用场景实现路径如图 5-14 所示。

② 应用场景功能设计。

精准矫正应用场景贯穿整个矫正周期始终，构建了从入矫到解矫的全流程、全业务生态体系，通过信息采集、画像分析、矫正方案制定、实施、反馈、调整等开展精准矫正工作，解矫时自动生成个人矫正总结报告，实现精准矫正业务闭环。

· 信息采集管理。

信息采集是人物画像分析的基础，除了与现有平台对接获取基本信息、刑法执行信息及心理档案等信息外，还通过对矫正对象物联感知信息采集，归集所有用于人物画像分析所需的数据。

· 精准画像分析。

构建精准画像分析模型，主要从基本维度（如年龄、文化程度、婚姻状况、罪错等）、风险维度、心理维度、就业维度、家庭维度、经济维度、知法维度等实现社区矫正对象画像展示，经矫正期间动态数据的融合碰撞，对各维度存在的数据变化进行抽取分析，不断清晰社区矫正对象个人画像，支撑矫正方案的制定与调整。

· 个性化矫正方案。

结合社区矫正对象画像分析结果，自动匹配社区矫正措施库，提供一键生成矫正方案，方案内容包括教育学习措施、社会适应性帮扶措施、心理异常矫治措施等，根据方案措施与教育帮扶资源的融合碰撞，系统每月自动生成个性化学习清单、多元化帮扶清单、心理异常矫治清单，并推送至社区矫正工作人员管理端和社会力量助矫端，其中个性化学习清单并行推送至社区矫正对象应用端，实现清单式学习。

第 5 章 社区矫正数字化改革的浙江实践

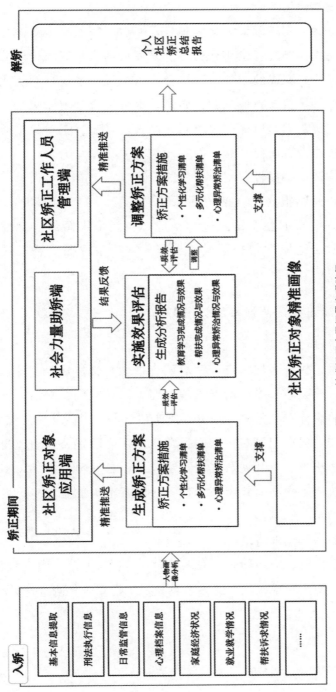

图5-14 精准矫正应用场景实现路径

- 实施效果评估。

将矫正方案的实施效果定义为很好、一般、较差三个等级，目前主要从每月清单完成情况进行量化评估，全部完成的为很好，少部分未完成的为一般，大部分未完成的为较差，结合评估结果，系统自动生成效果评估报告。后续会考虑纳入其他维度，如针对本月教育学习结束后，推送考题在线测试矫正对象掌握情况；推送问卷调查表了解矫正对象接受多元化帮扶后社会适应能力有无提升等。

- 个人矫正总结报告。

个人矫正总结报告是在解矫后系统自动生成的，主要展示社区矫正对象从入矫到解矫的整个矫正过程情况，包括个人画像演变情况、教育学习情况、社会适应性帮扶情况、心理异常矫治情况及矫正效果情况查看等。

3. 社区矫正执法监督多跨场景

（1）场景设计思路。

以社区矫正执法为切入点，针对调查评估、交付接收、外出审批、居住地变更、考核奖惩、提请治安管理处罚、提请减刑、提请逮捕、提请撤销缓刑、撤销假释和收监执行等重点执法环节，协同共享检察院检察建议、公安机关治安处罚决定等多渠道数据，建立社区矫正公权力监督体系，从法律时效及执法规则上开展数字化执法监督，自动预警提示，多角度开展对社区矫正执法工作的监督闭环管理。社区矫正执法监督多跨场景任务画像如图 5-15 所示。

（2）多跨场景谋划清单。

坚持需求导向、问题导向、未来导向，对执法监督多跨场景进行分析、筛选、汇总，初步形成执法监督多跨场景谋划清单，如表 5-5 所示。

第 5 章 社区矫正数字化改革的浙江实践

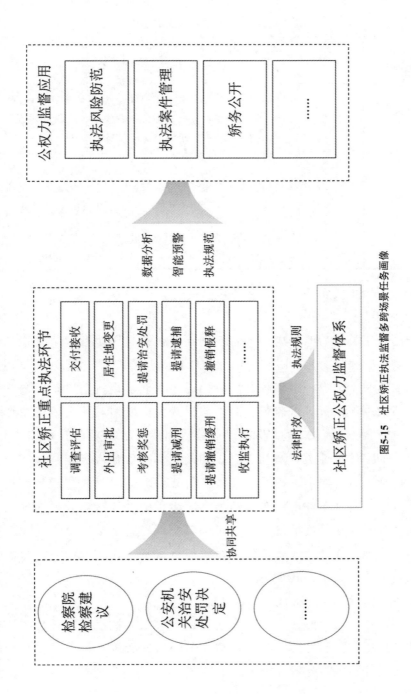

图5-15 社区矫正执法监督多跨场景任务画像

表 5-5　执法监督多跨场景谋划清单

序号	协同类型	协同系统	多跨场景描述
1	跨部门协同	社区矫正公权力监督	针对社区矫正机构执法工作，开发调查评估超期模型、未及时处罚预警、文书不全预警模型、虚假报到监督模型等系列模块组件，搭建执法监督场景。
2			针对社区矫正对象申诉控告、信访举报信息、社区矫正机构工作人员未及时处置预警、社矫机构工作人员应向组织报告事项未如实报告预警等，搭建清廉矫正预警场景。
3			针对社区矫正对象职业禁止核查、禁止令执行预警、暂予外执行虚假证明预警等，搭建数据协查预警场景。

（3）应用集成实例——社区矫正公权力监督。

① 应用场景实现路径。

社区矫正公权力监督应用场景实现路径，一是围绕社区矫正机构、社区矫正委员会公权力运行过程中的廉政风险点，紧盯人、事、钱三条主线，汇集纪委监委、公安、检察院、法院、司法行政、市场监管、民政、信访等数部门数据，设置日常监督、协同监督两大类模型对社区矫正领域公权力运行进行全方位、多角度监督。二是结合社区矫正对象日常违法行为，梳理对应的案件定性类型（如违反报到规定、违反报告规定、违反会客规定、违反外出监管规定、违反信息化监管规定等）、法律法规或规范性文件的具体规定，明确案件定性对应的类型应给予的处罚措施及处罚依据，实现执法规范与执法尺度的统一。通过外部协同、内部规范梳理，加强执法风险感知能力，提升社区矫正整体执法规范水平。社区矫正公权力监督应用场景实现路径如图 5-16 所示。

② 应用场景功能设计。

社区矫正公权力监督应用主要功能设计包括：执法环节管理、执法案件管理、执法音视频管理、智能预警、多跨协同管理、投诉举报、检查监督、联合监管、风险处置分析等。

第 5 章 社区矫正数字化改革的浙江实践

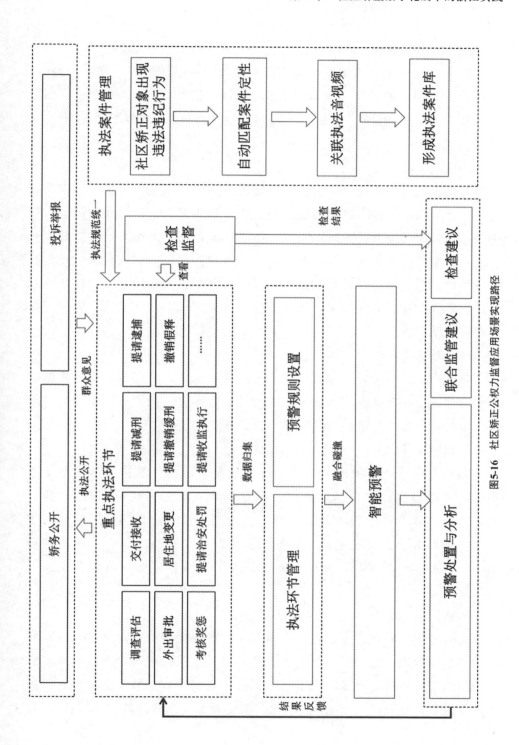

图5-16 社区矫正公权力监督应用场景实现路径

• 执法环节管理。

对审前调查评估、交付接收、外出审批、居住地变更、训诫、警告、提请治安处罚、提请撤销假释、提请撤销缓刑、提请收监执行等重点执法环节进行统一管理,并对每个环节设置预警规则,为智能预警提供支撑。

• 执法案件管理。

分别提供审前调查评估案件和奖惩案件的统一规范性管理,其中奖惩案件包括训诫、警告、提请治安处罚、提请撤销假释、提请撤销缓刑、提请收监执行等。当社区矫正对象出现违法违规行为,工作人员只需输入社区矫正对象的违法违规行为,系统自动匹配案件定性、法律法规或规范性文件规定、处罚措施及处罚依据,实现执法办案智能辅助。同时提供内容规范性输入的样例参考模板,除了实现统一办案规范,也能满足业务新人办案能力的提升。

• 执法音视频管理。

执法办案过程中,对执法过程中的监控录像、执法记录仪等采集的音视频数据进行存储,利用区块链技术对核心数据进行上链存证,并自动与执法案件进行关联,满足后续倒查取证业务需要。

• 智能预警。

抓取各类矫正应用产生的调查评估数据、请销假数据、居住地变更数据、矫正对象违规数据、奖惩提请数据等,并根据设定的预警规则,对重点执法环节进行预警,如调查评估超期、请销假超期、居住地变更超期、处罚过轻、应罚未罚(应训诫未训诫、应警告未警告、应提请治安处罚未提请)等情况,并在触发预警时生成预警通知及时提醒工作人员处理。

• 协同管理。

主要开展针对社区矫正委员会成员单位的协助监管流程。如提供检察院检察意见管理、公安机关治安处罚决定结果信息管理等功能。根据多跨部门执法与管理规范要求,除了规范工作人员执法行为外,系统构建社区矫正执法规范规则库,支撑规范执法及智能预警与风险防范应用需要。

第 6 章
网络安全与数据保护

本章主要根据《中华人民共和国社区矫正法》《中华人民共和国网络安全法》《中华人民共和国数据安全法》《中华人民共和国个人信息保护法》《中华人民共和国计算机信息系统安全保护条例》等法律法规和网络安全等级保护相关国家标准，按照"谁主管谁负责、谁运营谁负责、谁使用谁负责"的工作原则，强化落实数据安全主体责任，阐述提高社区矫正各类信息系统的数据和网络安全防护能力，以更好适应社区矫正数智化时代对网络安全与数据保护提出的要求。

6.1 社区矫正信息系统整体安全架构

6.1.1 网络拓扑架构

按照业务分类，社区矫正各类信息系统运行主要涉及省级电子政务网、政法专网、视联网、物联感知虚拟专网和（移动）互联网等五个网络系统。省级电子政务网分为电子政务内网和电子政务外网。社区矫正信息系统的部署和数据传输主要依托电子政务外网来实现省、市、县（区）、乡（镇）四级的纵向贯通。政法专网实现了社区矫正机构与公检法司（监）的多跨协同，推动政法一体化协同办案平台的建立。视联网是基于省电子政务外网的统一视频会议服务平台，专门用于高清视频会议和应急指挥调度。视联网、物联感知虚拟专网本身都可归类于物联网，本章暂沿用日常分类习惯。

《中华人民共和国社区矫正法》第二十六条提出"社区矫正机构可以通过通信联络、信息化核查、实地查访等方式核实有关情况"，第二十九条规定五类情形下的社区矫正对象可以使用电子定位装置。从区县级社区矫正机构实际监管执法需求的视角，我们可以考虑依托区县级社区矫正机构专门建设一张承载电子腕带信息（生命体征信息、位置信息）、音视频监控信息、自助矫正终端信息、移动执法仪（车）等物联感知信息的虚拟专网，来满足区县级社区矫正机构大数据执法的数据需求。不建议在省厅层面统建物联网的主要考虑，一是依法厘定"省厅—地市—区县"三级社区矫正机构的执法监督和管理重心，促使省厅和地市层级更多转向对区县层级的监督、指导和考核评价；二是避免省厅层面统建统管物联感知系统给省级电子政务外网带来的巨大数据传输和存储压力。

社区矫正信息系统网络整体拓扑架构如图6-1所示。

一般情况下，可由省司法厅、各地市司法局两级建立司法行政数据中心[①]。省司法厅、地市和区县司法局之间通过省电子政务外网互联，地市级司法局数据中心按照数据标准规范全量归集到省厅级数据中心，省厅级数据中心则按需为下一级提供数据共享。由区县级社区矫正机构建立的物联感知数据中心，负责归集基层司法所和区县本级物联感知设备数据，同时可支持省司法厅和地市司法局按需调用。

社区矫正机构与公安、检察院、法院、司法行政（监狱）依托政法专网实现协同办案，在政务网与政法网之间架设安全网闸，通过网闸设备实现数据摆渡，确保政法一体化协同办案数据交换安全可靠。

6.1.2 总体安全设计

本节以《信息安全技术 网络安全等级保护基本要求》（GB/T 22239—2019）为参照，结合社区矫正信息系统自身特点，规划社区矫正信息系统安全体系框架，如图6-2所示。

等级保护对象是指网络安全等级保护工作中的对象，通常是指由计算机或者其他信息终端及相关设备组成的按照一定的规则和程序对信息进行收集、存储、传输、交换、处理的系统，主要包括网络基础设施、信息系统与数据库、云平台设施、物联智能设备等。其中，网络基础设施如前所述

[①] 浙江省是由省大数据局中心统筹建设"浙江省一体化数据资源系统"，简称IRS，实现省、地市、区县三级联动，各单位通过IRS系统完成数据交换共享。

社区矫正数智化

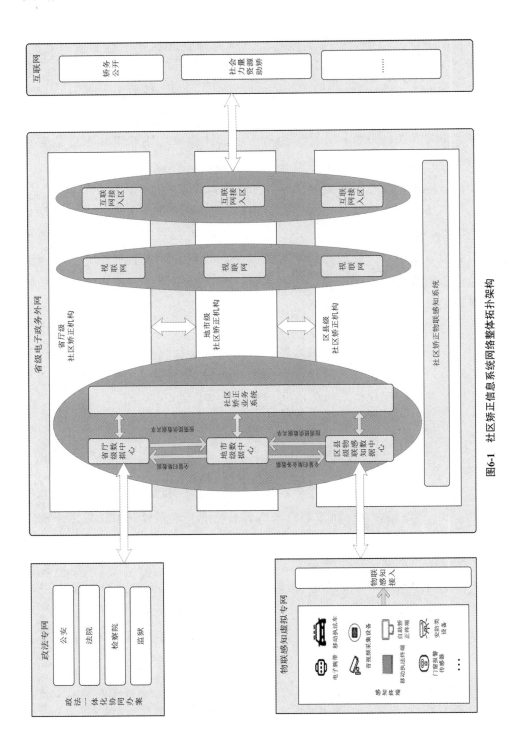

图6-1 社区矫正信息系统网络整体拓扑架构

第6章 网络安全与数据保护

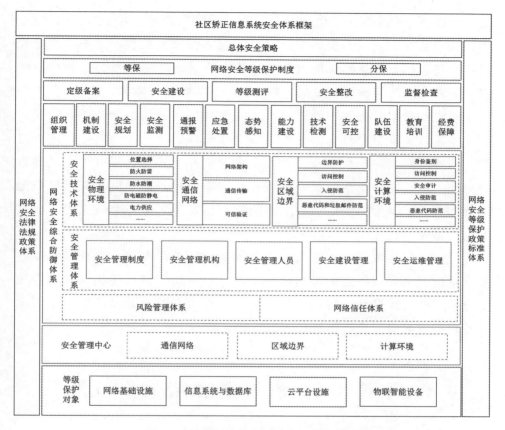

图 6-2 社区矫正信息系统安全体系框架

包括省级电子政务网、政法专网、视联网、物联感知虚拟网及（移动）互联网等五个网络。信息系统与数据库主要指社区矫正各类业务系统和数据库。云平台设施是社区矫正各业务系统运行的主要载体，目前社区矫正信息系统主要部署在政务云平台上。物联智能设备主要包括电子腕带、音视频监控、自主矫正终端、移动执法仪（车）等。

社区矫正信息系统安全体系框架（网络安全战略规划目标）是为构建一体化综合防御体系，在国家相关网络安全法律法规体系及国家网络安全等级保护政策标准体系下建立的总体安全策略。国家网络安全等级保护制度总体包含"定级备案、安全建设、等级测评、安全整改、监督检查"五个步骤。

通过网络安全保护等级建设形成有效的组织管理、健全的机制建设、完善的安全规划以及安全监测,同时建立通报预警机制、完善应急处置措施,还包括态势感知、能力建设、技术检测。建立可靠的安全可控体系,加强安全队伍建设、安全教育培训,落实经费保障等。

网络安全综合防御体系包括:风险管理体系、网络信任体系、安全技术体系以及安全管理体系。网络安全战略践行了"一个中心、三重防护"的网络安全保护理念,针对安全管理中心和计算环境安全、区域边界安全、通信网络安全的安全合规进行方案设计,建立以计算环境安全为基础,以区域边界安全、通信网络安全为保障,以安全管理中心为核心的信息安全整体保障体系。

总体安全策略位于信息系统安全体系框架的最高层,是社区矫正各业务系统安全管理体系的最高指导策略。它明确了社区矫正信息系统规划设计、开发建设和运行维护应遵循的总体安全策略,对信息安全技术和管理各方面的安全工作具有通用指导意义。

6.2 社区矫正信息系统网络安全等级

6.2.1 等保与分保

1. 等级保护

1994年2月18日国务院颁布实施《中华人民共和国计算机信息系统安全保护条例》(国务院令147号),其中第九条规定了"计算机信息系统实行安全等级保护",这是我国信息系统安全等级保护的开端。2017年6月1日《中华人民共和国网络安全法》正式施行,其第二十一条中规定了"国家实行网络安全等级保护制度。网络运营者应当按照网络安全等级保护制度的要求,履行下列安全保护义务,保障网络免受干扰、破坏或者未经授权的访问,防止网络数据泄露或者被窃取、篡改"。网络安全等级保护主要是对专有信息系统进行分等级保护,分别包括国家的重要信息、法人和其他组织及公民的专有信息系统和存储、传输、处理这些信息的信息系统。同时,对信息系统中使用的信息安全产品实行按等级管理。最后,对信息系统中发生的信息安全事件分等级响应和处置。

国标《信息安全技术 网络安全等级保护基本要求》(GB/T 22239—2019)在 2019 年 12 月 1 日正式实施,标志着我国网络安全等级保护工作进入 2.0 时代(简称"等保 2.0")。"等保 2.0"与《中华人民共和国网络安全法》中的相关法律条文保持一致,是指对网络和信息系统按照重要性等级分级别保护的一项工作。

安全等级保护的核心是对等级保护对象划分等级、按标准进行建设、管理和监督。《信息安全技术 网络安全等级保护实施指南》(GB/T 25058—2019)对等级保护实施明确了以下基本原则。

自主保护原则:信息系统运营、使用单位及其主管部门按照国家相关法规和标准,自主确定信息系统的安全保护等级,自行组织实施安全保护。

重点保护原则:根据信息系统的重要程度、业务特点,通过划分不同安全保护等级的信息系统,实现不同强度的安全保护,集中资源优先保护涉及核心业务或关键信息资产的信息系统。

同步建设原则:信息系统在新建、改建、扩建时应当同步规划和设计安全方案,投入一定比例的资金建设信息安全设施,保障信息安全与信息化建设相适应。

动态调整原则:要跟踪信息系统的变化情况,调整安全保护措施。由于信息系统的应用类型、范围等条件的变化及其他原因,安全保护等级需要变更的,应当根据等级保护的管理规范和技术标准的要求,重新确定信息系统的安全保护等级,根据信息系统安全保护等级的调整情况,重新实施安全保护。

社区矫正信息系统建设应满足网络安全等级保护的要求。一般而言,实际环境中社区矫正各业务系统主要部署在电子政务外网。通常电子政务外网与互联网之间仅是逻辑隔离，通过开通网络策略即可实现网络互通，因此评估和防范网络安全风险是系统建设必须认真重视的。社区矫正对象是特殊群体对象，尤其针对不满十四周岁的未成年社区矫正对象信息及犯罪记录的存储与查询，依据《中华人民共和国个人信息保护法》需要予以特别保护。两高两部颁发的《关于未成年人犯罪记录封存的实施办法》也明确指出社区矫正数据安全和隐私保护的重要性。

2. 分级保护

分级保护专指涉密信息系统的保护，由国家保密局监管。《中华人民共和国保守国家秘密法》第二十三条中规定："存储、处理国家秘密的计算机信息系统按照涉密程度实行分级保护。"基于政法专网与公检法司（监）业务联动的政法一体化协同办案系统建议适用分级保护。政法专网与社区矫正电子政务外网之间可以通过专用安全网闸，以数据"摆渡"的方式来交换信息，实现社区矫正业务与公检法司（监）业务的安全共享协同。

6.2.2 社区矫正信息系统定级

1. 定级依据

本章涉及的相关概念主要引用以下法律法规和国家标准：
- 《中华人民共和国网络安全法》；
- 《中华人民共和国数据安全法》；
- 《中华人民共和国个人信息保护法》；
- 《中华人民共和国计算机信息系统安全保护条例》；
- 《信息安全技术　网络安全等级保护基本要求》（GB/T 22239—2019）；
- 《信息安全技术　网络安全等级保护实施指南》（GB/T 25058—2019）；

- 《信息安全技术　网络安全等级保护定级指南》（GB/T 22240—2020）；
- 《信息安全技术　网络安全等级保护安全设计技术要求》（GB/T 25070—2019）；
- 《信息安全技术　网络安全等级保护测评要求》（GB/T 28448—2019）；
- 《信息安全技术　网络安全等级保护测评过程指南》（GB/T 28449—2018）；
- 《信息安全技术　网络安全等级保护测试评估技术指南》（GB/T 36627—2018）。

2. 安全保护等级

按照《信息安全技术　网络安全等级保护定级指南》（GB/T 22240—2020），根据等级保护对象在国家安全、经济建设、社会生活中的重要程度，以及一旦遭到破坏、丧失功能或者数据被篡改、泄露、丢失、损毁后，对国家安全、社会秩序、公共利益以及公民、法人和其他组织的合法权益的侵害程度等因素，等级保护对象的安全保护等级分为以下五级：

第一级，等级保护对象受到破坏后，会对相关公民、法人和其他组织的合法权益造成一般损害，但不危害国家安全、社会秩序和公共利益；

第二级，等级保护对象受到破坏后，会对相关公民、法人和其他组织的合法权益造成严重损害或特别严重损害，或者对社会秩序和公共利益造成危害，但不危害国家安全；

第三级，等级保护对象受到破坏后，会对社会秩序和公共利益造成严重危害，或者对国家安全造成危害；

第四级，等级保护对象受到破坏后，会对社会秩序和公共利益造成特别严重危害，或者对国家安全造成严重危害；

第五级，等级保护对象受到破坏后，会对国家安全造成特别严重危害。

3. 定级方法

按照《信息安全技术 网络安全等级保护定级指南》(GB/T 22240—2020),等级保护对象的定级要素包括:a. 受侵害的客体;b. 对客体的侵害程度。等级保护对象受到破坏时所侵害的客体包括以下三个方面:a. 公民、法人和其他组织的合法权益;b. 社会秩序、公共利益;c. 国家安全。等级保护对象受到破坏后对客体造成侵害的程度归结为以下三种:a. 造成一般损害;b. 造成严重损害;c. 造成特别严重损害。

定级要素与安全保护等级的关系如表 6-1 所示。

表 6-1 定级要素与安全保护等级的关系

受侵害的客体	对客体的侵害程度		
	一般损害	严重损害	特别严重损害
公民、法人和其他组织的合法权益	第一级	第二级	第二级
社会秩序、公共利益	第二级	第三级	第四级
国家安全	第三级	第四级	第五级

等级保护对象定级工作的一般流程如图 6-3 所示。

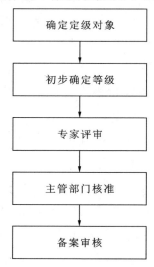

图 6-3 等级保护对象定级工作一般流程

在确定定级对象时，信息系统应具有确定的主要安全责任主体，承载相对独立的业务应用，包含相互关联的多个资源。在云计算环境中，云服务客户侧的等级保护对象和云服务商侧的云计算平台/系统需分别作为单独的定级对象定级，并根据不同服务模式将云计算平台/系统划分为不同的定级对象。物联网主要包括感知、网络传输和处理应用等特征要素，需将以上要素作为一个整体对象定级，各要素不单独定级。采用移动互联技术的系统主要包括移动终端、移动应用和无线网络等特征要素，可作为一个整体独立定级或与相关联业务系统一起定级，各要素不单独定级。对于电信网、广播电视传输网等通信网络设施，宜根据安全责任主体、服务类型或服务地域等因素将其划分为不同的定级对象。数据资源可独立定级。当安全责任主体相同时，大数据、大数据平台/系统宜作为一个整体对象定级；当安全责任主体不同时，大数据应独立定级。

定级对象的安全包括业务信息安全和系统服务安全，与之相关的受侵害客体和对客体的侵害程度可能不同，因此，安全保护等级也应由业务信息安全和系统服务安全两方面确定。从业务信息安全角度反映的定级对象安全保护等级称为业务信息安全保护等级，从系统服务安全角度反映的定级对象安全保护等级称为系统服务安全保护等级，取两者中的较高者为定级对象的初步安全保护等级。

确定定级对象的安全保护等级具体流程如下。

（1）确定受到破坏时所侵害的客体。

① 确定业务信息受到破坏时所侵害的客体。

② 确定系统服务受到侵害时所侵害的客体。

（2）确定对客体的侵害程度。

① 根据不同的受侵害客体，分别评定业务信息安全被破坏对客体的侵害程度。

② 根据不同的受侵害客体，分别评定系统服务安全被破坏对客体的侵害程度。

（3）确定安全保护等级。

① 确定业务信息安全保护等级。

② 确定系统服务安全保护等级。

③ 将业务信息安全保护等级和系统服务安全保护等级的较高者确定为定级对象的安全保护等级。

定级方法流程如图 6-4 所示。

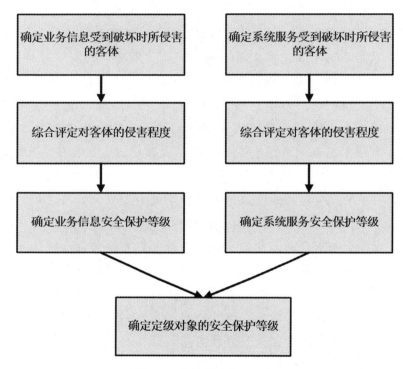

图 6-4 定级方法流程示意

根据业务信息安全被破坏时所侵害的客体以及对相应客体的侵害程度，依据表 6-2 可确定业务信息安全保护等级。

表 6-2 业务信息安全保护等级矩阵表

业务信息安全被破坏时所侵害的客体	对相应客体的侵害程度		
	一般损害	严重损害	特别严重损害
公民、法人和其他组织的合法权益	第一级	第二级	第二级
社会秩序、公共利益	第二级	第三级	第四级
国家安全	第三级	第四级	第五级

根据系统服务安全被破坏时所侵害的客体以及对相应客体的侵害程度，依据表 6-3 可确定系统服务安全保护等级。

表 6-3 系统服务安全保护等级矩阵表

系统服务安全被破坏时所侵害的客体	对相应客体的侵害程度		
	一般损害	严重损害	特别严重损害
公民、法人和其他组织的合法权益	第一级	第二级	第二级
社会秩序、公共利益	第二级	第三级	第四级
国家安全	第三级	第四级	第五级

安全保护等级初步确定为第二级及以上的等级保护对象，其网络运营者依据本标准组织进行专家评审、主管部门核准和备案审核，最终确定其安全保护等级。

对于通信网络设施、云计算平台/系统等定级对象，需根据其承载或将要承载的等级保护对象的重要程度确定其安全保护等级，原则上不低于其承载的等级保护对象的安全保护等级。对于数据资源，综合考虑其规模、价值等因素，及其遭到破坏后对国家安全、社会秩序、公共利益以及公民、法人和其他组织的合法权益的侵害程度确定其安全保护等级。涉及大量公民个人信息以及为公民提供公共服务的大数据平台/系统，原则上其安全保护等级不低于第三级。

当等级保护对象所处理的业务信息和系统服务范围发生变化，可能导致业务信息安全或系统服务安全受到破坏后的受侵害客体和对客体的侵害程度发生变化时，需根据本标准重新确定定级对象和安全保护等级。

4. 社区矫正信息系统定级建议

本节以社区矫正执法办案系统定级为例说明。

（1）业务信息安全保护等级的确定。

① 业务信息描述。

社区矫正执法办案系统部署在电子政务外网，处理的业务信息主要是社区矫正对象从入矫到解矫全过程监督管理的相关信息,包括入矫信息、日常报告信息、思想汇报信息、居住地变更审批信息、外出请假审批信息、奖惩提请信息、解矫信息等。

② 业务信息受到破坏时所侵害客体的确定。

该业务信息遭到破坏后,所侵害的客体是社会秩序、公共利益。

客观方面表现的侵害结果为:一旦业务信息遭到窃取、破坏,将影响国家机关社会管理和公共服务的工作秩序,对社区矫正工作和社会公共利益造成影响和损害。

③ 业务信息受到破坏后对侵害客体的侵害程度的确定。

上述结果的侵害程度可表现为严重损害,即社区矫正工作职能受到严重影响,业务能力显著下降,出现较严重的法律问题,造成社会不良影响等。

④ 确定业务信息安全等级。

根据业务信息安全保护等级矩阵表,社区矫正执法办案系统的业务信息安全保护等级为第三级,如表6-4所示。

表6-4 业务信息安全保护等级的确定

业务信息安全被破坏时所侵害的客体	对相应客体的侵害程度		
	一般损害	严重损害	特别严重损害
公民、法人和其他组织的合法权益	第一级	第二级	第二级
社会秩序、公共利益	第二级	第三级	第四级
国家安全	第三级	第四级	第五级

(2) 系统服务安全保护等级的确定。

① 系统服务描述。

该系统属于为社区矫正机构行使执法监督管理职能而提供服务的信息系统。

② 系统服务受到破坏时所侵害客体的确定。

该系统服务如果不可用,所侵害的客体是社会秩序、公共利益。

③ 系统服务受到破坏后对侵害客体的侵害程度的确定。

上述结果的侵害程度可表现为一般损害。系统服务如果不可用，会造成有限范围的不良影响（如果入矫到解矫全过程仍然保留有手工纸质台账，尚不会严重影响社区矫正工作职能的行使）和对社会秩序、公共利益造成较低的损害等。

④ 系统服务安全等级的确定。

根据系统服务安全保护等级矩阵表，社区矫正执法办案系统的系统服务安全保护等级为第二级，如表 6-5 所示。

表 6-5 系统服务安全保护等级的确定

系统服务被破坏时所侵害的客体	对相应客体的侵害程度		
	一般损害	严重损害	特别严重损害
公民、法人和其他组织的合法权益	第一级	第二级	第二级
社会秩序、公共利益	第二级	第三级	第四级
国家安全	第三级	第四级	第五级

（3）安全保护等级的确定。

根据上述分析得到的社区矫正执法办案系统的业务信息安全等级和系统服务安全等级，并取两者中的较高者为定级对象的安全保护等级，最终确定社区矫正执法办案系统安全保护等级为第三级。安全保护等级的确定见表 6-6。

表 6-6 安全保护等级的确定

信息系统名称	安全保护等级	业务信息安全等级	系统服务安全等级
社区矫正执法办案系统	第三级	第三级	第二级

社区矫正重要信息系统定级情况建议如下。

① 涉密部分的定级。

运行在政法专网的系统可定级为四级，如政法一体化协同办案系统，需要社区矫正机构与公检法司（监）等实现协同办案，包括涉及的物理环境、通信网络、区域边界、计算环境、安全管理中心等。

② 非涉密部分的定级。

运行在电子政务网的系统可定级为三级,如社区矫正执法办案系统、社区矫正信息化核查系统、社区矫正数字卷宗(数字档案)系统等,主要满足社区矫正监督管理、教育帮扶及执法监督工作需要。

社区矫正信息系统定级建议如表6-7所示。三级以上应当每年开展一次网络安全等级测评。

表6-7 社区矫正信息系统定级建议

序号	社区矫正领域涉及的信息系统	安全等级建议
1	政法协同一体化办案系统	四级
2	社区矫正执法办案系统	三级
3	社区矫正信息化核查系统	三级
4	暂予监外执行对象监管系统	三级
5	社区矫正数字卷宗(数字档案)系统	三级
6	社区矫正物联感知定位监管系统	三级
7	社区矫正精细教育系统	三级
8	社区矫正精确帮扶系统	三级
9	社区矫正心理辅导系统	三级
10	个案矫正系统	三级
11	社区矫正信用助矫系统	三级
12	社区矫正社会力量助矫系统	三级
13	应急预案与指挥调度系统	三级
14	矫务公开系统	三级
15	社区矫正态势感知系统	三级
16	社区矫正再犯风险预警系统	三级
17	辅助决策支持系统	三级
18	执法监督与区块链存证系统	三级
19	远程视频督察系统	三级
20	……	……

6.2.3　安全风险与需求分析

承载社区矫正信息系统的基础网络设施分为两类，一类是依托省级电子政务云平台部署的社区矫正执法办案系统、社区矫正信息化核查系统、暂予监外执行对象监管系统、社区矫正数字卷宗（数字档案）系统、社区矫正精细教育系统、社区矫正精确帮扶系统、社区矫正心理辅导系统、个案矫正系统、社区矫正信用助矫系统、社区矫正社会力量助矫系统、应急管理与指挥调度系统、矫务公开系统、社区矫正态势感知系统、社区矫正再犯风险预警系统、社区矫正再犯风险预警系统、辅助决策支持系统、执法监督与区块链存证系统、远程视频督察系统等。另一类是自建机房（数据中心），如区县级社区矫正机构物联感知数据中心，部署社区矫正物联感知定位监管系统，主要存放音视频数据、人员定位数据、生命体征数据等物联感知数据，将存储和传输压力放在区县级物联感知虚拟专网，降低网络安全风险，满足区县级矫正机构实际执法业务需求。

根据《信息安全技术　网络安全等级保护基本要求》（GB/T 22239—2019）的附录D，云服务商根据提供的 IaaS、PaaS、SaaS 模式承担不同的平台安全责任。业务系统上云后，用户与云平台服务商之间应遵循责任分担矩阵共同承担相应的安全责任。因此，部署在云平台上的系统或数据所有者，在继承云平台安全基础上，需要对系统或数据承担网络安全保护责任；自建机房（数据中心）的，更需要考虑包括安全物理环境、安全通信网络、安全区域边界、安全计算环境、安全管理中心和安全管理制度、安全管理机构、安全管理人员、安全建设管理、安全运维管理等网络安全等级保护基本要求。

1. 安全物理环境需求

区县级社区矫正机构需考虑物联感知数据中心机房的物理位置选择、物理访问控制、防盗窃和防破坏、防雷击、防火、防水和防潮、防静电、温湿度控制、电力供应、电磁防护等方面是否满足标准规范要求。

安全物理环境主要考虑如下方面的内容：
- 物理位置选择；
- 物理访问控制；
- 防盗窃和防破坏；
- 防雷击；
- 防火；
- 防水和防潮；
- 防静电；
- 温湿度控制；
- 电力供应；
- 电磁防护。

针对上述要求，分析社区矫正系统信息安全体系的物理环境现状与国家网络安全等级保护要求的主要差距有：

（1）物联感知数据中心机房在物理位置、环境控制措施如防震、防水、防火、防尘、防盗、防破坏、防雷击、防静电以及温湿度可控等防护措施上尚不完善。

（2）机房管理措施，如出入管理规范、值班巡视制度等，尚难以保障社区矫正信息系统安全、稳定运行。

（3）需进一步完善电力冗余设置，保障各业务系统在遭遇断电、线路故障等突发事件时能正常稳定运行。

（4）物联感知数据中心机房各类指标尚未完全满足《信息安全技术 网络安全等级保护基本要求》（GB/T 22239—2019）第三级安全要求中的安全物理环境必须完成项。

2. 安全通信网络需求

通信网络指利用路由器、交换机等将各个孤立的设备进行物理连接，可以用于在本地或远程传输数据的网络环境，是社区矫正业务系统安全运行的基础设施之一，是保证社区矫正各业务系统安全运行的关键。

安全通信网络主要考虑如下方面的内容：

· 网络架构；

· 通信传输；

· 可信验证。

针对上述要求，分析社区矫正系统信息安全体系的通信网络现状与国家网络安全等级保护要求的主要差距有：

（1）前期对物联感知系统数据量评估不够深入，通信线路、关键网络设备和关键计算设备缺乏冗余部署，网络架构带宽设计未能充分考虑业务高峰期需求。

（2）网络区域未能进行合理划分，重要网络区域与其他网络区域之间未采取可靠的技术隔离手段，不同访问对象、不同安全等级的服务器混合部署。

3. 安全区域边界需求

区域边界是指不同系统的网络边界或不同等级保护对象的边界，在现实环境中将不同安全需求的系统部署在不同的网络区域中，通过网络实现不同系统的互联互通，在网络边界采取必要的授权接入、访问控制、入侵防范等措施实现对内部区域的保护。

安全区域边界主要考虑如下方面的内容：

· 边界防护；

· 访问控制；

· 入侵防范；

· 恶意代码和垃圾邮件防范；

· 安全审计；

· 可信验证。

针对上述要求，分析社区矫正系统信息安全体系的区域边界现状与国家网络安全等级保护要求的主要差距有：

（1）网络边界缺少必要的安全设备进行有效的访问控制和安全防护，网络区域边界和重要的入口未能采用有效的双冗余安全方案。

(2) 部分重要区域边界未部署入侵防护设备，无法及时发现、检测和阻断攻击行为，并提供必要的报警信息和审计记录。

(3) 除了主机防病毒软件外，在网络边界处缺乏恶意代码检测和清除设备；网络边界处缺乏网络审计设备，无法对网络行为进行有效监控。

4. 安全计算环境需求

计算环境是指边界内部将各类网络设备、安全设备、服务器设备、终端设备、应用系统和其他设备等连接起来构成的复杂环境。计算环境面临的安全风险主要来自两个方面，一方面是系统本身的脆弱性及对系统的使用、配置和管理；另一方面是应用系统开发、数据传输、数据存储缺乏相关安全方面的考虑。

安全计算环境主要考虑如下方面的内容：

- 身份鉴别；
- 访问控制；
- 安全审计；
- 入侵防范；
- 恶意代码防范；
- 可信验证；
- 数据完整性；
- 数据保密性；
- 数据备份恢复；
- 剩余信息保护；
- 个人信息保护。

针对上述要求，分析社区矫正系统信息安全体系的计算环境现状与国家网络安全等级保护要求的主要差距有：

(1) 现有系统安全防护，包括数据收集和分析、重要服务器的资源控制、系统安全补丁更新、防病毒、安全审计、安全监控、安全管理、安全运维、主机设备接入、终端管理等都较分散，没有建立集中、统一的安全管理手段和措施。

（2）缺乏必要的安全审计手段和措施对内外部用户行为异常以及其他与安全相关活动的信息等进行监控、分析、识别、追溯、记录和存储。

（3）在用户访问策略、资源使用限度、服务器端口限制等方面，没有按照安全要求进行防范设置和安全控制，存在较大安全隐患。

（4）服务器操作系统缺少安全加固，缺少对主机进行强身份鉴别和双因素认证的技术手段，未满足第三级等级保护安全要求。

（5）在文件、目录和数据库记录等资源所在的存储空间需要被释放或重新分配给其他用户前，没有采用彻底清除技术，存在信息泄露风险。

（6）应用系统缺乏对剩余信息的保护，系统没有完全清除系统中的残余信息，难以确保数据不被恶意恢复而造成信息泄露。

（7）应用系统缺乏用户身份标识唯一和鉴别信息复杂度检查功能。

（8）应用系统应提供覆盖到每个用户的安全审计功能，目前实际部署应用的社区矫正信息系统尚缺乏对应用系统重要安全事件进行审计。

（9）应用系统尚未限制用户对系统的最大并发会话连接数、限制单个帐户的多重并发会话、限制某一时间段内可能的并发会话连接数等。

（10）缺少系统级灾备技术，当系统服务出现故障时，服务难以快速恢复。

（11）部分数据在存储备份过程中没有采用相应的技术手段和措施对系统管理数据、鉴别信息和重要业务数据进行加密存储。

（12）没有建立数据分级分类，特别针对未成年人犯罪记录的封存与查询，未完全按要求进行严格的控制。

5. 安全管理中心需求

安全管理中心作为对网络安全等级保护对象的安全策略及安全计算环境、安全区域边界和安全通信网络的安全机制实施统一管理的系统平台，实现统一管理、统一监控、统一审计、综合分析和协同防护的功能。

安全管理中心主要考虑如下方面的内容：

- 系统管理；
- 审计管理；

- 安全管理；
- 集中管控。

《中华人民共和国网络安全法》第二十一条第三项中明确规定，网络运营者应当按照网络安全等级保护制度的要求，采取监测、记录网络运行状态、网络安全事件的技术措施，并按照规定留存相关的网络日志不少于六个月。《信息系统密码应用高风险判定指引》把运行监控措施缺失、日志存储时间不满足要求、安全事件发现处置措施缺失等情况列为高风险。

针对上述要求，分析社区矫正系统信息安全体系的安全管理中心现状与国家网络安全等级保护要求的主要差距有：

（1）限于人力资源紧张和人员专业度不高，目前还无法完全实现系统管理、审计管理、安全管理的相对独立。

（2）对可用性要求较高的系统，存在监控措施不到位，发生故障无法及时对故障进行定位和处理。

（3）针对网络链路、安全设备、网络设备及服务器等的网络运行状态、网络安全事件等审计日志的留存未完全满足第三级等级保护相关安全要求。

6. 安全管理体系需求

除了采用安全技术措施控制网络安全风险外，安全管理措施也是必不可少的手段。健全的安全管理体系是各种安全防范措施得以有效实施、网络系统安全实现和维系的保证，安全技术措施和安全管理措施相互补充，共同构建全面、有效的信息安全保障体系。

安全管理体系主要考虑如下方面的内容：
- 安全管理制度；
- 安全管理机构；
- 安全管理人员；
- 安全建设管理；
- 安全运维管理。

针对上述要求，分析社区矫正信息安全的安全管理体系现状与国家网络安全等级保护要求的主要差距有：

（1）网络安全工作的总体方针和安全策略尚不完善，机构安全工作的总体目标、范围、原则和安全框架缺少顶层设计指导。

（2）安全管理制度缺少统一的标准规范和实施目标。

（3）在人员管理上缺乏专门的人员录用、人员考核、安全意识培训等相关管理制度和标准。

（4）在信息系统安全建设上缺乏有指导性的整体安全建设规范。

（5）在信息系统安全运维方面还缺乏完整完善的运维体系。

6.3　社区矫正信息系统安全体系建设

本节以区县级社区矫正机构的视角，阐述社区矫正信息系统安全体系建设。

6.3.1　建设目标

为满足安全物理环境、安全通信网络、安全区域边界、安全计算环境、安全管理中心五方面基本技术要求开展安全技术体系建设；为满足安全管理制度、安全管理机构、安全管理人员、安全建设管理、系统运维管理五个方面基本管理要求开展安全管理体系建设，使社区矫正各信息系统的等级保护建设最终既可以满足等级保护的相关要求，又能够全方面为社区矫正各业务系统提供立体、纵深的安全保障防御体系，保证信息系统整体的安全保护能力，重点目标如下：

（1）通信网络在网络架构、通信传输、可信验证等方面达到三级网络安全等级保护要求。

（2）区域边界在边界防护、访问控制、入侵防范、恶意代码和垃圾邮件防范、安全审计、可信验证等方面达到三级网络安全等级保护要求。

（3）计算环境包括网络设备、安全设备、服务器设备、终端设备、应用系统等达到三级安全等级保护要求。

（4）数据的完整性、保密性、备份与恢复等达到三级等级保护数据安全要求。

6.3.2 安全部署方案

按照网络安全等级保护三级要求，对区县级社区矫正机构网络安全整体部署设计拓扑，如图 6-5 所示。

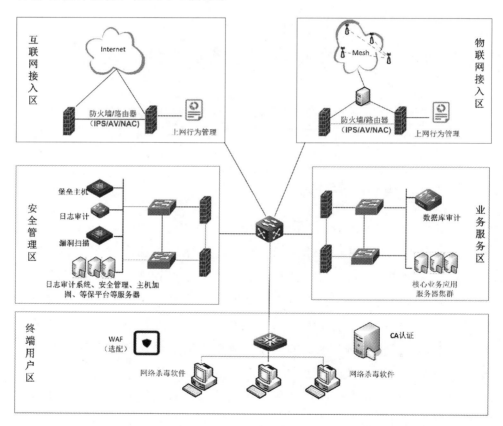

图 6-5 区县级社区矫正机构网络安全整体部署

（1）区县级社区矫正机构网络安全整体部署设计基于安全区域划分基础上，分为业务服务区、安全管理区、终端用户区、互联网接入区、物联网接入区。

(2) 在互联网接入区和物联网接入区，配备上网行为管理，主要实现网页访问过滤、网络应用控制、带宽流量管理、信息收发审计、用户行为分析，实现对互联网、物联网访问行为的全面管理。

(3) 在网络架构层面，提供通信线路、关键网络设备和关键计算设备的硬件冗余，保证系统的可用性。

(4) 在区域边界接入防火墙，建立安全策略、访问控制功能等，解决安全区域边界的访问控制。

(5) 安全管理区配备日志审计系统，统一收集各设备的审计数据，同时通过堡垒机实现网络内的服务器、网络设备、安全设备、数据库等设备的操作行为集中管控、集中审计。

(6) 业务服务区配置数据库审计，对物联网数据中心的数据库操作行为和内容等进行细粒度的审计和管理。

(7) 对主机系统进行定期杀毒及漏洞修补，满足安全计算环境的要求。

1. 安全通信网络建设

针对安全保护等级为二级的信息系统，网络层面实施以下安全保护策略：

(1) 基于社区矫正业务管理和安全需求划分出明确边界的网络区域，如安全管理区、终端接入区、数据存储区。

(2) 在通信网络中部署 IPS、入侵检测系统、网络探针等，监视各种网络攻击行为。

(3) 应采用 VPN、HTTPS 等加密手段保护业务通信，避免身份鉴别信息在网络传输过程中被窃取。

(4) 数据异常行为识别、发现、跟踪和监控情况，敏感操作（数据批量传输、到处下载）安全监控。

针对安全保护等级为三级的信息系统，除上述安全保护措施外，网络层面还应实施以下安全保护策略：

网络架构设计方面，应保证关键网络链路、设备及服务器的业务处理具备冗余能力，避免存在网络单点故障，满足业务高峰期需要。

2. 安全区域边界建设

针对安全保护等级为二级的信息系统，区域边界实施以下安全保护策略：

（1）区域边界部署必要的网络安全防护设备，启用安全防护策略。

（2）建立基于用户身份认证与准入机制，启用安全审计策略。

（3）采用行为模型分析等技术防御未知威胁攻击。

针对安全保护等级为三级的信息系统，除上述安全保护策略外，区域边界安全还应实施以下安全保护策略：

（1）建立网络端口限制策略，网络外链路仅能通过指定的设备端口进行数据通信。

（2）部署内网安全管理系统，对"非授权接入"行为进行检查，关闭网络设备未使用的端口等。

（3）部署内网安全管理系统，对内部用户非授权连到外部网络的行为并行检查或限制，防止出现内网用户设备上的外部连接端口的"非授权外联"行为，减少安全风险的引入。

（4）部署无线网络管理管控措施，防止未经授权的无线网络接入行为带来安全风险。

3. 安全计算环境建设

针对安全保护等级为二级的信息系统，计算环境安全应实施以下安全保护策略：

（1）选择国产正版软件，遵循最小安装的原则，即仅安装需要的组件和应用程序，并保持系统补丁及时得到更新。

（2）主机定期进行补丁升级、漏洞扫描、病毒检测、安全检测，对漏洞隐患及时采取有效整改加固措施。

（3）严格限制系统中默认账户的访问权限，及时删除多余的、过期的账户，应避免共享账户的存在。

(4)应启用系统的登录失败处理功能,如:限定连续登录尝试次数、锁定账户、设置连续两次登录尝试时间间隔等。

(5)远程管理服务器时,应采用 SSH 会话方式,防止鉴别信息在网络传输过程中被窃听。

(6)应通过设定终端接入方式、网络地址范围等条件限制管理终端登录,并启用空闲超时自动锁定功能。

(7)操作系统应仅开放业务需要的服务端口、删除默认的共享路径、限制单个用户对系统资源的最大使用限度等。

(8)应开启安全审计功能,安全审计的内容应记录系统内重要的安全相关事件,包括用户的登录、重要用户行为、重要系统命令的使用等。

(9)安装正版防病毒软件,并及时更新防病毒软件版本和病毒库,实现防病毒的集中统一管理。

(10)用户身份标识具有唯一性,提供鉴别信息复杂度检查功能。

(11)提供鉴别失败处理功能,包括为尝试次数和时间定义阈值,明确规定达到该值时所采取的动作,如结束会话、锁定账户一段时间等。

(12)提供访问控制功能,能够依据安全策略控制用户对应用系统各模块及数据的访问。

(13)保证应用系统的管理、审计、授权等特权权限分配给不同的应用系统账户,实现权限分离。

(14)只授予应用系统不同账户为完成各自承担任务所需的最小权限,严格限制应用系统中的默认账户的访问权限。

(15)提供安全审计功能,对用户行为、系统资源的异常使用和重要系统功能的执行等进行审计。

(16)保证审计记录的内容至少包括事件的日期、时间、发起者信息、操作类型、描述和结果等。

(17)提供数据有效性检验功能,保证通过人机接口输入或通过通信接口输入的数据格式或长度符合系统设定要求。

(18)在通信双方建立连接之前,应用系统应利用密码技术进行会话初始化验证,并对通信过程中的敏感信息字段加密。

（19）提供对系统管理数据、鉴别信息和重要业务数据等在传输和存储过程中完整性检测的能力，发现完整性错误时采取必要的恢复措施。

（20）确保系统管理数据、鉴别信息和重要业务数据在传输和存储过程中的数据保密性。

（21）建立健全数据安全管理制度，包括数据分类分级制度、数据脱敏机制、数据安全自查机制、数据安全应急预案及应急处置机制。

（22）系统配置参数发生变更时应进行备份；配备数据备份系统，根据需要定期进行本地或异地业务数据备份。

（23）要求运维服务商建立网络和数据安全管理制度及操作规程，对核心运维人员开展背景调查，签署保密协议。

（24）采取监测、记录网络运行状态、网络安全事件的技术措施，留存相关的网络日志不少于六个月。

（25）重要数据采用数据加密、脱敏、去标签化的安全技术措施；依据数据最小化访问原则，提供数据访问控制、最小化授权、数据审计等安全措施。

（26）对数据异常行为具备识别、发现、跟踪和监控能力，对敏感操作（数据批量传输、到处下载）进行安全监控、日志审计、分析和告警。

针对安全保护等级为三级的信息系统，除上述安全保护策略外，计算环境安全还应实施以下安全保护策略：

（1）在用户名和口令基础上增加数字证书对管理员进行身份鉴别，实现双因素认证。

（2）具备对审计记录数据进行统计、查询、分析及生成审计报表的功能，保证无法删除、修改或覆盖审计记录，保证无法单独中断安全审计进程。

（3）采用密码技术，判断通信过程中数据的完整性，保证通信过程中数据的保密性，为信息收、发方发送、接收信息的行为及信息内容提供抗抵赖证据。

（4）依据安全策略控制与资源相关的所有主体、客体以及它们之间的操作，对重要信息资源通过设置敏感标记实现强制访问控制。

(5）已经被删除或释放的内存缓冲区、磁盘缓冲区中不包含敏感信息，包括口令、密钥、重要文件等。

(6）当系统服务水平降低到预先规定的最小值时能够进行检测和报警，在故障发生时自动保护当前所有状态，保证系统能够进行恢复。

(7）监控会话连接的状态和数量，依据访问账户或请求进程的服务优先级分配系统资源，并设置资源的配额。

(8）杜绝信息系统登录口令及数据库访问账号使用弱口令。

(9）在用户名和口令基础上增加数字证书对管理员进行身份鉴别，实现双因素认证。

(10）对主机运行状况进行监视，包括监视主机的 CPU、硬盘、内存、进程等资源的使用情况，并能够在服务器异常时进行报警。

(11）根据实际业务需要，为敏感数据和用户设置敏感标记，并根据敏感标记控制用户对文件、数据库表和记录等资源的访问。

4. 安全管理中心建设

针对安全保护等级为二级的信息系统，安全管理中心应实施以下安全保护策略：

(1）对系统管理员、审计管理员进行身份鉴别，只允许其通过特定的命令或操作界面操作，并对这些操作进行审计。

(2）在进行云计算平台安全设计时，安全管理应提供查询云租户数据及备份存储位置的方式。

(3）在进行物联网系统安全设计时，应通过系统管理员对感知设备、感知层网关等进行统一身份标识管理。

针对安全保护等级为三级的信息系统，除上述安全保护策略外，安全管理中心还应实施以下安全保护策略：

(1）对安全管理员进行身份鉴别，只允许其通过特定的命令或操作界面进行安全管理操作，并对这些操作进行审计。

(2）部署日志服务器，统一收集各设备的审计数据，进行集中分析，并根据法律法规的要求留存日志。

（3）对网络链路、安全设备、网络设备和服务器等的运行状况进行集中监测。

（4）部署相关专业防护设备，对网络中发生的各类安全事件进行识别、报警和分析，确保相关安全事件得到及时发现和及时处置。

5. 安全物联网应用建设

社区矫正物联网应用中，如果没有信息安全保障措施，不仅个人隐私容易泄露，而且容易为黑客提供远程入侵操控物联网系统控制管理权限的可能。社区矫正物联感知定位监管系统面临的安全问题主要包括感知终端安全、感知网络安全、传输网络安全、应用系统安全、中间件安全、信息服务安全等。

（1）社区矫正物联网感知终端的安全问题。

社区矫正执法仪和社区矫正对象电子腕带等终端设备都存在着无线信号和电磁信号泄露问题。这些信号将有可能被专有设备截获后还原为原始数据导致信息泄露；攻击者也可以通过无线信号干扰，导致无线定位系统信息丢失；恶意攻击者甚至可能通过在物联网节点设置后门或恶意代码窃取相关信息。目前在社区矫正对象定位实际应用中，传输的数据主要是相对位置坐标信息，安全性影响尚不明显。

对社区矫正物联网感知节点的安全措施主要有：

① 实施电磁信息泄露防护。

② 建立基于密码的身份认证与访问控制。

③ 电子腕带等终端设备在制造源头严格监管，防止后门。

（2）社区矫正物联网感知网络的安全问题。

感知网络的安全保护主要是保障接入终端节点信息的真实性、可靠性、用户敏感信息的保密性，数据的完整性、可用性等。

对社区矫正物联网感知网络的安全措施主要有：

① 实施物理安全保密措施。

② 通过防冲突技术有效解决RFID读写碰撞问题。

(3) 社区矫正物联网传输网络的安全问题。

传输网络的安全问题主要来源于社区矫正物联网本身架构和接入方式、网络中信息传输的安全问题、跨异构网络的网络攻击等。

对社区矫正物联网传输网络的安全措施主要有：

① 实施异构网络的终端安全接入。

② 确保社区矫正物联感知数据在承载网络中的传输安全。

③ 建立统一的协议栈及相关技术标准。

(4) 社区矫正物联网应用系统的安全问题。

社区矫正物联网应用系统安全问题主要涉及具体业务，存在的问题主要有用户隐私信息的保护、信息泄露的追踪、物联网应用系统的安全性、信息取证与保护、黑客攻击等。

对社区矫正物联网应用系统的安全措施主要有：

① 建立隐私保护安全机制。

② 实施数据访问控制和审计追踪。

③ 建立社区矫正云平台安全机制。

(5) 社区矫正物联网中间件的安全问题。

社区矫正物联网中间件需要完成海量感知数据的处理，其存在的主要安全问题有垃圾信息、恶意指令攻击，数据处理的及时性问题，内部攻击等。

对社区矫正物联网中间件的安全措施主要有：

① 建立 RFID 中间件设备层安全协议。

② 实施 RFID 中间件访问控制策略。

(6) 社区矫正物联网信息服务的安全问题。

社区矫正物联网应用系统需要一个统一的安全管理平台，可以将以上分散的安全技术和安全措施集成到社区矫正物联网安全管理系统，形成安全物联网应用综合效应，如图 6-6 所示。

社区矫正数智化

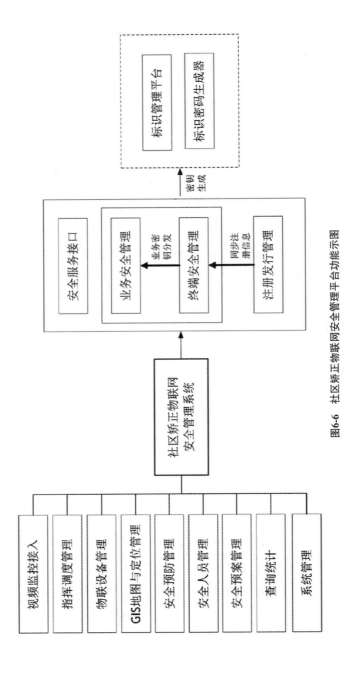

图6-6 社区矫正物联网安全管理平台功能示意图

6. 安全区块链应用建设

区块链应用具有去中心化、不可篡改、匿名性等特点，区块链的发展与应用在安全层面具有两面性：一方面，社区矫正数据上链或构建联盟链，链上数据及规则一旦成行则无法修改，具备数据完整性及业务一致性，杜绝了徇私舞弊情况发生；另一方面，当攻击者入侵区块链实施非法活动时，系统不仅难以对攻击者或非法用户进行追责，而且攻击后在链上执行的非法交易、不良或非法内容传播等也难以撤回，必然也对社区矫正信息系统应用安全造成不可逆的损失。因此利用区块链技术赋能社区矫正工作首先必须筑牢区块链应用安全防线。

区块链技术在社区矫正的应用领域主要是在数据存证和跨部门协同方面。

（1）社区矫正定位数据的存证、追溯。

将 APP、GPS、LBS 三种定位方式产生的原始数据从源头一分为二，一份数据直接上链存证，一份数据传送到社区矫正业务系统正常使用。一方面，从技术的使用上避免发生数据的二次污染，确保定位数据的防篡改性；另一方面，执法监督部门可以通过区块链的授权，对特定时段的原始定位数据进行追溯、核验，从而实现对社区矫正执法工作的有效监督。

（2）未成年社区矫正对象数据的存证。

将未成年社区矫正对象数据和犯罪记录直接上链封存，严格控制查询权限，仅对公、检、法、司等部门依职权提供未成年人犯罪信息查询。

（3）信用助矫协同。

以区块链为核心技术支撑社区矫正对象信用评价体系。通过与信用中心构建联盟链，建立信用助矫协同机制，确保信用数据真实可靠。信用中心可将个人基本情况、履约能力、经济行为、遵纪守法、社会公德等信息和时间戳写入社会信用区块链账本，并关联到社区矫正对象子账本上。以社会信用分为基础，构建信用助矫体系，通过反向修复社会信用分，减少部门之间或人为的干扰，实现社区矫正公平、公正、公开，帮助社区矫正对象重新回归社会。

（4）矫正执法协同。

通过区块链技术，实现公、检、法、司等部门之间的衔接配合，将结构化数据、法律文书、数字卷宗上链存证。公、检、法、司等各级机构通过政法一体化协同办案平台收到相关数据后，可以根据授权进行一致性比对，确保收到的数据是未经过篡改和伪造的，从而提高数字卷宗、电子证据的认可度和使用率。

（5）社区矫正电子证照的防伪溯源。

社区矫正电子证照可分为两种，一种是社区矫正执法证件，另一种是用于协助管理帮扶社区矫正对象的社区矫正工作人员证件（如社会工作者）。社区矫正执法证件与社区矫正工作人员证件的作用是标识社区矫正执法人员与协管工作人员的身份和权限，依据职权属性执行社区矫正相关的工作，同时方便社区矫正管理部门对人员进行授权、年审、检查以及取消权限等相关的监管管理。以上两类证照相关信息，可以通过证照防伪溯源系统，依托区块链技术实现社区矫正证照的"线上信息隐私防篡改，线下实体证件相关联"，有效保障社区矫正执法和管理工作的顺利开展。

参考文献

[1] Zachman, J.: A Framework for Information Systems Architecture. IBM Systems Journal 26, 276-292 [J]. Ibm Systems Journal, 1987, 38 (3): 276-292.

[2] The TOGAF © Standard | The Open Group Website [EB/OL] [2022-4-1]. https://www.opengroup.org/togaf.

[3] Microsoft Word-FEA CRM v23 Final Oct 2007 Revised.doc [EB/OL]. [2022-4-1]. https://obamawhitehouse.archives.gov/sites/default/files/omb/assets/fea_docs/FEA_CRM_v23_Final_Oct_2007_Revised.pdf.

[4] DODAF-DOD Architecture Framework Version 2.02-DOD Deputy Chief Information Officer [EB/OL]. [2022-4-1]. https://dodcio.defense.gov/Library/DoD-Architecture-Framework/.

[5] Karin Duermeyer. Methodology: From Component Business Model to Service Oriented Architecture. IBM Press, 2004.

[6] 孙培梁,张怀仁. 监狱物联网 [M]. 武汉:华中科技大学出版社,2012.

[7] 孙培梁. 社区矫正信息化 [M]. 武汉:华中科技大学出版社,2013.

[8] 孙培梁. 智慧监狱 [M]. 武汉:华中科技大学出版社,2014.

[9] 李威平. 运营智能化与数字化转型 [M]. 张月强,译. 北京:人民邮电出版社,2022.

[10] BPMN Specification-Business Process Model and Notation [EB/OL]. [2022-4-5]. https://www.bpmn.org/.

[11]《虚拟化与云计算》小组．虚拟化与云计算［M］．北京：电子工业出版社，2009．

[12] 姚宏宇，田溯宁．云计算：大数据时代的系统工程［M］．北京：电子工业出版社，2013．

[13] 迈尔-舍恩伯格，库克耶．大数据时代：生活、工作与思维的大变革［M］．盛杨燕，周涛，译．杭州：浙江人民出版社，2012．

[14] 阿培丁．机器学习导论［M］．范明，译．北京：机械工业出版社，2009．

[15] 任伟．物联网安全［M］．北京：清华大学出版社，2012．

[16] 韩家炜，坎伯，裴健．数据挖掘：概念与技术（第3版）［M］．北京：机械工业出版社，2012．

[17] 尼格尼维斯基．人工智能：智能系统指南（第3版）［M］．北京：机械工业出版社，2012．

[18] 刘知远，韩旭，孙茂松．知识图谱与深度学习［M］．北京：清华大学出版社，2020．

[19] 陈华钧．知识图谱导论［M］．北京：电子工业出版社，2021．

附 录

附录1 中华人民共和国社区矫正法

(2019年12月28日第十三届全国人民代表大会
常务委员会第十五次会议通过)

目录

第一章　总则
第二章　机构、人员和职责
第三章　决定和接收
第四章　监督管理
第五章　教育帮扶
第六章　解除和终止
第七章　未成年人社区矫正特别规定
第八章　法律责任
第九章　附则

第一章　总则

第一条　为了推进和规范社区矫正工作，保障刑事判决、刑事裁定和暂予监外执行决定的正确执行，提高教育矫正质量，促进社区矫正对象顺利融入社会，预防和减少犯罪，根据宪法，制定本法。

第二条　对被判处管制、宣告缓刑、假释和暂予监外执行的罪犯，依法实行社区矫正。

对社区矫正对象的监督管理、教育帮扶等活动，适用本法。

第三条　社区矫正工作坚持监督管理与教育帮扶相结合，专门机关与社会力量相结合，采取分类管理、个别化矫正，有针对性地消除社区矫正对象可能重新犯罪的因素，帮助其成为守法公民。

第四条　社区矫正对象应当依法接受社区矫正，服从监督管理。

社区矫正工作应当依法进行，尊重和保障人权。社区矫正对象依法享有的人身权利、财产权利和其他权利不受侵犯，在就业、就学和享受社会保障等方面不受歧视。

第五条　国家支持社区矫正机构提高信息化水平，运用现代信息技术开展监督管理和教育帮扶。社区矫正工作相关部门之间依法进行信息共享。

第六条　各级人民政府应当将社区矫正经费列入本级政府预算。

居民委员会、村民委员会和其他社会组织依法协助社区矫正机构开展工作所需的经费应当按照规定列入社区矫正机构本级政府预算。

第七条　对在社区矫正工作中做出突出贡献的组织、个人，按照国家有关规定给予表彰、奖励。

第二章　机构、人员和职责

第八条　国务院司法行政部门主管全国的社区矫正工作。县级以上地方人民政府司法行政部门主管本行政区域内的社区矫正工作。

人民法院、人民检察院、公安机关和其他有关部门依照各自职责，依法做好社区矫正工作。人民检察院依法对社区矫正工作实行法律监督。

地方人民政府根据需要设立社区矫正委员会，负责统筹协调和指导本行政区域内的社区矫正工作。

第九条　县级以上地方人民政府根据需要设置社区矫正机构，负责社区矫正工作的具体实施。社区矫正机构的设置和撤销，由县级以上地方人民政府司法行政部门提出意见，按照规定的权限和程序审批。

司法所根据社区矫正机构的委托，承担社区矫正相关工作。

第十条 社区矫正机构应当配备具有法律等专业知识的专门国家工作人员（以下称社区矫正机构工作人员），履行监督管理、教育帮扶等执法职责。

第十一条 社区矫正机构根据需要，组织具有法律、教育、心理、社会工作等专业知识或者实践经验的社会工作者开展社区矫正相关工作。

第十二条 居民委员会、村民委员会依法协助社区矫正机构做好社区矫正工作。

社区矫正对象的监护人、家庭成员，所在单位或者就读学校应当协助社区矫正机构做好社区矫正工作。

第十三条 国家鼓励、支持企业事业单位、社会组织、志愿者等社会力量依法参与社区矫正工作。

第十四条 社区矫正机构工作人员应当严格遵守宪法和法律，忠于职守，严守纪律，清正廉洁。

第十五条 社区矫正机构工作人员和其他参与社区矫正工作的人员依法开展社区矫正工作，受法律保护。

第十六条 国家推进高素质的社区矫正工作队伍建设。社区矫正机构应当加强对社区矫正工作人员的管理、监督、培训和职业保障，不断提高社区矫正工作的规范化、专业化水平。

第三章 决定和接收

第十七条 社区矫正决定机关判处管制、宣告缓刑、裁定假释、决定或者批准暂予监外执行时应当确定社区矫正执行地。

社区矫正执行地为社区矫正对象的居住地。社区矫正对象在多个地方居住的，可以确定经常居住地为执行地。

社区矫正对象的居住地、经常居住地无法确定或者不适宜执行社区矫正的，社区矫正决定机关应当根据有利于社区矫正对象接受矫正、更好地融入社会的原则，确定执行地。

本法所称社区矫正决定机关，是指依法判处管制、宣告缓刑、裁定假释、决定暂予监外执行的人民法院和依法批准暂予监外执行的监狱管理机关、公安机关。

第十八条 社区矫正决定机关根据需要，可以委托社区矫正机构或者有关社会组织对被告人或者罪犯的社会危险性和对所居住社区的影响，进行调查评估，提出意见，供决定社区矫正时参考。居民委员会、村民委员会等组织应当提供必要的协助。

第十九条 社区矫正决定机关判处管制、宣告缓刑、裁定假释、决定或者批准暂予监外执行，应当按照刑法、刑事诉讼法等法律规定的条件和程序进行。

社区矫正决定机关应当对社区矫正对象进行教育，告知其在社区矫正期间应当遵守的规定以及违反规定的法律后果，责令其按时报到。

第二十条 社区矫正决定机关应当自判决、裁定或者决定生效之日起五日内通知执行地社区矫正机构，并在十日内送达有关法律文书，同时抄送人民检察院和执行地公安机关。社区矫正决定地与执行地不在同一地方的，由执行地社区矫正机构将法律文书转送所在地的人民检察院、公安机关。

第二十一条 人民法院判处管制、宣告缓刑、裁定假释的社区矫正对象，应当自判决、裁定生效之日起十日内到执行地社区矫正机构报到。

人民法院决定暂予监外执行的社区矫正对象，由看守所或者执行取保候审、监视居住的公安机关自收到决定之日起十日内将社区矫正对象移送社区矫正机构。

监狱管理机关、公安机关批准暂予监外执行的社区矫正对象，由监狱或者看守所自收到批准决定之日起十日内将社区矫正对象移送社区矫正机构。

第二十二条 社区矫正机构应当依法接收社区矫正对象，核对法律文书、核实身份、办理接收登记、建立档案，并宣告社区矫正对象的犯罪事实、执行社区矫正的期限以及应当遵守的规定。

第四章 监督管理

第二十三条 社区矫正对象在社区矫正期间应当遵守法律、行政法规，履行判决、裁定、暂予监外执行决定等法律文书确定的义务，遵守国务院司法行政部门关于报告、会客、外出、迁居、保外就医等监督管理规定，服从社区矫正机构的管理。

第二十四条　社区矫正机构应当根据裁判内容和社区矫正对象的性别、年龄、心理特点、健康状况、犯罪原因、犯罪类型、犯罪情节、悔罪表现等情况，制定有针对性的矫正方案，实现分类管理、个别化矫正。矫正方案应当根据社区矫正对象的表现等情况相应调整。

第二十五条　社区矫正机构应当根据社区矫正对象的情况，为其确定矫正小组，负责落实相应的矫正方案。

根据需要，矫正小组可以由司法所、居民委员会、村民委员会的人员，社区矫正对象的监护人、家庭成员、所在单位或者就读学校的人员以及社会工作者、志愿者等组成。社区矫正对象为女性的，矫正小组中应有女性成员。

第二十六条　社区矫正机构应当了解掌握社区矫正对象的活动情况和行为表现。社区矫正机构可以通过通信联络、信息化核查、实地查访等方式核实有关情况，有关单位和个人应当予以配合。

社区矫正机构开展实地查访等工作时，应当保护社区矫正对象的身份信息和个人隐私。

第二十七条　社区矫正对象离开所居住的市、县或者迁居，应当报经社区矫正机构批准。社区矫正机构对于有正当理由的，应当批准；对于因正常工作和生活需要经常性跨市、县活动的，可以根据情况，简化批准程序和方式。

因社区矫正对象迁居等原因需要变更执行地的，社区矫正机构应当按照有关规定作出变更决定。社区矫正机构作出变更决定后，应当通知社区矫正决定机关和变更后的社区矫正机构，并将有关法律文书抄送变更后的社区矫正机构。变更后的社区矫正机构应当将法律文书转送所在地的人民检察院、公安机关。

第二十八条　社区矫正机构根据社区矫正对象的表现，依照有关规定对其实施考核奖惩。社区矫正对象认罪悔罪、遵守法律法规、服从监督管理、接受教育表现突出的，应当给予表扬。社区矫正对象违反法律法规或者监督管理规定的,应当视情节依法给予训诫、警告、提请公安机关予以治安管理处罚,或者依法提请撤销缓刑、撤销假释、对暂予监外执行的收监执行。

对社区矫正对象的考核结果,可以作为认定其是否确有悔改表现或者是否严重违反监督管理规定的依据。

第二十九条　社区矫正对象有下列情形之一的,经县级司法行政部门负责人批准,可以使用电子定位装置,加强监督管理:

(一)违反人民法院禁止令的;

(二)无正当理由,未经批准离开所居住的市、县的;

(三)拒不按照规定报告自己的活动情况,被给予警告的;

(四)违反监督管理规定,被给予治安管理处罚的;

(五)拟提请撤销缓刑、假释或者暂予监外执行收监执行的。

前款规定的使用电子定位装置的期限不得超过三个月。对于不需要继续使用的,应当及时解除;对于期限届满后,经评估仍有必要继续使用的,经过批准,期限可以延长,每次不得超过三个月。

社区矫正机构对通过电子定位装置获得的信息应当严格保密,有关信息只能用于社区矫正工作,不得用于其他用途。

第三十条　社区矫正对象失去联系的,社区矫正机构应当立即组织查找,公安机关等有关单位和人员应当予以配合协助。查找到社区矫正对象后,应当区别情形依法作出处理。

第三十一条　社区矫正机构发现社区矫正对象正在实施违反监督管理规定的行为或者违反人民法院禁止令等违法行为的,应当立即制止;制止无效的,应当立即通知公安机关到场处置。

第三十二条　社区矫正对象有被依法决定拘留、强制隔离戒毒、采取刑事强制措施等限制人身自由情形的,有关机关应当及时通知社区矫正机构。

第三十三条　社区矫正对象符合刑法规定的减刑条件的,社区矫正机构应当向社区矫正执行地的中级以上人民法院提出减刑建议,并将减刑建议书抄送同级人民检察院。

人民法院应当在收到社区矫正机构的减刑建议书后三十日内作出裁定，并将裁定书送达社区矫正机构，同时抄送人民检察院、公安机关。

第三十四条　开展社区矫正工作，应当保障社区矫正对象的合法权益。社区矫正的措施和方法应当避免对社区矫正对象的正常工作和生活造成不必要的影响；非依法律规定，不得限制或者变相限制社区矫正对象的人身自由。

社区矫正对象认为其合法权益受到侵害的，有权向人民检察院或者有关机关申诉、控告和检举。受理机关应当及时办理，并将办理结果告知申诉人、控告人和检举人。

第五章　教育帮扶

第三十五条　县级以上地方人民政府及其有关部门应当通过多种形式为教育帮扶社区矫正对象提供必要的场所和条件，组织动员社会力量参与教育帮扶工作。

有关人民团体应当依法协助社区矫正机构做好教育帮扶工作。

第三十六条　社区矫正机构根据需要，对社区矫正对象进行法治、道德等教育，增强其法治观念，提高其道德素质和悔罪意识。

对社区矫正对象的教育应当根据其个体特征、日常表现等实际情况，充分考虑其工作和生活情况，因人施教。

第三十七条　社区矫正机构可以协调有关部门和单位，依法对就业困难的社区矫正对象开展职业技能培训、就业指导，帮助社区矫正对象中的在校学生完成学业。

第三十八条　居民委员会、村民委员会可以引导志愿者和社区群众，利用社区资源，采取多种形式，对有特殊困难的社区矫正对象进行必要的教育帮扶。

第三十九条　社区矫正对象的监护人、家庭成员，所在单位或者就读学校应当协助社区矫正机构做好对社区矫正对象的教育。

第四十条　社区矫正机构可以通过公开择优购买社区矫正社会工作服务或者其他社会服务，为社区矫正对象在教育、心理辅导、职业技能培训、社会关系改善等方面提供必要的帮扶。

社区矫正机构也可以通过项目委托社会组织等方式开展上述帮扶活动。国家鼓励有经验和资源的社会组织跨地区开展帮扶交流和示范活动。

第四十一条　国家鼓励企业事业单位、社会组织为社区矫正对象提供就业岗位和职业技能培训。招用符合条件的社区矫正对象的企业，按照规定享受国家优惠政策。

第四十二条　社区矫正机构可以根据社区矫正对象的个人特长，组织其参加公益活动，修复社会关系，培养社会责任感。

第四十三条　社区矫正对象可以按照国家有关规定申请社会救助、参加社会保险、获得法律援助，社区矫正机构应当给予必要的协助。

第六章　解除和终止

第四十四条　社区矫正对象矫正期满或者被赦免的，社区矫正机构应当向社区矫正对象发放解除社区矫正证明书，并通知社区矫正决定机关、所在地的人民检察院、公安机关。

第四十五条　社区矫正对象被裁定撤销缓刑、假释，被决定收监执行，或者社区矫正对象死亡的，社区矫正终止。

第四十六条　社区矫正对象具有刑法规定的撤销缓刑、假释情形的，应当由人民法院撤销缓刑、假释。

对于在考验期限内犯新罪或者发现判决宣告以前还有其他罪没有判决的，应当由审理该案件的人民法院撤销缓刑、假释，并书面通知原审人民法院和执行地社区矫正机构。

对于有第二款规定以外的其他需要撤销缓刑、假释情形的，社区矫正机构应当向原审人民法院或者执行地人民法院提出撤销缓刑、假释建议，并将建议书抄送人民检察院。社区矫正机构提出撤销缓刑、假释建议时，应当说明理由，并提供有关证据材料。

第四十七条　被提请撤销缓刑、假释的社区矫正对象可能逃跑或者可能发生社会危险的，社区矫正机构可以在提出撤销缓刑、假释建议的同时，提请人民法院决定对其予以逮捕。

人民法院应当在四十八小时内作出是否逮捕的决定。决定逮捕的，由公安机关执行。逮捕后的羁押期限不得超过三十日。

第四十八条 人民法院应当在收到社区矫正机构撤销缓刑、假释建议书后三十日内作出裁定，将裁定书送达社区矫正机构和公安机关，并抄送人民检察院。

人民法院拟撤销缓刑、假释的，应当听取社区矫正对象的申辩及其委托的律师的意见。

人民法院裁定撤销缓刑、假释的，公安机关应当及时将社区矫正对象送交监狱或者看守所执行。执行以前被逮捕的，羁押一日折抵刑期一日。

人民法院裁定不予撤销缓刑、假释的，对被逮捕的社区矫正对象，公安机关应当立即予以释放。

第四十九条 暂予监外执行的社区矫正对象具有刑事诉讼法规定的应当予以收监情形的，社区矫正机构应当向执行地或者原社区矫正决定机关提出收监执行建议，并将建议书抄送人民检察院。

社区矫正决定机关应当在收到建议书后三十日内作出决定，将决定书送达社区矫正机构和公安机关，并抄送人民检察院。

人民法院、公安机关对暂予监外执行的社区矫正对象决定收监执行的，由公安机关立即将社区矫正对象送交监狱或者看守所收监执行。

监狱管理机关对暂予监外执行的社区矫正对象决定收监执行的，监狱应当立即将社区矫正对象收监执行。

第五十条 被裁定撤销缓刑、假释和被决定收监执行的社区矫正对象逃跑的，由公安机关追捕，社区矫正机构、有关单位和个人予以协助。

第五十一条 社区矫正对象在社区矫正期间死亡的，其监护人、家庭成员应当及时向社区矫正机构报告。社区矫正机构应当及时通知社区矫正决定机关、所在地的人民检察院、公安机关。

第七章 未成年人社区矫正特别规定

第五十二条 社区矫正机构应当根据未成年社区矫正对象的年龄、心理特点、发育需要、成长经历、犯罪原因、家庭监护教育条件等情况，采取针对性的矫正措施。

社区矫正机构为未成年社区矫正对象确定矫正小组，应当吸收熟悉未成年人身心特点的人员参加。

对未成年人的社区矫正，应当与成年人分别进行。

第五十三条　未成年社区矫正对象的监护人应当履行监护责任，承担抚养、管教等义务。

监护人怠于履行监护职责的，社区矫正机构应当督促、教育其履行监护责任。监护人拒不履行监护职责的，通知有关部门依法作出处理。

第五十四条　社区矫正机构工作人员和其他依法参与社区矫正工作的人员对履行职责过程中获得的未成年人身份信息应当予以保密。

除司法机关办案需要或者有关单位根据国家规定查询外，未成年社区矫正对象的档案信息不得提供给任何单位或者个人。依法进行查询的单位，应当对获得的信息予以保密。

第五十五条　对未完成义务教育的未成年社区矫正对象，社区矫正机构应当通知并配合教育部门为其完成义务教育提供条件。未成年社区矫正对象的监护人应当依法保证其按时入学接受并完成义务教育。

年满十六周岁的社区矫正对象有就业意愿的，社区矫正机构可以协调有关部门和单位为其提供职业技能培训，给予就业指导和帮助。

第五十六条　共产主义青年团、妇女联合会、未成年人保护组织应当依法协助社区矫正机构做好未成年人社区矫正工作。

国家鼓励其他未成年人相关社会组织参与未成年人社区矫正工作，依法给予政策支持。

第五十七条　未成年社区矫正对象在复学、升学、就业等方面依法享有与其他未成年人同等的权利，任何单位和个人不得歧视。有歧视行为的，应当由教育、人力资源和社会保障等部门依法作出处理。

第五十八条　未成年社区矫正对象在社区矫正期间年满十八周岁的，继续按照未成年人社区矫正有关规定执行。

第八章　法律责任

第五十九条　社区矫正对象在社区矫正期间有违反监督管理规定行为的，由公安机关依照《中华人民共和国治安管理处罚法》的规定给予处罚；具有撤销缓刑、假释或者暂予监外执行收监情形的，应当依法作出处理。

第六十条　社区矫正对象殴打、威胁、侮辱、骚扰、报复社区矫正机构工作人员和其他依法参与社区矫正工作的人员及其近亲属，构成犯罪的，依法追究刑事责任；尚不构成犯罪的，由公安机关依法给予治安管理处罚。

第六十一条　社区矫正机构工作人员和其他国家工作人员有下列行为之一的，应当给予处分；构成犯罪的，依法追究刑事责任：

（一）利用职务或者工作便利索取、收受贿赂的；

（二）不履行法定职责的；

（三）体罚、虐待社区矫正对象，或者违反法律规定限制或者变相限制社区矫正对象的人身自由的；

（四）泄露社区矫正工作秘密或者其他依法应当保密的信息的；

（五）对依法申诉、控告或者检举的社区矫正对象进行打击报复的；

（六）有其他违纪违法行为的。

第六十二条　人民检察院发现社区矫正工作违反法律规定的，应当依法提出纠正意见、检察建议。有关单位应当将采纳纠正意见、检察建议的情况书面回复人民检察院，没有采纳的应当说明理由。

第九章　附则

第六十三条　本法自2020年7月1日起施行。

附录2　中华人民共和国社区矫正法实施办法

高法院 高检院 公安部 司法部关于印发
《中华人民共和国社区矫正法实施办法》的通知

司发通〔2020〕59号

各省、自治区、直辖市高级人民法院、人民检察院、公安厅（局）、司法厅（局），新疆维吾尔自治区高级人民法院生产建设兵团分院、新疆生产建设兵团人民检察院、公安局、司法局、监狱管理局：

为做好《中华人民共和国社区矫正法》的贯彻实施，进一步推进和规范社区矫正工作，最高人民法院、最高人民检察院、公安部、司法部对2012年1月10日印发的《社区矫正实施办法》进行了修订，制定了《中华人民共和国社区矫正法实施办法》。现予以印发，请认真贯彻执行。对执行中遇到的问题，请分别及时报告最高人民法院、最高人民检察院、公安部、司法部。

高法院
高检院
公安部
司法部
2020年6月18日

中华人民共和国社区矫正法实施办法

第一条 为了推进和规范社区矫正工作,根据《中华人民共和国刑法》、《中华人民共和国刑事诉讼法》、《中华人民共和国社区矫正法》等有关法律规定,制定本办法。

第二条 社区矫正工作坚持党的绝对领导,实行党委政府统一领导、司法行政机关组织实施、相关部门密切配合、社会力量广泛参与、检察机关法律监督的领导体制和工作机制。

第三条 地方人民政府根据需要设立社区矫正委员会,负责统筹协调和指导本行政区域内的社区矫正工作。

司法行政机关向社区矫正委员会报告社区矫正工作开展情况,提请社区矫正委员会协调解决社区矫正工作中的问题。

第四条 司法行政机关依法履行以下职责:

(一)主管本行政区域内社区矫正工作;

(二)对本行政区域内设置和撤销社区矫正机构提出意见;

(三)拟定社区矫正工作发展规划和管理制度,监督检查社区矫正法律法规和政策的执行情况;

(四)推动社会力量参与社区矫正工作;

(五)指导支持社区矫正机构提高信息化水平;

(六)对在社区矫正工作中作出突出贡献的组织、个人,按照国家有关规定给予表彰、奖励;

(七)协调推进高素质社区矫正工作队伍建设;

(八)其他依法应当履行的职责。

第五条 人民法院依法履行以下职责:

(一)拟判处管制、宣告缓刑、决定暂予监外执行的,可以委托社区矫正机构或者有关社会组织对被告人或者罪犯的社会危险性和对所居住社区的影响,进行调查评估,提出意见,供决定社区矫正时参考;

(二)对执行机关报请假释的,审查执行机关移送的罪犯假释后对所居住社区影响的调查评估意见;

（三）核实并确定社区矫正执行地；

（四）对被告人或者罪犯依法判处管制、宣告缓刑、裁定假释、决定暂予监外执行；

（五）对社区矫正对象进行教育，及时通知并送达法律文书；

（六）对符合撤销缓刑、撤销假释或者暂予监外执行收监执行条件的社区矫正对象，作出判决、裁定和决定；

（七）对社区矫正机构提请逮捕的，及时作出是否逮捕的决定；

（八）根据社区矫正机构提出的减刑建议作出裁定；

（九）其他依法应当履行的职责。

第六条 人民检察院依法履行以下职责：

（一）对社区矫正决定机关、社区矫正机构或者有关社会组织的调查评估活动实行法律监督；

（二）对社区矫正决定机关判处管制、宣告缓刑、裁定假释、决定或者批准暂予监外执行活动实行法律监督；

（三）对社区矫正法律文书及社区矫正对象交付执行活动实行法律监督；

（四）对监督管理、教育帮扶社区矫正对象的活动实行法律监督；

（五）对变更刑事执行、解除矫正和终止矫正的活动实行法律监督；

（六）受理申诉、控告和举报，维护社区矫正对象的合法权益；

（七）按照刑事诉讼法的规定，在对社区矫正实行法律监督中发现司法工作人员相关职务犯罪，可以立案侦查直接受理的案件；

（八）其他依法应当履行的职责。

第七条 公安机关依法履行以下职责：

（一）对看守所留所服刑罪犯拟暂予监外执行的，可以委托开展调查评估；

（二）对看守所留所服刑罪犯拟暂予监外执行的，核实并确定社区矫正执行地；对符合暂予监外执行条件的，批准暂予监外执行；对符合收监执行条件的，作出收监执行的决定；

（三）对看守所留所服刑罪犯批准暂予监外执行的，进行教育，及时通知并送达法律文书；依法将社区矫正对象交付执行；

（四）对社区矫正对象予以治安管理处罚；到场处置经社区矫正机构制止无效，正在实施违反监督管理规定或者违反人民法院禁止令等违法行为的社区矫正对象；协助社区矫正机构处置突发事件；

（五）协助社区矫正机构查找失去联系的社区矫正对象；执行人民法院作出的逮捕决定；被裁定撤销缓刑、撤销假释和被决定收监执行的社区矫正对象逃跑的，予以追捕；

（六）对裁定撤销缓刑、撤销假释，或者对人民法院、公安机关决定暂予监外执行收监的社区矫正对象，送交看守所或者监狱执行；

（七）执行限制社区矫正对象出境的措施；

（八）其他依法应当履行的职责。

第八条　监狱管理机关以及监狱依法履行以下职责：

（一）对监狱关押罪犯拟提请假释的，应当委托进行调查评估；对监狱关押罪犯拟暂予监外执行的，可以委托进行调查评估；

（二）对监狱关押罪犯拟暂予监外执行的，依法核实并确定社区矫正执行地；对符合暂予监外执行条件的，监狱管理机关作出暂予监外执行决定；

（三）对监狱关押罪犯批准暂予监外执行的，进行教育，及时通知并送达法律文书；依法将社区矫正对象交付执行；

（四）监狱管理机关对暂予监外执行罪犯决定收监执行的，原服刑或者接收其档案的监狱应当立即将罪犯收监执行；

（五）其他依法应当履行的职责。

第九条　社区矫正机构是县级以上地方人民政府根据需要设置的，负责社区矫正工作具体实施的执行机关。社区矫正机构依法履行以下职责：

（一）接受委托进行调查评估，提出评估意见；

（二）接收社区矫正对象，核对法律文书、核实身份、办理接收登记，建立档案；

（三）组织入矫和解矫宣告，办理入矫和解矫手续；

（四）建立矫正小组、组织矫正小组开展工作，制定和落实矫正方案；

（五）对社区矫正对象进行监督管理，实施考核奖惩；审批会客、外出、变更执行地等事项；了解掌握社区矫正对象的活动情况和行为表现；组织查找失去联系的社区矫正对象，查找后依情形作出处理；

（六）提出治安管理处罚建议，提出减刑、撤销缓刑、撤销假释、收监执行等变更刑事执行建议，依法提请逮捕；

（七）对社区矫正对象进行教育帮扶，开展法治道德等教育，协调有关方面开展职业技能培训、就业指导，组织公益活动等事项；

（八）向有关机关通报社区矫正对象情况，送达法律文书；

（九）对社区矫正工作人员开展管理、监督、培训，落实职业保障；

（十）其他依法应当履行的职责。

设置和撤销社区矫正机构，由县级以上地方人民政府司法行政部门提出意见，按照规定的权限和程序审批。社区矫正日常工作由县级社区矫正机构具体承担；未设置县级社区矫正机构的，由上一级社区矫正机构具体承担。省、市两级社区矫正机构主要负责监督指导、跨区域执法的组织协调以及与同级社区矫正决定机关对接的案件办理工作。

第十条 司法所根据社区矫正机构的委托，承担社区矫正相关工作。

第十一条 社区矫正机构依法加强信息化建设，运用现代信息技术开展监督管理和教育帮扶。

社区矫正工作相关部门之间依法进行信息共享，人民法院、人民检察院、公安机关、司法行政机关依法建立完善社区矫正信息交换平台，实现业务协同、互联互通，运用现代信息技术及时准确传输交换有关法律文书，根据需要实时查询社区矫正对象交付接收、监督管理、教育帮扶、脱离监管、被治安管理处罚、被采取强制措施、变更刑事执行、办理再犯罪案件等情况，共享社区矫正工作动态信息，提高社区矫正信息化水平。

第十二条 对拟适用社区矫正的，社区矫正决定机关应当核实社区矫正对象的居住地。社区矫正对象在多个地方居住的，可以确定经常居住地为执行地。没有居住地，居住地、经常居住地无法确定或者不适宜执行社区矫正的，应当根据有利于社区矫正对象接受矫正、更好地融入社会的原则，确定社区矫正执行地。被确定为执行地的社区矫正机构应当及时接收。

社区矫正对象的居住地是指其实际居住的县（市、区）。社区矫正对象的经常居住地是指其经常居住的，有固定住所、固定生活来源的县（市、区）。

社区矫正对象应如实提供其居住、户籍等情况，并提供必要的证明材料。

第十三条 社区矫正决定机关对拟适用社区矫正的被告人、罪犯，需要调查其社会危险性和对所居住社区影响的，可以委托拟确定为执行地的社区矫正机构或者有关社会组织进行调查评估。社区矫正机构或者有关社会组织收到委托文书后应当及时通知执行地县级人民检察院。

第十四条 社区矫正机构、有关社会组织接受委托后，应当对被告人或者罪犯的居所情况、家庭和社会关系、犯罪行为的后果和影响、居住地村（居）民委员会和被害人意见、拟禁止的事项、社会危险性、对所居住社区的影响等情况进行调查了解，形成调查评估意见，与相关材料一起提交委托机关。调查评估时，相关单位、部门、村（居）民委员会等组织、个人应当依法为调查评估提供必要的协助。

社区矫正机构、有关社会组织应当自收到调查评估委托函及所附材料之日起十个工作日内完成调查评估，提交评估意见。对于适用刑事案件速裁程序的，应当在五个工作日内完成调查评估，提交评估意见。评估意见同时抄送执行地县级人民检察院。需要延长调查评估时限的，社区矫正机构、有关社会组织应当与委托机关协商，并在协商确定的期限内完成调查评估。因被告人或者罪犯的姓名、居住地不真实、身份不明等原因，社区矫正机构、有关社会组织无法进行调查评估的，应当及时向委托机关说明情况。社区矫正决定机关对调查评估意见的采信情况，应当在相关法律文书中说明。

对调查评估意见以及调查中涉及的国家秘密、商业秘密、个人隐私等信息，应当保密，不得泄露。

第十五条 社区矫正决定机关应当对社区矫正对象进行教育，书面告知其到执行地县级社区矫正机构报到的时间期限以及逾期报到或者未报到的后果，责令其按时报到。

第十六条　社区矫正决定机关应当自判决、裁定或者决定生效之日起五日内通知执行地县级社区矫正机构，并在十日内将判决书、裁定书、决定书、执行通知书等法律文书送达执行地县级社区矫正机构，同时抄送人民检察院。收到法律文书后，社区矫正机构应当在五日内送达回执。

社区矫正对象前来报到时，执行地县级社区矫正机构未收到法律文书或者法律文书不齐全，应当先记录在案，为其办理登记接收手续，并通知社区矫正决定机关在五日内送达或者补齐法律文书。

第十七条　被判处管制、宣告缓刑、裁定假释的社区矫正对象到执行地县级社区矫正机构报到时，社区矫正机构应当核对法律文书、核实身份，办理登记接收手续。对社区矫正对象存在因行动不便、自行报到确有困难等特殊情况的，社区矫正机构可以派员到其居住地等场所办理登记接收手续。

暂予监外执行的社区矫正对象，由公安机关、监狱或者看守所依法移送至执行地县级社区矫正机构，办理交付接收手续。罪犯原服刑地与居住地不在同一省、自治区、直辖市，需要回居住地暂予监外执行的，原服刑地的省级以上监狱管理机关或者设区的市一级以上公安机关应当书面通知罪犯居住地的监狱管理机关、公安机关，由其指定一所监狱、看守所接收社区矫正对象档案，负责办理其收监、刑满释放等手续。对看守所留所服刑罪犯暂予监外执行，原服刑地与居住地在同一省、自治区、直辖市的，可以不移交档案。

第十八条　执行地县级社区矫正机构接收社区矫正对象后，应当建立社区矫正档案，包括以下内容：

（一）适用社区矫正的法律文书；

（二）接收、监管审批、奖惩、收监执行、解除矫正、终止矫正等有关社区矫正执行活动的法律文书；

（三）进行社区矫正的工作记录；

（四）社区矫正对象接受社区矫正的其他相关材料。

接受委托对社区矫正对象进行日常管理的司法所应当建立工作档案。

第十九条 执行地县级社区矫正机构、受委托的司法所应当为社区矫正对象确定矫正小组,与矫正小组签订矫正责任书,明确矫正小组成员的责任和义务,负责落实矫正方案。

矫正小组主要开展下列工作:

(一)按照矫正方案,开展个案矫正工作;

(二)督促社区矫正对象遵纪守法,遵守社区矫正规定;

(三)参与对社区矫正对象的考核评议和教育活动;

(四)对社区矫正对象走访谈话,了解其思想、工作和生活情况,及时向社区矫正机构或者司法所报告;

(五)协助对社区矫正对象进行监督管理和教育帮扶;

(六)协助社区矫正机构或者司法所开展其他工作。

第二十条 执行地县级社区矫正机构接收社区矫正对象后,应当组织或者委托司法所组织入矫宣告。

入矫宣告包括以下内容:

(一)判决书、裁定书、决定书、执行通知书等有关法律文书的主要内容;

(二)社区矫正期限;

(三)社区矫正对象应当遵守的规定、被剥夺或者限制行使的权利、被禁止的事项以及违反规定的法律后果;

(四)社区矫正对象依法享有的权利;

(五)矫正小组人员组成及职责;

(六)其他有关事项。

宣告由社区矫正机构或者司法所的工作人员主持,矫正小组成员及其他相关人员到场,按照规定程序进行。宣告后,社区矫正对象应当在书面材料上签字,确认已经了解所宣告的内容。

第二十一条 社区矫正机构应当根据社区矫正对象被判处管制、宣告缓刑、假释和暂予监外执行的不同裁判内容和犯罪类型、矫正阶段、再犯罪风险等情况,进行综合评估,划分不同类别,实施分类管理。

社区矫正机构应当把社区矫正对象的考核结果和奖惩情况作为分类管理的依据。

社区矫正机构对不同类别的社区矫正对象，在矫正措施和方法上应当有所区别，有针对性地开展监督管理和教育帮扶工作。

第二十二条 执行地县级社区矫正机构、受委托的司法所要根据社区矫正对象的性别、年龄、心理特点、健康状况、犯罪原因、悔罪表现等具体情况，制定矫正方案，有针对性地消除社区矫正对象可能重新犯罪的因素，帮助其成为守法公民。

矫正方案应当包括社区矫正对象基本情况、对社区矫正对象的综合评估结果、对社区矫正对象的心理状态和其他特殊情况的分析、拟采取的监督管理、教育帮扶措施等内容。

矫正方案应当根据分类管理的要求、实施效果以及社区矫正对象的表现等情况，相应调整。

第二十三条 执行地县级社区矫正机构、受委托的司法所应当根据社区矫正对象的个人生活、工作及所处社区的实际情况，有针对性地采取通信联络、信息化核查、实地查访等措施，了解掌握社区矫正对象的活动情况和行为表现。

第二十四条 社区矫正对象应当按照有关规定和社区矫正机构的要求，定期报告遵纪守法、接受监督管理、参加教育学习、公益活动和社会活动等情况。发生居所变化、工作变动、家庭重大变故以及接触对其矫正可能产生不利影响人员等情况时，应当及时报告。被宣告禁止令的社区矫正对象应当定期报告遵守禁止令的情况。

暂予监外执行的社区矫正对象应当每个月报告本人身体情况。保外就医的，应当到省级人民政府指定的医院检查，每三个月向执行地县级社区矫正机构、受委托的司法所提交病情复查情况。执行地县级社区矫正机构根据社区矫正对象的病情及保证人等情况，可以调整报告身体情况和提交复查情况的期限。延长一个月至三个月以下的，报上一级社区矫正机构批准；延长三个月以上的，逐级上报省级社区矫正机构批准。批准延长的，执行地县级社区矫正机构应当及时通报同级人民检察院。

社区矫正机构根据工作需要，可以协调对暂予监外执行的社区矫正对象进行病情诊断、妊娠检查或者生活不能自理的鉴别。

第二十五条　未经执行地县级社区矫正机构批准，社区矫正对象不得接触其犯罪案件中的被害人、控告人、举报人，不得接触同案犯等可能诱发其再犯罪的人。

第二十六条　社区矫正对象未经批准不得离开所居住市、县。确有正当理由需要离开的，应当经执行地县级社区矫正机构或者受委托的司法所批准。

社区矫正对象外出的正当理由是指就医、就学、参与诉讼、处理家庭或者工作重要事务等。

前款规定的市是指直辖市的城市市区、设区的市的城市市区和县级市的辖区。在设区的同一市内跨区活动的，不属于离开所居住的市、县。

第二十七条　社区矫正对象确需离开所居住的市、县的，一般应当提前三日提交书面申请，并如实提供诊断证明、单位证明、入学证明、法律文书等材料。

申请外出时间在七日内的，经执行地县级社区矫正机构委托，可以由司法所批准，并报执行地县级社区矫正机构备案；超过七日的，由执行地县级社区矫正机构批准。执行地县级社区矫正机构每次批准外出的时间不超过三十日。

因特殊情况确需外出超过三十日的，或者两个月内外出时间累计超过三十日的，应报上一级社区矫正机构审批。上一级社区矫正机构批准社区矫正对象外出的，执行地县级社区矫正机构应当及时通报同级人民检察院。

第二十八条　在社区矫正对象外出期间，执行地县级社区矫正机构、受委托的司法所应当通过电话通讯、实时视频等方式实施监督管理。

执行地县级社区矫正机构根据需要，可以协商外出目的地社区矫正机构协助监督管理，并要求社区矫正对象在到达和离开时向当地社区矫正机构报告，接受监督管理。外出目的地社区矫正机构在社区矫正对象报告后，可以通过电话通讯、实地查访等方式协助监督管理。

社区矫正对象应在外出期限届满前返回居住地，并向执行地县级社区矫正机构或者司法所报告，办理手续。因特殊原因无法按期返回的，应及时向社区矫正机构或者司法所报告情况。发现社区矫正对象违反外出管理规定的，社区矫正机构应当责令其立即返回，并视情节依法予以处理。

第二十九条 社区矫正对象确因正常工作和生活需要经常性跨市、县活动的，应当由本人提出书面申请，写明理由、经常性去往市县名称、时间、频次等，同时提供相应证明，由执行地县级社区矫正机构批准，批准一次的有效期为六个月。在批准的期限内，社区矫正对象到批准市、县活动的，可以通过电话、微信等方式报告活动情况。到期后，社区矫正对象仍需要经常性跨市、县活动的，应当重新提出申请。

第三十条 社区矫正对象因工作、居所变化等原因需要变更执行地的，一般应当提前一个月提出书面申请，并提供相应证明材料，由受委托的司法所签署意见后报执行地县级社区矫正机构审批。

执行地县级社区矫正机构收到申请后，应当在五日内书面征求新执行地县级社区矫正机构的意见。新执行地县级社区矫正机构接到征求意见函后，应当在五日内核实有关情况，作出是否同意接收的意见并书面回复。执行地县级社区矫正机构根据回复意见，作出决定。执行地县级社区矫正机构对新执行地县级社区矫正机构的回复意见有异议的，可以报上一级社区矫正机构协调解决。

经审核，执行地县级社区矫正机构不同意变更执行地的，应在决定作出之日起五日内告知社区矫正对象。同意变更执行地的，应对社区矫正对象进行教育，书面告知其到新执行地县级社区矫正机构报到的时间期限以及逾期报到或者未报到的后果，责令其按时报到。

第三十一条 同意变更执行地的，原执行地县级社区矫正机构应当在作出决定之日起五日内，将有关法律文书和档案材料移交新执行地县级社区矫正机构，并将有关法律文书抄送社区矫正决定机关和原执行地县级人民检察院、公安机关。新执行地县级社区矫正机构收到法律文书和档案材料后，在五日内送达回执，并将有关法律文书抄送所在地县级人民检察院、公安机关。

同意变更执行地的，社区矫正对象应当自收到变更执行地决定之日起七日内，到新执行地县级社区矫正机构报到。新执行地县级社区矫正机构应当核实身份、办理登记接收手续。发现社区矫正对象未按规定时间报到的，新执行地县级社区矫正机构应当立即通知原执行地县级社区矫正机构，由原执行地县级社区矫正机构组织查找。未及时办理交付接收，造成社区矫正对象脱管漏管的，原执行地社区矫正机构会同新执行地社区矫正机构妥善处置。

对公安机关、监狱管理机关批准暂予监外执行的社区矫正对象变更执行地的，公安机关、监狱管理机关在收到社区矫正机构送达的法律文书后，应与新执行地同级公安机关、监狱管理机关办理交接。新执行地的公安机关、监狱管理机关应指定一所看守所、监狱接收社区矫正对象档案，负责办理其收监、刑满释放等手续。看守所、监狱在接收档案之日起五日内，应当将有关情况通报新执行地县级社区矫正机构。对公安机关批准暂予监外执行的社区矫正对象在同一省、自治区、直辖市变更执行地的，可以不移交档案。

第三十二条 社区矫正机构应当根据有关法律法规、部门规章和其他规范性文件，建立内容全面、程序合理、易于操作的社区矫正对象考核奖惩制度。

社区矫正机构、受委托的司法所应当根据社区矫正对象认罪悔罪、遵守有关规定、服从监督管理、接受教育等情况，定期对其考核。对于符合表扬条件、具备训诫、警告情形的社区矫正对象，经执行地县级社区矫正机构决定，可以给予其相应奖励或者处罚，作出书面决定。对于涉嫌违反治安管理行为的社区矫正对象，执行地县级社区矫正机构可以向同级公安机关提出建议。社区矫正机构奖励或者处罚的书面决定应当抄送人民检察院。

社区矫正对象的考核结果与奖惩应当书面通知其本人，定期公示，记入档案，做到准确及时、公开公平。社区矫正对象对考核奖惩提出异议的，执行地县级社区矫正机构应当及时处理，并将处理结果告知社区矫正对象。社区矫正对象对处理结果仍有异议的，可以向人民检察院提出。

第三十三条 社区矫正对象认罪悔罪、遵守法律法规、服从监督管理、接受教育表现突出的，应当给予表扬。

社区矫正对象接受社区矫正六个月以上并且同时符合下列条件的，执行地县级社区矫正机构可以给予表扬：

（一）服从人民法院判决，认罪悔罪；

（二）遵守法律法规；

（三）遵守关于报告、会客、外出、迁居等规定，服从社区矫正机构的管理；

（四）积极参加教育学习等活动，接受教育矫正的。

社区矫正对象接受社区矫正期间，有见义勇为、抢险救灾等突出表现，或者帮助他人、服务社会等突出事迹的，执行地县级社区矫正机构可以给予表扬。对于符合法定减刑条件的，由执行地县级社区矫正机构依照本办法第四十二条的规定，提出减刑建议。

第三十四条 社区矫正对象具有下列情形之一的，执行地县级社区矫正机构应当给予训诫：

（一）不按规定时间报到或者接受社区矫正期间脱离监管，未超过十日的；

（二）违反关于报告、会客、外出、迁居等规定，情节轻微的；

（三）不按规定参加教育学习等活动，经教育仍不改正的；

（四）其他违反监督管理规定，情节轻微的。

第三十五条 社区矫正对象具有下列情形之一的，执行地县级社区矫正机构应当给予警告：

（一）违反人民法院禁止令，情节轻微的；

（二）不按规定时间报到或者接受社区矫正期间脱离监管，超过十日的；

（三）违反关于报告、会客、外出、迁居等规定，情节较重的；

（四）保外就医的社区矫正对象无正当理由不按时提交病情复查情况，经教育仍不改正的；

（五）受到社区矫正机构两次训诫，仍不改正的；

（六）其他违反监督管理规定，情节较重的。

第三十六条 社区矫正对象违反监督管理规定或者人民法院禁止令，依法应予治安管理处罚的，执行地县级社区矫正机构应当及时提请同级公安机关依法给予处罚，并向执行地同级人民检察院抄送治安管理处罚建议书副本，及时通知处理结果。

第三十七条 电子定位装置是指运用卫星等定位技术，能对社区矫正对象进行定位等监管，并具有防拆、防爆、防水等性能的专门的电子设备，如电子定位腕带等，但不包括手机等设备。

对社区矫正对象采取电子定位装置进行监督管理的，应当告知社区矫正对象监管的期限、要求以及违反监管规定的后果。

第三十八条 发现社区矫正对象失去联系的，社区矫正机构应当立即组织查找，可以采取通信联络、信息化核查、实地查访等方式查找，查找时要做好记录，固定证据。查找不到的，社区矫正机构应当及时通知公安机关，公安机关应当协助查找。社区矫正机构应当及时将组织查找的情况通报人民检察院。

查找到社区矫正对象后，社区矫正机构应当根据其脱离监管的情形，给予相应处置。虽能查找到社区矫正对象下落但其拒绝接受监督管理的，社区矫正机构应当视情节依法提请公安机关予以治安管理处罚，或者依法提请撤销缓刑、撤销假释、对暂予监外执行的收监执行。

第三十九条 社区矫正机构根据执行禁止令的需要，可以协调有关的部门、单位、场所、个人协助配合执行禁止令。

对禁止令确定需经批准才能进入的特定区域或者场所，社区矫正对象确需进入的，应当经执行地县级社区矫正机构批准，并通知原审人民法院和执行地县级人民检察院。

第四十条 发现社区矫正对象有违反监督管理规定或者人民法院禁止令等违法情形的，执行地县级社区矫正机构应当调查核实情况，收集有关证据材料，提出处理意见。

社区矫正机构发现社区矫正对象有撤销缓刑、撤销假释或者暂予监外执行收监执行的法定情形的，应当组织开展调查取证工作，依法向社区矫正决定机关提出撤销缓刑、撤销假释或者暂予监外执行收监执行建议，并将建议书抄送同级人民检察院。

第四十一条　社区矫正对象被依法决定行政拘留、司法拘留、强制隔离戒毒等或者因涉嫌犯新罪、发现判决宣告前还有其他罪没有判决被采取强制措施的，决定机关应当自作出决定之日起三日内将有关情况通知执行地县级社区矫正机构和执行地县级人民检察院。

第四十二条　社区矫正对象符合法定减刑条件的，由执行地县级社区矫正机构提出减刑建议书并附相关证据材料，报经地（市）社区矫正机构审核同意后，由地（市）社区矫正机构提请执行地的中级人民法院裁定。

依法应由高级人民法院裁定的减刑案件，由执行地县级社区矫正机构提出减刑建议书并附相关证据材料，逐级上报省级社区矫正机构审核同意后，由省级社区矫正机构提请执行地的高级人民法院裁定。

人民法院应当自收到减刑建议书和相关证据材料之日起三十日内依法裁定。

社区矫正机构减刑建议书和人民法院减刑裁定书副本，应当同时抄送社区矫正执行地同级人民检察院、公安机关及罪犯原服刑或者接收其档案的监狱。

第四十三条　社区矫正机构、受委托的司法所应当充分利用地方人民政府及其有关部门提供的教育帮扶场所和有关条件，按照因人施教的原则，有针对性地对社区矫正对象开展教育矫正活动。

社区矫正机构、司法所应当根据社区矫正对象的矫正阶段、犯罪类型、现实表现等实际情况，对其实施分类教育；应当结合社区矫正对象的个体特征、日常表现等具体情况，进行个别教育。

社区矫正机构、司法所根据需要可以采用集中教育、网上培训、实地参观等多种形式开展集体教育；组织社区矫正对象参加法治、道德等方面的教育活动；根据社区矫正对象的心理健康状况，对其开展心理健康教育、实施心理辅导。

社区矫正机构、司法所可以通过公开择优购买服务或者委托社会组织执行项目等方式，对社区矫正对象开展教育活动。

第四十四条　执行地县级社区矫正机构、受委托的司法所按照符合社会公共利益的原则，可以根据社区矫正对象的劳动能力、健康状况等情况，组织社区矫正对象参加公益活动。

第四十五条　执行地县级社区矫正机构、受委托的司法所依法协调有关部门和单位，根据职责分工，对遇到暂时生活困难的社区矫正对象提供临时救助；对就业困难的社区矫正对象提供职业技能培训和就业指导；帮助符合条件的社区矫正对象落实社会保障措施；协助在就学、法律援助等方面遇到困难的社区矫正对象解决问题。

第四十六条　社区矫正对象在缓刑考验期内，有下列情形之一的，由执行地同级社区矫正机构提出撤销缓刑建议：

（一）违反禁止令，情节严重的；

（二）无正当理由不按规定时间报到或者接受社区矫正期间脱离监管，超过一个月的；

（三）因违反监督管理规定受到治安管理处罚，仍不改正的；

（四）受到社区矫正机构两次警告，仍不改正的；

（五）其他违反有关法律、行政法规和监督管理规定，情节严重的情形。

社区矫正机构一般向原审人民法院提出撤销缓刑建议。如果原审人民法院与执行地同级社区矫正机构不在同一省、自治区、直辖市的，可以向执行地人民法院提出建议，执行地人民法院作出裁定的，裁定书同时抄送原审人民法院。

社区矫正机构撤销缓刑建议书和人民法院的裁定书副本同时抄送社区矫正执行地同级人民检察院。

第四十七条　社区矫正对象在假释考验期内，有下列情形之一的，由执行地同级社区矫正机构提出撤销假释建议：

（一）无正当理由不按规定时间报到或者接受社区矫正期间脱离监管，超过一个月的；

(二)受到社区矫正机构两次警告,仍不改正的;

(三)其他违反有关法律、行政法规和监督管理规定,尚未构成新的犯罪的。

社区矫正机构一般向原审人民法院提出撤销假释建议。如果原审人民法院与执行地同级社区矫正机构不在同一省、自治区、直辖市的,可以向执行地人民法院提出建议,执行地人民法院作出裁定的,裁定书同时抄送原审人民法院。

社区矫正机构撤销假释的建议书和人民法院的裁定书副本同时抄送社区矫正执行地同级人民检察院、公安机关、罪犯原服刑或者接收其档案的监狱。

第四十八条 被提请撤销缓刑、撤销假释的社区矫正对象具备下列情形之一的,社区矫正机构在提出撤销缓刑、撤销假释建议书的同时,提请人民法院决定对其予以逮捕:

(一)可能逃跑的;

(二)具有危害国家安全、公共安全、社会秩序或者他人人身安全现实危险的;

(三)可能对被害人、举报人、控告人或者社区矫正机构工作人员等实施报复行为的;

(四)可能实施新的犯罪的。

社区矫正机构提请人民法院决定逮捕社区矫正对象时,应当提供相应证据,移送人民法院审查决定。

社区矫正机构提请逮捕、人民法院作出是否逮捕决定的法律文书,应当同时抄送执行地县级人民检察院。

第四十九条 暂予监外执行的社区矫正对象有下列情形之一的,由执行地县级社区矫正机构提出收监执行建议:

(一)不符合暂予监外执行条件的;

(二)未经社区矫正机构批准擅自离开居住的市、县,经警告拒不改正,或者拒不报告行踪,脱离监管的;

(三)因违反监督管理规定受到治安管理处罚,仍不改正的;

（四）受到社区矫正机构两次警告的；

（五）保外就医期间不按规定提交病情复查情况，经警告拒不改正的；

（六）暂予监外执行的情形消失后，刑期未满的；

（七）保证人丧失保证条件或者因不履行义务被取消保证人资格，不能在规定期限内提出新的保证人的；

（八）其他违反有关法律、行政法规和监督管理规定，情节严重的情形。

社区矫正机构一般向执行地社区矫正决定机关提出收监执行建议。如果原社区矫正决定机关与执行地县级社区矫正机构在同一省、自治区、直辖市的，可以向原社区矫正决定机关提出建议。

社区矫正机构的收监执行建议书和决定机关的决定书，应当同时抄送执行地县级人民检察院。

第五十条　人民法院裁定撤销缓刑、撤销假释或者决定暂予监外执行收监执行的，由执行地县级公安机关本着就近、便利、安全的原则，送交社区矫正对象执行地所属的省、自治区、直辖市管辖范围内的看守所或者监狱执行刑罚。

公安机关决定暂予监外执行收监执行的，由执行地县级公安机关送交存放或者接收罪犯档案的看守所收监执行。

监狱管理机关决定暂予监外执行收监执行的，由存放或者接收罪犯档案的监狱收监执行。

第五十一条　撤销缓刑、撤销假释的裁定和收监执行的决定生效后，社区矫正对象下落不明的，应当认定为在逃。

被裁定撤销缓刑、撤销假释和被决定收监执行的社区矫正对象在逃的，由执行地县级公安机关负责追捕。撤销缓刑、撤销假释裁定书和对暂予监外执行罪犯收监执行决定书，可以作为公安机关追逃依据。

第五十二条　社区矫正机构应当建立突发事件处置机制，发现社区矫正对象非正常死亡、涉嫌实施犯罪、参与群体性事件的，应当立即与公安机关等有关部门协调联动、妥善处置，并将有关情况及时报告上一级社区矫正机构，同时通报执行地人民检察院。

第五十三条 社区矫正对象矫正期限届满，且在社区矫正期间没有应当撤销缓刑、撤销假释或者暂予监外执行收监执行情形的，社区矫正机构依法办理解除矫正手续。

社区矫正对象一般应当在社区矫正期满三十日前，作出个人总结，执行地县级社区矫正机构应当根据其在接受社区矫正期间的表现等情况作出书面鉴定，与安置帮教工作部门做好衔接工作。

执行地县级社区矫正机构应当向社区矫正对象发放解除社区矫正证明书，并书面通知社区矫正决定机关，同时抄送执行地县级人民检察院和公安机关。

公安机关、监狱管理机关决定暂予监外执行的社区矫正对象刑期届满的，由看守所、监狱依法为其办理刑满释放手续。

社区矫正对象被赦免的，社区矫正机构应当向社区矫正对象发放解除社区矫正证明书，依法办理解除矫正手续。

第五十四条 社区矫正对象矫正期满，执行地县级社区矫正机构或者受委托的司法所可以组织解除矫正宣告。

解矫宣告包括以下内容：

（一）宣读对社区矫正对象的鉴定意见；

（二）宣布社区矫正期限届满，依法解除社区矫正；

（三）对判处管制的，宣布执行期满，解除管制；对宣告缓刑的，宣布缓刑考验期满，原判刑罚不再执行；对裁定假释的，宣布考验期满，原判刑罚执行完毕。

宣告由社区矫正机构或者司法所工作人员主持，矫正小组成员及其他相关人员到场，按照规定程序进行。

第五十五条 社区矫正机构、受委托的司法所应当根据未成年社区矫正对象的年龄、心理特点、发育需要、成长经历、犯罪原因、家庭监护教育条件等情况，制定适应未成年人特点的矫正方案，采取有益于其身心健康发展、融入正常社会生活的矫正措施。

社区矫正机构、司法所对未成年社区矫正对象的相关信息应当保密。对未成年社区矫正对象的考核奖惩和宣告不公开进行。对未成年社区矫正对象进行宣告或者处罚时,应通知其监护人到场。

社区矫正机构、司法所应当选任熟悉未成年人身心特点,具有法律、教育、心理等专业知识的人员负责未成年人社区矫正工作,并通过加强培训、管理,提高专业化水平。

第五十六条 社区矫正工作人员的人身安全和职业尊严受法律保护。

对任何干涉社区矫正工作人员执法的行为,社区矫正工作人员有权拒绝,并按照规定如实记录和报告。对于侵犯社区矫正工作人员权利的行为,社区矫正工作人员有权提出控告。

社区矫正工作人员因依法履行职责遭受不实举报、诬告陷害、侮辱诽谤,致使名誉受到损害的,有关部门或者个人应当及时澄清事实,消除不良影响,并依法追究相关单位或者个人的责任。

对社区矫正工作人员追究法律责任,应当根据其行为的危害程度、造成的后果、以及责任大小予以确定,实事求是,过罚相当。社区矫正工作人员依法履职的,不能仅因社区矫正对象再犯罪而追究其法律责任。

第五十七条 有关单位对人民检察院的书面纠正意见在规定的期限内没有回复纠正情况的,人民检察院应当督促回复。经督促被监督单位仍不回复或者没有正当理由不纠正的,人民检察院应当向上一级人民检察院报告。

有关单位对人民检察院的检察建议在规定的期限内经督促无正当理由不予整改或者整改不到位的,检察机关可以将相关情况报告上级人民检察院,通报被建议单位的上级机关、行政主管部门或者行业自律组织等,必要时可以报告同级党委、人大,通报同级政府、纪检监察机关。

第五十八条 本办法所称"以上"、"内",包括本数;"以下"、"超过"不包括本数。

第五十九条 本办法自2020年7月1日起施行。最高人民法院、最高人民检察院、公安部、司法部2012年1月10日印发的《社区矫正实施办法》(司发通〔2012〕12号)同时废止。

附录3 社区矫正术语（节选）

1 范围

本标准规定了社区矫正领域常用的基础术语、业务术语、统计与评价指标术语、信息化术语和社区矫正相关机构与装备简称。

本标准适用于社区矫正业务管理与应用以及社区矫正信息化相关系统的规划、设计、建设与运维。

2 基础术语

2.1

社区矫正 community-corrections

将符合法定条件的罪犯置于社区内，由社区矫正机构在有关部门、社会组织和志愿者的协助下，在判决、裁定或决定确定的期限内，矫正其犯罪心理和行为恶习的非监禁刑罚执行活动。

注：引自2012年3月1日实施的最高人民法院、最高人民检察院、公安部、司法部《社区矫正实施办法》第三条。

2.2

社区矫正决定机关 community-corrections ruling authority

依法判处罪犯管制、宣告缓刑、裁定假释和决定暂予监外执行的人民法院和依法批准罪犯暂予监外执行的监狱管理机关、公安机关。

2.3

社区矫正机构 community-corrections institution

刑事诉讼法规定的社区矫正的执行机关。

注：社区矫正机构由县级以上地方人民政府根据需要设置。

2.4

社区矫正委员会 community-corrections committee

矫委会 correction committee

由乡镇以上地方人民政府依法设立，负责组织、协调和指导本行政区域内社区矫正工作的议事协调机构。

2.5

社区矫正中心 community-corrections center

社矫中心 correction center

社区矫正机构根据工作需要，为组织实施社区矫正各项工作而建立的承担监督管理、教育矫正、适应性帮扶、应急处置等功能的专门执法场所和工作平台。

2.6

社区矫正对象 community-corrections subject

社矫对象 subject

被判处管制、宣告缓刑、假释或者暂予监外执行的罪犯。

2.7

未成年社区矫正对象 juvenile community-corrections subject

未成年对象 juvenile

犯罪时不满十八周岁的社区矫正对象。

2.8

重点社区矫正对象 community-corrections key subject

经评估需要重点监管的社区矫正对象。

2.9

社区矫正机构工作人员 community-corrections institution staff

社矫工作人员 institution staff

具备法律等专业知识，履行监督管理等执法职责，专职从事社区矫正工作的国家工作人员。

2.10

社区矫正社会工作者 community-corrections social worker

社工 social worker

具有社会工作专业知识和技能，在社区矫正机构组织下，协助开展社区矫正工作的人员。

2.11

社区矫正志愿者 community-corrections volunteer

志愿者 volunteer

具有一定专业技能，在社区矫正机构组织下，自愿为社区矫正工作开展提供无偿服务的社会人员。

3 业务术语

3.1

居住地 place of residence

社区矫正对象固定、合法的住所所在地的县（市、区、旗）。

3.2

执行地 place of enforcement

由社区矫正决定机关核实并确定的社区矫正对象的居住地。

3.3

居住地核实 residency verification

根据社区矫正决定机关的委托,社区矫正机构对被告人或者罪犯的居住地进行实地核实确认,提交委托机关的活动。

3.4

调查评估 investigation and evaluation

根据社区矫正决定机关的委托,社区矫正机构对被告人或者罪犯的社会危险性和对所居住社区的影响进行调查,形成评估报告提交委托机关的执法活动。

3.5

社区矫正接收 community-corrections reception

社区矫正机构依据生效的法律文书对社区矫正对象开展的核对法律文书、核实身份、办理接收登记和建立档案等一系列的执法活动。

3.6

入矫宣告 community-corrections reception announcement

社区矫正机构接收社区矫正对象后,在一定范围内宣告社区矫正对象的犯罪事实、执行社区矫正的期限以及应遵守的规定的执法活动。

3.7

解矫宣告 community-corrections discharge announcement

社区矫正机构在社区矫正对象矫正期满时,依法公开宣告解除社区矫正的执法活动。

3.8

执行地变更 change of residence

社区矫正对象因居所变化,经社区矫正机构批准发生的所居住地的变更。

3.9

矫正方案 correction plan

社区矫正机构根据社区矫正对象性别、年龄、犯罪情况、被判处的刑罚种类、悔罪表现、个性特征和生活环境等情况进行综合评估，制定的有针对性的监督管理和教育帮扶的方案。

3.10

矫正小组 community-corrections group

社区矫正机构为社区矫正对象确定的负责落实社区矫正措施的专门小组。

3.11

社区矫正执行档案 community-corrections enforcement archive

社区矫正对象适用社区矫正法律文书以及接收、监管审批、奖惩、收监执行和解除矫正等有关社区矫正执行活动的文书档案。

3.12

社区矫正工作档案 community-corrections work archive

社区矫正机构及矫正小组进行社区矫正的工作记录，社区矫正对象接受社区矫正的相关材料等。

3.13

报告 report

社区矫正对象定期或不定期向社区矫正机构反映其遵纪守法、接受监督管理以及工作学习生活等情况的活动。

3.14

外出 leave of absence

经社区矫正机构批准同意社区矫正对象在规定时间离开并返回执行地的活动。

3.15

电子定位监管 supervision with electronic positioning system

借助电子设备，采用电子定位技术，掌握限制社区矫正对象的活动范围、加强监督管理的措施。

3.16

分类管理 hierarchical management

社区矫正机构根据社区矫正对象性别、年龄、犯罪情况、被判处的刑罚种类和悔罪表现等情况实行的分类差别化管理。

3.17

个别教育 individual education

社区矫正机构工作人员遵循分类管理和分别教育的原则，根据社区矫正对象的个体特点，采取针对性措施，矫正其不良心理及行为的教育矫正活动。

3.18

集中教育 centralized education

社区矫正机构组织社区矫正对象开展的集体教育矫正活动。

3.19

社区服务 community service

由社区矫正机构组织或认可，由有劳动能力的社区矫正对象向社会、社区及特定机构和个人提供公益性或补偿性的劳动或服务。

3.20

心理矫正 psychological correction

依据心理学的原理与技术，综合运用心理健康教育、心理测量与评估、心理咨询与疏导、心理危机干预及心理疾病转介等方法和手段，了解社区矫正对象的心理问题，帮助其调整改善不良认知，消除心理障碍，减少负面情绪，增强适应社会能力，提高教育矫正质量和效果的矫正措施。

3.21

社会适应性帮扶 adaptive support

各级社区矫正机构协调有关部门、社会组织和社会力量，帮助有困难和需求的社区矫正对象实现就业就学、获得社会救助和落实基本社会保障等，促进社区矫正对象顺利融入社会的各种帮扶活动。

3.22

再犯罪风险评估 risk evaluation of recidivism

根据社区矫正对象基本情况、现实行为表现及思想变化等主客观因素，对其再犯罪的可能性、危险性进行的一种评价活动。

3.23

再犯罪原因评估 factors of recidivism evaluation

对社区矫正对象在社区矫正期间再犯罪的主客观原因进行的分析和评估。

注：再犯罪原因评估为改进监督管理和教育帮扶措施服务。

3.24

脱管 disengaged from supervision

社区矫正对象在社区矫正期间脱离执行地社区矫正机构的监督管理，导致下落不明或者虽能查找到其下落但拒绝接受监督管理的情形。

3.25

漏管 oversight in supervision

人民法院、公安机关、司法行政机关在社区矫正对象交付接收工作中衔接脱节，或者社区矫正对象逃避监管、未按规定时间期限报到，造成没有及时执行社区矫正的情形。

3.26

社区矫正突发案（事）件 community-corrections emergency incident

社区矫正对象发生重大安全事故、参与重大群体性事件、发生重大刑事案件，造成恶劣社会影响或严重后果，需要采取紧急处置措施予以应对的案（事）件。

3.27

先行拘留 detention in advance

被提请撤销缓刑、假释的社区矫正对象具有法定情形，社区矫正机构依法提请人民法院对其作出拘留决定，并由法院通知公安机关执行的执法活动。

3.28

撤销缓刑 probation revocation

被宣告缓刑的社区矫正对象，在社区矫正期内，因违反法律、行政法规或者国务院有关部门关于缓刑的监督管理规定，或者违反法院判决中的禁止令情节严重，被人民法院依法撤销缓刑，执行原判刑罚的决定。

3.29

撤销假释 parole revocation

被裁定假释的社区矫正对象，在社区矫正期内，因违反法律、行政法规或者国务院有关部门关于假释的监督管理规定的行为，被人民法院依法撤销假释，收监执行原判刑罚未执行完毕的刑罚的决定。

3.30

暂予监外执行收监执行 revocation of execution outside the prison

收监执行 revocation of execution

暂予监外执行的社区矫正对象，发现不符合暂予监外执行条件的；严重违反有关暂予监外执行监督管理规定的；暂予监外执行的情形消失后；罪犯刑期未满的，被依法押送至监狱或看守所关押的活动。

3.31

社区矫正终止 termination of community-corrections

社区矫正对象被收监执行的，因犯新罪或者被发现在判决宣告以前还

社区矫正数智化

有其他罪没有判决而被判处刑罚的,或者社区矫正对象死亡等情形下,终结社区矫正的执法活动。

4 统计与评价指标术语

4.1

列管社区矫正对象人数 number of community-corrections subjects being supervised

列管人数 number of subjects being supervised

上个期间末在册社区矫正对象数量与本期间内新接收的社区矫正对象人数之和。

4.2

调查评估率 survey evaluation rate

在一个期间内,新接收社区矫正对象中开展过调查评估的人数占新接收社区矫正对象的比率。

4.3

电子监管率 electronic supervision rate

某一个时间节点,对在册社区矫正对象进行电子定位监管的人数占在册社区矫正对象数的比率。

4.4

警告率 warning rate

一个期间内,受到警告的社区矫正对象人次与列管人数的比率。

4.5

收监执行率 imprisonment and execution rate

一个期间内,社区矫正对象收监人数与列管人数的比率。

4.6

脱管率 disengaged from supervision rate

某一个时间节点,社区矫正对象脱管人数占在册社区矫正对象数的比率。

4.7

再犯罪率 recidivism rate

一个期间内,社区矫正对象再犯罪人数与列管人数的比率。

4.8

社区矫正小组配比率 community-corrections team ratio

一个期间内,为社区矫正对象确定专门的矫正小组数与在册社区矫正对象总数的比率。

4.9

教育矫正率 educational correction rate

一个期间内,社区矫正对象受到教育矫正总人次与列管人数的比率。

4.10

社会适应性帮扶率 social adaptive assistance rate

一个期间内,社区矫正对象受到帮扶的总人次与列管人数的比率。

4.11

社区矫正机构工作人员配比率 community-corrections staff ratio

在一个期间内,专职从事社区矫正的省、市、县国家工作人员数与在册社区矫正对象数的比率。

4.12

社区矫正社会工作者配比率 community-corrections social worker ratio

在一个期间内,参与社区矫正工作的专职社会工作者数与在册社区矫正对象数的比率。

4.13

社区矫正社会志愿者配比率 community-corrections social volunteer ratio

在一个期间内,参与社区矫正工作的社会志愿者数与在册社区矫正对象数的比率。

5 信息化术语

5.1

智慧矫正 smart community-corrections

将信息技术与社区矫正工作深度融合再造,实现人力、设备和信息等资源有效整合与优化配置,构建集自动化数据采集与共享、精准化大数据分析与研判、智能化管理决策与指挥调度等功能为一体的全流程智能化社区矫正信息化体系。

5.2

社区矫正一体化平台 community-corrections integrated information platform

纵向贯通部、省、市、县、乡五级,横向联通法院、检察院、公安和相关部门,融合大数据分析、人工智能、移动互联和物联网等技术,集成社区矫正各项智慧化融合应用,具备社区矫正全业务、全流程和全时段智能化统一运作管理功能的业务应用集成。

5.3

社区矫正数据中心 community-corrections data center

用于安置承载社区矫正业务数据、社区矫正对象相关数据以及法院、检察院和公安等相关部门数据的计算机系统及相关部件的设施。

注:社区矫正数据中心在符合相关规范的建筑场所中部署,或在部省级司法行政数据中心部署。

5.4

社区矫正指挥中心 community-corrections command center

集社区矫正中心监控、司法所监控、移动监控、电子定位监控和视频点名五位于一体,具备视频监控、指挥调度、视频点名、工作督察、智能分析和预测预警功能,对社区矫正工作进行综合应急指挥处置的平台。

5.5

社区矫正定位管理系统 positioning system of community-corrections subjects

运用计算机技术、地理信息技术、移动定位技术、通信技术和网络技术,实现对社区矫正对象的位置监控及管理,为社区矫正工作提供决策依据的信息系统。

5.6

社区矫正电子定位终端 community-corrections electronic positioning terminal

定位终端 positioning terminal

依托移动通信网络,具备定位等功能的社区矫正专用电子终端。

注:电子定位终端包括电子定位腕带、手机等。

5.7

社区矫正移动执法终端 community-corrections portable law enforcement terminal

移动执法终端 portable law enforcement terminal

为社区矫正机构工作人员配置的便携式、可移动的执法终端。

注:社区矫正移动执法终端实现移动执法管理,具备移动执法监管、音视频录音录像、人脸抓拍采集、移动无线图像传输、语音通信、社区矫正电子定位终端信息获取、生物特征获取、身份证读取及校验和扩展摄像等功能。

5.8

社区矫正移动执法车 community-corrections enforcement vehicle

社矫执法车 enforcement vehicle

在开放区域的条件下，依托移动通讯、GIS 和监控等技术，用于社区矫正日常业务和应急指挥调度的专业技术车辆。

5.9

自助矫正终端 self-service correcting terminal

具备身份证读取，声纹、人脸、指纹采集和比对，身份核验，报到登记，信息采集等与社区矫正一体化平台集成应用的一体机。

5.10

矫务通 mobile application for community-corrections institution staff

由社区矫正机构工作人员使用，用于社区矫正工作的移动应用。

5.11

协矫通 mobile application for community-corrections social staff

由参与社区矫正工作的社会工作者使用，用于协助开展社区矫正工作的移动应用。

5.12

在矫通 mobile application for subject of community-corrections

由社区矫正对象使用，用于接受社区矫正的移动应用。

6 社区矫正相关机构与装备简称

社区矫正相关机构与装备简称见表1。

附录

表 1 社区矫正相关机构与装备简称

序号	中文名称	中文名称简称	英文名称	英文名称简称
1	司法部社区矫正管理局	部社矫局	community-corrections administration of the ministry of justice	corrections administration
2	省（自治区、直辖市）社区矫正管理局	省（区、市）社矫局	provincial（autonomous region, direct-controlled municipality）community-corrections administration	provincial（autonomous region, direct-controlled municipality）correction administration
3	市（州、盟、地区）社区矫正管理局	市（州、盟、地区）社矫局	municipal（prefecture, league, regional）community-corrections administration	municipal（prefecture, league, regional）correction administration
4	县（市、区、旗）社区矫正管理局	县（市、区、旗）社矫局	county（municipal, district, banner）community-corrections administration	county（municipal, district, banner）correction administration
5	社区矫正执法总队	社矫总队	community-corrections law enforcement general command	law enforcement general command
6	社区矫正执法支队	社矫支队	community-corrections law enforcement command	law enforcement command
7	社区矫正执法大队	社矫大队	community-corrections law enforcement unit	law enforcement unit

社区矫正数智化

续表

序号	中文名称	中文名称简称	英文名称	英文名称简称
8	社区矫正执法中队	社矫中队	community-corrections law enforcement squad	law enforcement squad
9	社区矫正移动执法终端、社区矫正电子定位终端、自助矫正终端、社区矫正移动执法车	社矫四大装备	community-corrections portable law enforcement terminal、community-corrections electronic positioning terminal、self-service correcting terminal、community-corrections enforcement vehicle	positioning terminal、portable law enforcement terminal、self-service correcting terminal、enforcement vehicle

附录4 智慧矫正总体技术规范（节选）

1 范围

本标准规定了智慧矫正的总体架构、基础设施层、数据资源层、服务支撑层、业务应用层以及智慧矫正信息化安全保障体系和运行维护体系的建设要求。

本标准适用于智慧矫正的总体规划设计、建设、验收和运维。

2 规范性引用文件

下列文件对于本文件的应用是必不可少的。凡是注日期的引用文件，仅注日期的版本适用于本文件。凡是不注日期的引用文件，其最新版本（包括所有的修改单）适用于本文件。

GB/T 7408　数据元和交换格式 信息交换 日期和时间表示法

GB/T 18391.1　信息技术 元数据注册系统（MDR）第1部分：框架

GB/T 18790　联机手写汉字识别系统技术要求与测试规程

GB/T 20271　信息安全技术 信息系统通用安全技术要求

GB/T 21023　中文语音识别系统通用技术规范

GB/T 28181　公共安全视频监控联网系统信息传输、交换、控制技术要求

GB/T 33481　党政机关电子印章应用规范

GB/T 35678　公共安全 人脸识别应用 图像技术要求

GB/T 35735　公共安全 指纹识别应用 采集设备通用技术要求

GB/T 35736　公共安全指纹识别应用 图像技术要求

GB/T 36473　信息技术 文档拍摄仪通用规范

GB/T 36480　信息技术 紧缩嵌入式摄像头通用规范

GB/T 36901　电子证照 总体技术架构
GA/T 450　居民身份证卡体技术规范
GA/T 467　居民身份证验证安全控制模块接口技术规范
GA/T 1011　居民身份证指纹采集器通用技术要求
GA/T 1012　居民身份证指纹采集和比对技术规范
GA/T 1179　安防声纹确认应用算法技术要求和测试方法
GA/T 1325　安全防范 人脸识别应用 视频图像采集规范
GA/T 1400.4　公安视频图像信息应用系统 第4部分：接口协议要求
SF/T 0008—2017　全国司法行政信息化总体技术规范
SF/T 0009　全国司法行政系统指挥中心建设技术规范
SF/T 0011　全国司法行政信息资源交换规范
SF/T 0012　全国司法行政系统网络平台技术规范
SF/T 0015—2017　全国社区矫正管理信息系统技术规范
SF/T 0016　全国社区矫正人员定位系统技术规范
SF/T 0049　司法行政移动执法系统技术规范
SF/T 0055—2019　社区矫正术语
SF/T 0056　社区矫正电子定位腕带技术规范
SF/T 0057　智慧矫正 移动应用技术规范
SF/T 0082　智慧矫正 远程视频督察系统规范
司发通（2018）28号　司法部关于印发《司法行政工作主要评价指标》和《司法行政业务统计报表》的通知

3 术语、定义和缩略语

3.1 术语和定义

3.1.1
智慧矫正 smart community-corrections
将信息技术与社区矫正工作深度融合再造，实现人力、设备和信息等资源有效整合与优化配置，构建集自动化数据采集与共享、精准化大数据分析与研判、智能化管理决策与指挥调度等功能为一体的全流程智能化社区矫正信息化体系。

[SF/T 0055—2019,定义 5.1]

3.1.2

社区矫正一体化平台 community-corrections integrated information platform

纵向贯通部、省、市、县、乡五级,横向联通人民法院、人民检察院、公安机关和相关部门,融合大数据分析、人工智能、移动互联和物联网等技术,集成社区矫正各项智慧化融合应用,具备社区矫正全业务、全流程和全时段智能化统一运作管理功能的业务应用集成。

[SF/T 0055—2019,定义 5.2]

3.2 缩略语

下列缩略语适用于本文件。

CGCS 2000　2000 国家大地坐标系(China Geodetic Coordinate System 2000)

GIS　地理信息系统(Geographic Information System)

GPS　全球定位系统(Global Positioning System)

HTTP　超文本传输协议(HyperText Transfer Protocol)

VR　虚拟现实(Virtual Reality)

WiFi　无线热点(Wireless Fidelity)

4 总体架构

智慧矫正总体架构包括基础设施层、数据资源层、服务支撑层和业务应用层,以及智慧矫正信息化标准体系、安全保障体系和运行维护体系。各层具体内容如下:

a) 基础设施层:包括网络设施、云服务平台、物联感知设施和社区矫正指挥中心设施;

b) 数据资源层:包括社区矫正数据资源、数据共享交换平台和数据资源管理。社区矫正数据中心是数据资源层的载体;

c) 服务支撑层：包括基础服务、人工智能服务、大数据服务和音视频服务；

d) 业务应用层：包括部、省级社区矫正一体化平台和社区矫正指挥调度业务应用，其中：

1) 社区矫正指挥调度业务应用部署于社区矫正指挥中心；

2) 部、省级社区矫正一体化平台包括基础业务、定位监管、远程视频督察、远程教育、远程帮扶、心理辅导、协同应用、矫务公开、统计分析、辅助决策和智慧化融合，智慧化融合业务包括大数据应用、人工智能应用、移动互联应用和物联网应用；

3) 省级社区矫正一体化平台供省（区、市）、地（市、州）级、县（市、区）级、乡镇（街道）级四级进行使用。

e) 智慧矫正信息化标准体系：包括各层所需的标准和规范；

f) 智慧矫正信息化安全保障体系：为各层提供安全技术保障；

g) 智慧矫正信息化运行维护体系：为各层稳定可靠运行提供管理与服务支撑。智慧矫正总体架构见图1。

5 基础设施层

5.1 网络设施

5.1.1 基本要求

智慧矫正信息化系统建设、组网和互联互通应符合 SF/T 0012 的要求。

5.1.2 司法行政系统网络

司法行政系统网络是社区矫正业务的主要承载网络，应承载社区矫正基础业务、定位监管、远程视频督察、心理辅导、协同应用、统计分析、辅助决策和智慧化融合等业务。

5.1.3 互联网

互联网应主要承载远程教育、远程帮扶和矫务公开等业务。

附录

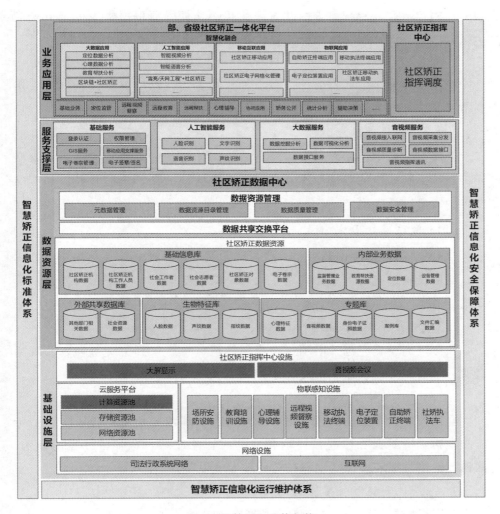

图 1 智慧矫正总体架构

5.2 云服务平台

5.2.1 基本要求

云服务平台可采用国家电子政务云或私有云平台，平台建设应符合 SF/T 0008—2017 的要求。

5.2.2 计算资源池

计算资源池应根据业务需求及运行数据进行资源模型抽象，实现对

CPU、内存、硬盘和网络等的配置与优化。计算资源根据资源提供方式应包括虚拟化计算资源、物理计算资源和分布式计算资源。

5.2.3 存储资源池

存储资源池应支持对象存储或文件存储方式，存储资源池设计应采用分布式并行计算和分层集中管理方式。

5.2.4 网络资源池

云服务平台中，相邻层次两两之间的拓扑结构应无单点故障。汇聚交换机和接入交换机的数量配比、接入交换机连接的计算集群服务器和存储节点的数量应合理确定。

5.3 物联感知设施

5.3.1 场所安防设施

场所安防设施设置于社区矫正中心，应包括监控、报警和门禁控制等设施。

5.3.2 教育培训设施

教育培训设施应包括电脑、触摸一体机、投影仪和大屏等，以及现场直播、录播和 VR 教育等相关设施。

5.3.3 心理辅导设施

心理辅导设施包括社区矫正心理咨询、心理辅导和再犯罪风险评估所需的设施，应配置心理评估终端和互动式智能终端，宜配备沙盘、音乐、催眠、情绪宣泄和团体活动器材等心理专业设备。

5.3.4 远程视频督察设施

远程视频督察设施应包括高清摄像机和声音采集设备等。

5.3.5 移动执法终端

移动执法终端应具备移动执法监管、音视频录音录像、人脸抓拍采集、移动无线图像传输、语音通信、社区矫正电子定位装置信息获取、生物特征获取、身份证读取及校验和扩展摄像等功能。

5.3.6 电子定位装置

电子定位装置包括电子定位腕带等，其中电子定位腕带应符合 SF/T 0056 的要求。

5.3.7 自助矫正终端

自助矫正终端应依托省级社区矫正一体化平台，使社区矫正对象在接收登记、日常报告、个别教育和集体教育等业务场景能自助完成身份核验和信息采集。

5.3.8 社区矫正移动执法车

社区矫正移动执法车应与省级社区矫正一体化平台进行数据交互对接，具备社区矫正业务实时办理和应急指挥调度的专业技术车辆。

5.4 社区矫正指挥中心设施

5.4.1 基本要求

社区矫正指挥中心应依托司法行政指挥中心进行建设。设施配置应符合 SF/T 0009 的要求。

5.4.2 大屏显示

应配置与社区矫正指挥中心面积相匹配的显示屏，显示屏应具备电脑信号、音视频会议信号和视频监控信号接入等功能。

5.4.3 音视频会议

音视频会议基于司法行政系统网络，应支持社区矫正指挥调度点对点和一对多等模式的音视频会议设施。

6 数据资源层

6.1 基本要求

社区矫正数据中心应作为司法行政数据中心的组成部分进行建设。

6.2 社区矫正数据资源

6.2.1 基础信息库

6.2.1.1 基础数据

基础数据内容和要求如下：

a) 基础数据应包括社区矫正机构、社区矫正机构工作人员、社会工作者、社区矫正对象和社会志愿者数据等；

b) 基础数据格式应符合 SF/T 0015—2017 的要求。

6.2.1.2 电子卷宗数据

电子卷宗数据应包括（执行地县级社区矫正机构）社区矫正档案和受委托司法所工作档案等数据。

6.2.2 内部业务数据库

6.2.2.1 监督管理业务数据

监督管理业务数据应包括：

a) 调查评估阶段相关业务数据；

b) 交付接收阶段相关业务数据；

c) 矫正执行阶段相关业务数据；

d) 解除（终止）矫正相关业务数据。

6.2.2.2 教育帮扶资源数据

教育帮扶资源数据要求如下：

a) 应包括图文、音频和视频等类型教育资源；

b) 应包括思想政治、法律常识、公共道德、心理健康和就业技能等教育资源。

6.2.2.3 定位数据

应以省（区、市）为单位建立统一标准的全国社区矫正对象定位数据信息库，定位数据要求如下：

a) 定位数据应包括社区矫正电子定位装置、社区矫正移动执法终端、社区矫正移动应用、社区矫正移动执法车等发送的定位数据及信息化核查产生的相关定位数据；

b) 定位数据应采用 CGCS 2000；

c) 定位数据格式应符合 SF/T 0016 的要求。

6.2.2.4 设备管理数据

设备管理数据应包括社区矫正移动执法终端、社区矫正电子定位装置、自助矫正终端、社区矫正移动执法车、视频督察设施、教育培训设施和心理辅导设施等设备的管理数据。

6.2.3 外部共享数据库

6.2.3.1 其他部门相关数据

其他部门相关数据要求如下：

a) 应包括与人民法院、人民检察院、公安机关、人力资源和社会保障以及民政等有关部门业务协同相关数据；

b) 宜包括社区矫正对象的身份证使用、出行和住宿、被治安管理处罚、被采取强制措施、办理再犯罪案件等信息，以及与教育帮扶相关的就业、就学、失业、社保、低保和救助等信息。

6.2.3.2 社会资源数据

社会资源数据应包括用于社区矫正监督管理工作的社区矫正对象个人相关信息。

6.2.4 生物特征库

6.2.4.1 人脸数据

应以省（区、市）为单位建立统一标准的全国社区矫正对象人脸信息库，人脸数据要求如下：

a) 静态人脸数据采集应符合 GB/T 35678 的要求；

b) 动态人脸数据采集应符合 GA/T 1325 的要求。

6.2.4.2 声纹数据

应以省（区、市）为单位建立统一标准的全国社区矫正对象声纹特征信息库，声纹数据采集应符合 GA/T 1179 的要求。

6.2.4.3 指纹数据

应以省（区、市）为单位建立统一标准的全国社区矫正对象指纹信息库，指纹数据采集应符合 GB/T 35735 和 GB/T 35736 的要求。

6.2.5 专题库

6.2.5.1 心理特征数据

应以省（区、市）为单位建立统一标准的全国社区矫正对象心理特征信息库，心理特征数据要求如下：

a) 应包括对社区矫正对象开展心理辅导的关联数据；

b）应包括不同阶段社区矫正对象心理健康评估、社会危险性程度评估、动态监控风险评估、再犯罪风险评估和社会适应性评估等心理评估数据；

c）应包括社区矫正对象高、中、低再犯罪风险评估指标数据。

6.2.5.2 音视频数据

音视频数据要求如下：

a）音频采集要求

1）音频编码标准应支持 G.711、G.722.1、G.726 和高级音频编码（AAC）；

2）音频压缩码率应≥16Kbps；

3）音频采样率应≥16Khz。

b）视频采集要求

1）监控视频像素应≥200 万，分辨率应≥1920×1080（px）；

2）监控视频采集帧率应≥25fps；

3）监控视频应支持同时输出≥2 路编码码流，每路码流的分辨率和压缩码率应支持单独配置；

4）监控视频编码应支持 H.264 和 H.265。

6.2.5.3 身份电子证照数据

应以省（区、市）为单位建立统一标准的全国社区矫正对象身份电子证照信息库，身份电子证照数据采集应符合 GB/T 36901 的要求。

6.2.5.4 案例库

应以省（区、市）为单位建立统一标准的全国社区矫正案例库，案例库应符合司法部案例库类型及模板要求。

6.2.5.5 文件汇编数据

文件汇编数据应包括社区矫正相关法律法规、规范性文件、社区矫正实务和信息化知识等。

6.3 数据共享交换平台

数据共享交换平台要求如下：

a）应具备与司法行政内部，人民法院、人民检察院、公安机关、人力资源和社会保障以及民政等外部相关部门应用系统间开展信息共享与交换的功能服务；

b) 数据共享交换平台功能建设和信息交换安全要求应符合 SF/T 0011 的要求；

c) 应支持相关法律文书以电子卷宗方式进行数据交换。

6.4 数据资源管理

6.4.1 元数据管理

元数据管理应对数据资源标识、内容摘要、空间和时间覆盖范围、发布日期和发布方式等信息进行规范，数据分类、数据名称、数据类型、数据长度、数据度量标准和数据间关系等应符合 GB/T 18391.1 的要求。

6.4.2 数据资源目录管理

数据资源目录管理要求如下：

a) 应提供社区矫正数据资源目录和元数据内容的查询和发现服务；

b) 应提供社区矫正数据资源目录和元数据的增加、删除和修改服务。

6.4.3 数据质量管理

数据质量管理要求如下：

a) 应实时监测各业务模块数据登记的准确性、唯一性、完整性、规范性、一致性和关联性，并定期进行统计汇总；

b) 应提供异常业务数据预警服务；

c) 应根据 SF/T 0015—2017 和 SF/T 0016 的要求，提供数据稽核和数据清理服务。

6.4.4 数据安全管理

数据安全管理要求如下：

a) 应具备对社区矫正数据访问、处理和删除等操作的审计和记录能力；

b) 应符合 GB/T 20271 的要求。

7 服务支撑层

7.1 基础服务

7.1.1 登录认证

登录认证要求如下：

a) 应构建统一的身份认证服务，提供单点登录功能，可支持二次身份认证；

b) 应采用数字身份证书，人脸识别和账号密码相结合等方式进行系统登录认证。

7.1.2 权限管理

权限管理应具备分级权限管理，支持权限自定义配置等功能。

7.1.3 GIS 服务

GIS 服务要求如下：

a) 各省（区、市）应建设统一的 GIS 服务，应采用 CGCS 2000；

b) 省级电子地图比例应≥1∶50000，所在市区地图比例应≥1∶10000；

c) 应采用开放地理空间信息联盟（OGC）的网络地图瓦片服务（WMTS）标准；

d) 应支持 HTTP 和超文本传输安全协议（HTTPS）；

e) 应支持地图放大、缩小、漫游、全图、地图切换、量算、兴趣点（POI）搜索、电子围栏设置、重点场所和位置标注等基础功能。

7.1.4 移动应用支撑服务

移动应用支撑服务要求如下：

a) 应包括消息协同服务；

b) 应实现账号管理、权限管理和远程数据内容管控等移动终端安全管控服务；

c) 应向移动终端应用提供数据交互、身份核验、语音转写、文字识别、人脸识别和音视频图像上传等接口服务。

7.1.5 电子卷宗管理

电子卷宗管理要求如下：

a) 对（执行地县级社区矫正机构）社区矫正档案和受委托司法所工作档案应分别制定电子卷宗目录；

b) 应按社区矫正业务流程将（执行地县级社区矫正机构）社区矫正档案和受委托司法所工作档案形成电子卷宗归档。

7.1.6 电子签章/电子签名

电子签章/电子签名要求如下：

a) 电子签章/电子签名应符合 GB/T 33481 的要求，实现业务系统电子签章/电子签名的统一应用；

b) 应采用数字身份证书和人脸识别相结合的方式认证后，使用电子签章/电子签名；

c) 确立电子签章和数据电文的法律效力，应符合《中华人民共和国电子签章条例》要求；

d) 电子签名使用应为实名认证，确保线上线下主体一致。

7.2 人工智能服务

7.2.1 基本要求

应构建社区矫正人工智能服务体系标准，服务于社区矫正工作全流程，包括人脸识别、文字识别、语音识别和声纹识别等技术。

7.2.2 人脸识别

通过人脸识别技术，基于人的面部特征信息进行身份识别。人脸识别应支持 1∶1 身份验证和 1∶N 人脸比对。人脸识别应符合 GB/T 35678 的要求。

7.2.3 文字识别

通过文字识别技术，将文书、卡证的印刷体或手写字体进行文字识别。文字识别应符合 GB/T 18790 的要求。

7.2.4 语音识别

通过语音识别技术，将语音识别为文字，应提供实时语音转写和离线语音转写服务。语音识别应符合 GB/T 21023 的要求。

7.2.5 声纹识别

通过声纹识别技术，基于说话人声音特征进行身份识别。声纹识别应符合 GA/T 1179 的要求。

7.3 大数据服务

7.3.1 基本要求

大数据服务应包括对社区矫正数据中心的基础信息库、内部业务数据库、外部共享数据库、生物特征库和专题库等进行清洗、分类、挖掘和展示等服务，应构建大数据管理和管控预警模型，建立"部、省、市、县"的四级分析研判体系，满足综合查询、数据分析、信息比对、决策分析和风险预警等业务应用的需要。基本要求如下：

a) 服务应具有高可扩展性；

b) 应采用模块化设计，并构建业务生成服务，确保系统的可移植性；

c) 应从系统结构、技术措施、软硬件平台、技术服务和维护响应能力等方面综合考虑，确保系统具有可靠、稳定、高性能和低故障率；

d) 应支持海量数据处理。

7.3.2 数据挖掘分析

数据挖掘分析要求如下：

a) 应能对社区矫正各类数据进行数据准备、数据清洗、数据构造、数据整合和数据格式化等，提供数据建模服务；

b) 数据建模应实现归纳性推理，发现隐含内容和规律，进行预警和决策支撑。

7.3.3 数据可视化分析

数据可视化分析要求如下：

a) 基于大数据挖掘分析的结果，应支持多维度和多格式的数据可视化展现；

b) 应提供数据可视化工具，实现收集分析数据，并对数据进行实时更新。

7.3.4 数据接口服务

数据接口服务要求如下：

a) 应提供数据接口服务，系统间数据交互接口服务宜采用 HTTP 接口协议发布服务；

b) 接口数据报文应采用 XML 或者 JavaScript 对象简谱（JSON）格式，报文编码方式应为统一码转换格式（UTF-8）；

c) 接口中涉及的附件应采用 Base64 编码进行编解码。

7.4 音视频服务

7.4.1 基本要求

音视频服务应包括音视频接入联网、音视频采集分发、音视频设备控制、音视频回放、音视频质量诊断、音视频数据接口和音视频指挥通讯等。

7.4.2 音视频接入联网

音视频资源接入应符合 GB/T 28181 协议。

7.4.3 音视频采集分发

应提供支持实时流传输协议（RTSP）和实时传输协议（RTP）的音视频流转发和分发服务。

7.4.4 音视频质量诊断

应支持多种音视频质量检测服务，并能对异常进行记录和报警。

7.4.5 音视频数据接口

音视频数据接口要求如下：

a) 应提供视频资源目录同步接口，同步接口建设应符合 GB/T 28181 的要求；

b) 应提供音视频、音视频记录存储和调阅的数据接口，并支持部、省（区、市）、地（市、州）级数据接口级联。数据接口建设应符合 GA/T 1400.4 的要求。

7.4.6 音视频指挥通讯

音视频指挥通讯应提供点对点、多人实时语音和视频通话等指挥和通讯功能。

8 业务应用层

8.1 部、省级社区矫正一体化平台

8.1.1 业务场景

社区矫正业务场景应包括调查评估、交付接收、矫正执行和解除（终止）矫正四个阶段，相关要求见附录A。

8.1.2 基础业务

基础业务要求如下：

a) 应符合 SF/T 0015—2017 和 SF/T 0057 的要求；

b) 应以社区矫正流程为主体，涵盖调查评估、交付接收、矫正执行和解除（终止）矫正等各个阶段（见附录A），构建覆盖全业务，贯通全流程的一体化平台。应采用电子签章和电子签名方式，实现各类执法流程网上办理，各类执法文书网上流转；

c) 应具有融合数据中心的功能；

d) 应能集成社区矫正其他相关子系统，实现社区矫正应用统一门户运作。

8.1.3 定位监管

定位监管要求如下：

a) 应支持北斗、GPS、WiFi、基站和视频监控识别等定位技术和地理信息技术，支持实现对社区矫正对象进行动态跟踪和实时监控；

b) 应能对社区矫正对象进行历史定位轨迹留痕，宜形成社区矫正对象时空档案，掌握其活动轨迹和异常行为；

c) 应具备智能分析功能，发现社区矫正对象存在异常情况，能主动预警；

d) 应具备对定位数据置信评估能力，甄别社区矫正对象位置数据质量，确保定位数据的真实可靠；

e) 应具备对社区矫正电子定位装置"人与装置分离"的识别与判定能力，确保社区矫正对象位置数据的及时有效。

8.1.4 远程视频督察

远程视频督察要求如下:

a) 应支持统一实施远程视频督察,集成社区矫正远程视频督察子系统,子系统应符合 SF/T 0082 的要求;

b) 支持部、省、市、县四级社区矫正一体化平台对远程视频督察系统的实时调度。

8.1.5 远程教育

远程教育要求如下:

a) 应符合 SF/T 0015—2017 和 SF/T 0057 的要求;

b) 应具备在线教育功能,支持文字和视频等资源在线学习,支持社区矫正对象日常在线学习情况统计,生成学习日志等;

c) 应具备统计分析功能,支持社矫工作人员和矫正小组成员查看所管辖范围内的社区矫正对象教育学习情况、社区矫正对象简要信息、当月教育学习完成情况和历史月份教育学习完成情况等,对远程教育绩效进行统计分析。

8.1.6 远程帮扶

远程帮扶要求如下:

a) 应符合 SF/T 0015—2017 和 SF/T 0057 的要求;

b) 应支持及时发布社会保障、职业技能培训和就业指导等政策性和服务性信息;

c) 应支持社区矫正对象提供帮扶申请和查看申请情况等;

d) 应支持社区矫正机构工作人员审批帮扶申请、查看帮扶实施情况和查看历史帮扶记录等。

8.1.7 心理辅导

心理辅导要求如下:

a) 数据采集:应支持相关心理咨询、教育记录和心理特征数据的信息录入和调用社区矫正数据中心的相关数据;

b) 心理测评:应具备对社区矫正对象进行心理测评、人格特征测评、职业测评和社会适应性评估;

c）风险评估：应支持对社区矫正对象进行再犯罪风险评估，对风险进行预警；

d）远程咨询：应支持通过音视频通讯技术，实现远程心理咨询和心理辅导。

8.1.8 协同应用

协同应用要求如下：

a）应构建智慧流协同应用模块，宜与人民法院、人民检察院、公安机关和监狱等相关部门进行数据共享交互和流转运作，实现数据自动交互和业务自动流转；

b）宜采用电子卷宗方式，与人民法院、人民检察院、公安机关、监狱及相关部门交互法律文书等文档。

8.1.9 矫务公开

矫务公开应支持面向社会大众公开社区矫正执法情形（涉密或敏感信息除外），宣传社区矫正业务社会效果，发布社区矫正工作动态，引导社会力量参与。

8.1.10 统计分析

统计分析应支持任意条件下的各类业务数据分类汇集并统计分析，具有数据生成、数据整理、数据分析和数据可视化等功能，按照司发通（2018）28号的要求，自动归集生成对应文档，自动生成各类报表及社区矫正工作主要评价指标。

8.1.11 辅助决策

辅助决策应融合人工智能和大数据等技术，在社区矫正业务开展过程中进行风险评估、需求分析、行为预测、矫情研判、质效评价和预警预测，构建部级、省级、市级、社区矫正中心的四级分析研判体系，实现智能辅助决策。

8.1.12 智慧化融合

8.1.12.1 大数据应用

8.1.12.1.1 定位数据分析

应利用定位数据，结合社区矫正对象的矫正类别、犯罪类型、重要犯罪史、禁止令、就业就学和虚拟身份等信息，核查其居住地、工作地、经常活动区域、最后一次活动地及同案犯聚集地信息等，对其进行多维度大数据分析，及时对异常情况进行预警预判。

8.1.12.1.2 心理数据分析

应能自动调用社区矫正对象的基本信息、犯罪信息、教育经历、工作背景、经济状况、家庭和婚姻状况、交友状况、人格等及心理测评数据进行智能分析与评估，运用大数据分析模型，支持专业心理评估、社会危险性程度评估、再犯罪风险评估、监管风险动态评估和社会适应性评估等，多维度对社区矫正对象进行肖像刻画和专业心理分析，自动生成矫正效果评估报告和个性化矫正方案，将大数据运用与实体心理辅导相结合，配备心理专业团队进行实体心理辅导，跟踪辅导效果，及时对异常情况进行预警预判。

8.1.12.1.3 教育帮扶分析

应通过VR等技术构建多种虚拟现实生活和监狱生活等教育场景，实现对社区矫正对象沉浸式专题教育。采集心理特征数据，结合社区矫正对象家庭情况、经济情况、劳动能力和教育帮扶等信息进行智能分析，并联动相关部门，生成针对性帮扶建议，纳入个性化矫正方案，实现社区矫正对象的精准教育帮扶。

8.1.12.1.4 社区矫正＋区块链应用

宜采用区块链技术去中心化、不可篡改、全程留痕、可以追溯、集体维护和公开透明等特点，实现人民法院、人民检察院、公安机关、监狱及相关部门间的业务协同和信息共享。包括调查评估、交付接收、矫正执行和解除（终止）矫正各阶段业务协同相关结构化数据和文书等，以及使用居民身份证等信息共享。

8.1.12.2 人工智能应用

8.1.12.2.1 智能视频分析

应采用社区矫正自助矫正终端和视频采集设备等，运用智能视频分析技术等，实现现场交付接收、信息采集和智能点验等功能。

8.1.12.2.2 智能语音分析

应采用电话和网络音视频等方式，运用语音识别、语音控制、语义分析、声纹识别和语音转写等人工智能技术实现社区矫正对象的远程日常报告、录音存档和关键要素信息提取等功能。

8.1.12.2.3 "雪亮/天网工程"＋社区矫正

应依托政法委员会和公安机关的"雪亮工程"与"天网工程"项目的人脸卡口和治安视频监控资源，对社区矫正对象进行人脸识别，形成实时人脸时空档案，并依法对社区矫正对象的行为轨迹进行核查。

8.1.12.3 移动互联应用

8.1.12.3.1 社区矫正移动应用

社区矫正移动应用应符合 SF/T 0057 的要求。

8.1.12.3.2 社区矫正电子网格化管理

应支持与政法委员会网格化管理系统进行数据交换共享，并将网格化数据对接到省级社区矫正一体化平台，实行管理、分析和研判，利用移动执法终端对社区矫正对象实施网格化管控。

8.1.12.4 物联网应用

8.1.12.4.1 移动执法终端应用

移动执法终端应通过音视频录音录像、移动无线图像传输、语音通信、定位终端信息获取、生物特征信息识别、身份证信息读取和识别等功能，在调查评估、实地查访、个别教育、集体教育、公益活动和应急处置等场景，应用语音转写和图像文字识别等技术对信息进行智能采集，自动生成调查评估意见，将查访记录等转化为文本信息，实现对社区矫正对象实施智能签到、签退、过程信息全程留痕和移动执法管理。移动执法终端产品代号编码结构见附录 B。相关要求如下：

a) 应包括通用执法终端和专用执法终端两种类型，并应符合 SF/T 0049 的要求；

b) 应支持执法模式操作系统和非执法模式操作系统，两个操作系统应具备手动或自动切换能力；

c) 表面主体颜色应为深色并有司法行政徽章；

d) 应提供数据接口，并采用 USB 接口，如 USB Type-C 等；

e) 应支持与省级社区矫正一体化平台进行数据交互对接；

f) 应支持通过 4G、5G 和 WiFi 等网络传输与社区矫正一体化平台实现语音/视频/图像传输和对接；

g) 应支持扩展摄像功能，宜配备外接摄像头；

h) 应支持采集音视频及图片和大文件信息的断点续传；

i) 应用功能应符合 SF/T 0057 的要求；

j) 应支持存储社区矫正业务工作所产生数据的功能。

8.1.12.4.2 电子定位装置应用

电子定位装置包括电子定位腕带等，其中电子定位腕带应符合 SF/T 0056 的要求。

8.1.12.4.3 自助矫正终端应用

自助矫正终端应具备身份证读取、声纹、人脸、指纹采集和比对，身份核验，报到登记，信息采集以及与省级社区矫正一体化平台集成等应用功能。自助矫正终端产品代号编码结构见附录C，相关要求如下：

a) 基本要求

1) 应部署于社区矫正中心和受委托司法所；

2) 应面向社区矫正对象，社区矫正对象自助完成身份核验、报到登记、信息采集、日常报告、教育学习登记、公益活动登记、外出申请及销假、执行地变更申请和信息查询等；

3) 应采用一体式结构，集成显示设备、身份证阅读器、双目摄像头、高拍仪、声纹采集识别和指纹采集识别等模块于一体；

4) 应与社区矫正一体化平台集成于一体，采集数据格式应符合 SF/T 0015—2017 的要求；

5) 自助矫正终端组网应符合 SF/T 0012 的要求；

6) 宜采用台式、立式和移动式三种类型，颜色应以白色为主，蓝色为辅，并有司法行政徽章。

b) 硬件模块

1) 身份证阅读器模块应符合 GA/T 450 和 GA/T 467 的要求；

2) 摄像头模块应符合 GB/T 36480 的要求，采集的图像应符合 GB/T 35678 的要求，应支持活体检测；

3) 高拍仪模块应符合 GB/T 36473 和 GB/T 36480 的要求，应支持 A4 纸张的扫描，应支持防反光、去黑边、补缺边（角）、自动裁剪、识别正向、自动采集和保留印章原色等功能，应支持高清 PDF 和可编辑文档的输出功能；

4) 声纹采集模块灵敏度应≥－35 dB±3 dB（以 1 V/Pa，1 kHz 为参考），本机噪声级应≤36 dB，信噪比应≥65 dB，有效采集距离应支持≥80 cm，应采用麦克风阵列设计，应具有噪声抑制功能，应具有信噪比、有效时长、截幅比例、平均能量和说话人数等检测功能；

5) 指纹采集模块应符合 GA/T 1011、GA/T 1012 的要求，应具备活体指纹探测功能，指纹录入时间应＜0.5s，应符合 IP67 防护安全级别；

6) 台式自助矫正终端屏幕应采用双屏配置，便于工作人员指导社区矫正对象的自助操作。

c) 软件功能：自助矫正终端应支持身份核验、生物特征信息采集、文本信息采集、法律文书采集、报告登记、教育学习登记、公益活动登记、外出申请登记、执行地变更申请、信息查询、语音合成、语音识别和语音控制等软件功能。

8.1.12.4.4 社区矫正移动执法车应用

在开放区域的条件下，应依托移动通讯、GIS 和监控等技术，实现调查评估、交付接收、矫正宣告、公益活动、实地查访、实时点验、脱管查找、电子定位、信息化核查、视频督察和应急处置等功能。

8.2 社区矫正指挥调度

8.2.1 基本要求

基本要求如下：

a) 应通过社区矫正一体化平台、电子定位装置、移动执法终端和社区矫正移动执法车等软硬件装备的调用，实现社区矫正业务工作的监管、调度、指挥、协同和研判分析；

b) 部、省、市、县四级社区矫正指挥中心应依托部、省、市、县司法行政指挥中心进行建设；

c) 部、省、市、县四级社区矫正指挥调度功能应纳入部、省、市、县司法行政指挥中心指挥调度系统；

d) 县（市、区）社区矫正指挥中心应负责全县（市、区）社区矫正业务工作的监管、调度、指挥、协同和研判分析，超出本级权限范围的指挥调度工作应报上级进行协调和处置；

e) 地（市、州）级社区矫正指挥中心应负责全地（市、州）社区矫正业务工作的监管、调度、指挥、协同和研判分析，超出本级权限范围的指挥调度工作应报上级进行协调和处置；

f) 省（区、市）级社区矫正指挥中心应负责全省（区、市）社区矫正业务工作的监管、调度、指挥、协同和研判分析，超出本级权限范围的指挥调度工作应报上级进行协调和处置；

g) 司法部社区矫正指挥中心应负责全国社区矫正业务工作的监管、调度、指挥、协同和研判分析；

h) 特殊事件上级可跨层级直接进行指挥调度处置。

8.2.2 业务要求

业务要求如下：

a) 业务监管：社区矫正指挥中心业务监管应包括社区矫正值班督察、工作任务督察、远程视频巡查、要情上报反馈和各类异常报警等；

b) 工作调度：社区矫正工作调度应包括对拟适用社区矫正的被告人（罪犯）调查评估，社区矫正对象交付接收、收监执行、执行地变更、禁止令执行和矫正期间再犯罪等异常报警处置等；

c) 应急指挥：社区矫正应急指挥应包括对社区矫正对象群体性事件、疫情防控、实施犯罪、自杀、在逃、脱管或漏管等突发事件的指挥处置；

d) 业务协同：应根据协同机制，与人民法院、人民检察院、公安机关、监狱和戒毒所等进行协同指挥处置；

e) 研判分析：应基于省级社区矫正一体化平台相关信息，对包括但不限于社区矫正对象现状、社区矫正对象分类、社区矫正对象分布情况、社区矫正机构工作人员、社区矫正用警情况、社会工作者情况、社会志愿者情况、社区矫正中心建设情况、调查评估情况、电子定位监管情况、警告情况、收监执行情况、脱管情况、再犯罪情况、矫正小组情况、教育帮扶落实情况、移动执法终端定位情况和移动执法车定位情况等进行可视化研判分析。

8.2.3 功能要求

社区矫正指挥调度功能应符合 SF/T 0009 的要求。

9 智慧矫正信息化安全保障体系

智慧矫正信息化安全保障体系应符合 SF/T 0008—2017 中有关安全技术的要求。

10 智慧矫正信息化运行维护体系

智慧矫正信息化运行维护体系应符合 SF/T 0008—2017 中有关运维管理的要求。

附录 A

（规范性附录）
社区矫正业务场景

A.1 调查评估阶段

调查评估阶段主要包括接受委托、组织调查、综合评估、出具意见、移送衔接等环节，调查评估阶段要求如下：

a) 应运用移动执法终端等设备，采用生物特征识别、人证比对等技术手段核验被调查人身份，并获取相关信息，运用语音转写、图像文字识别等技术采集调查评估相关数据信息，自动生成调查评估报告，并将采集数据汇聚至省级社区矫正一体化平台；

b) 应通过政法业务协同，实现与人民法院、人民检察院、公安机关和监狱在调查评估环节的法律文书网上交互；

c) 应支持利用调查评估意见、起诉书、裁判文书及服刑期间表现情况等，通过心理分析建模技术，评估被调查人的社会危险性，对被调查人是否适用社区矫正提供参考。

A.2 交付接收阶段

交付接收阶段主要包括身份核验、法律文书核对、接收登记、入矫教育、矫正宣告、建立档案、建立矫正小组和制定矫正方案等环节，矫正接收阶段要求如下：

a) 应通过自助矫正终端设备，采用生物特征识别、人证比对、语音转写和图像文字识别等智能化技术手段，实现社区矫正对象身份核验和报到信息自助录入等功能，按 SF/T 0015—2017 附录 B 的要求自动生成《社区矫正对象信息采集表》中的基本身份信息，并将采集数据汇聚至省级社区矫正一体化平台；

b) 应通过政法业务协同，实现社区矫正机构与人民法院、人民检察院、公安机关和监狱在矫正接收环节的法律文书网上交互；

c）应以"心理健康状况"、"性格特征和人格特质"、"心理咨询师咨询评估"和"再犯罪风险"等测试指标对入矫人员实施初步评估，形成入矫评估报告，提供个性化矫正方案建议。

A.3 矫正执行阶段

矫正执行阶段主要包括日常报告、会客审批、进入特定地点（区域）审批、暂予监外执行事项审批、外出审批、经常性跨市县活动审批、实地查访、实时点验、信息化核查、变更执行地审批、奖惩审批、训诫、警告、调查取证、刑事执行变更提请、电子定位、脱管查找、个别教育、集体教育、职业技能培训、心理辅导、公益活动、视频督察、日常巡查、应急处置、未成年人社区矫正和执法监督等环节，矫正执行阶段要求如下：

a）应采用电子定位装置等，结合雪亮工程、天网工程和电子网格化管理等信息化核查手段，对社区矫正对象进行精准动态跟踪和实时监控；

b）应采用生物特征识别和人证比对等智能化技术手段，在日常报告、训诫、警告、个别教育、集体教育、公益活动和心理辅导等工作环节，对社区矫正对象实施智能签到和签退，过程信息全程留痕；

c）应运用移动执法终端，开展社区矫正实地查访工作，实现查访对象、时间、位置和过程等音视频信息采集，并运用语音转写技术自动将实地查访记录转化为文本信息；

d）应利用社区矫正移动执法车，依托移动通讯和车载物联网设备等，开展入矫宣告、日常报告、训诫、警告、个别教育、公益活动和心理辅导等工作，对社区矫正对象实施智能签到和签退，过程信息全程留痕；

e）应采用多维度数据，按照心理专业动态监测评估模式，实施"监管风险动态评估"，形成阶段性动态评估报告和心理辅导方案，由专业心理服务机构提供有效的心理健康教育、心理测试、心理咨询（心理辅导）和心理危机干预等；

f）应采用移动互联、AI（人工智能）人机交互、VR和大数据分析等智能化技术手段对社区矫正对象实施精准教育帮扶；

g）应通过政法业务协同，实现刑事执行变更业务数据网上交互；

h) 应运用大数据和人工智能技术,采集社区矫正日常工作管理信息,抽取社区矫正对象考核评价要素和层级标签,比对社区矫正对象初始评估数据,实现智能矫正效果评估;

i) 应整合矫正执行阶段的所有数据,实时更新社区矫正工作档案。

A.4 解除(终止)矫正阶段

解除(终止)矫正阶段主要包括期满报告、解矫评议、解矫宣告、赦免、转入安置帮教、撤销缓刑(假释)、暂予监外执行收监执行、死亡等环节,解除(终止)矫正阶段要求如下:

a) 应归集社区矫正对象相关数据,按社区矫正业务流程形成(执行地县级社区矫正机构)社区矫正档案和受委托司法所工作档案;

b) 应结合心理测评及相关评估结果,智能分析社区矫正对象矫正效果和安置帮教需求,形成帮教建议,转入安置帮教阶段;

c) 应对社区矫正对象人格特质和职业倾向等方面进行心理测评和分析,通过分析测评结果对其提供教育帮扶。

附录5 社区矫正基础业务系统技术规范（节选）

1 范围

本文件规定了社区矫正基础业务系统的总体要求、基本功能、业务管理流程、业务协同流程、数据资源、数据交换、编码规则和代码表以及系统安全的要求。

本文件适用于全国社区矫正基础业务系统的建设与应用。

2 规范性引用文件

下列文件中的内容通过文中的规范性引用而构成本文件必不可少的条款。其中，注日期的引用文件，仅该日期对应的版本适用于本文件；不注日期的引用文件，其最新版本（包括所有的修改单）适用于本文件。

GB/T 2260 中华人民共和国行政区划代码

GB/T 2261.1 个人基本信息分类与代码 第1部分：人的性别代码

GB/T 2659 世界各国和地区名称代码

GB/T 4762 政治面貌代码

GB/T 7408 数据元和交换格式 信息交换 日期和时间表示法

GB/T 10114 县级以下行政区划代码编制规则

GB 32100 法人和其他组织统一社会信用代码编码规则

GB/T 33190 电子文件存储与交换格式 版式文档

SF/T 0055 社区矫正术语

SF/T 0081 智慧矫正 总体技术规范

司发通〔2018〕28号 司法部关于印发《司法行政工作主要评价指标》和《司法行政业务统计报表》的通知

司办通〔2019〕101号 最高人民法院办公厅 司法部办公厅 印发《关于全面开展人民法院与司法行政机关 社区矫正信息化联网工作的意见》的通知

司办通〔2021〕13号 司法部办公厅关于开展"智慧矫正中心"创建工作的通知

司法部《关于印发和使用〈社区矫正法执法文书格式（试行）〉的通知》，2020年7月1日起实施

3 术语和定义

SF/T 0055界定的术语和定义适用于本文件。

4 总体要求

4.1

应按照SF/T 0081的规定，将社区矫正基础业务系统作为社区矫正一体化平台中的基础业务模块进行建设。

4.2

社区矫正基础业务系统应由省级主导设计和建设，供省、市、县、乡四级进行使用，并与司法部社区矫正一体化平台实现数据对接。

5 基本功能

5.1 业务管理

5.1.1 监督管理

实现对社区矫正工作从调查评估、接收入矫、分类管理、个别化矫正、业务审批、日常管理、考核奖惩、解除矫正和终止矫正等全流程的网上办理和智能监管，应符合以下要求：

a) 调查评估：包括但不限于接受委托、组织调查、出具意见和意见反馈功能；

b) 接收入矫：包括但不限于接收并核对法律文书、核实身份、办理接收登记、建立档案和入矫宣告功能；

c) 分类管理：包括但不限于综合评估、划分类别和调整类别功能；

d) 个别化矫正：包括但不限于矫正小组确立，矫正方案制定、落实和调整功能；

e) 业务审批：包括但不限于禁止令执行、会客、迁居、执行地变更、外出、经常性跨市县活动和病情复查延期功能；

f) 日常管理：包括但不限于报告、通信联络、实地查访、信息化核查、病情复查和脱管功能；

g) 考核奖惩：包括但不限于表扬、提请减刑、训诫、警告、使用电子定位装置、提请治安管理处罚、提请撤销缓刑、提请撤销假释、提请收监执行和逮捕功能；

h) 解除矫正：包括矫正期满和赦免功能；

i) 终止矫正：包括被撤销缓刑、被撤销假释、被收监执行和死亡功能。

5.1.2 教育帮扶

实现对社区矫正对象教育学习、心理辅导、公益活动和社会适应性帮扶工作的智能管理，应符合以下要求：

a) 教育学习：具备社区矫正对象的集体教育和个别教育学习登记和记录导出功能，支持将在矫通和自助矫正终端等相关软硬件中的社区矫正对象集体教育和个别教育记录同步至业务系统；

b) 心理辅导：具备社区矫正对象的心理辅导登记和记录导出功能，支持将在矫通和自助矫正终端等相关软硬件中的社区矫正对象心理辅导记录同步至业务系统；

c) 公益活动：具备社区矫正对象的公益活动登记和记录导出功能，支持将在矫通和自助矫正终端等相关软硬件中的社区矫正对象公益活动记录同步至业务系统；

d) 社会适应性帮扶：具备社区矫正对象职业技能培训、就业指导、社会救助、社会保险和法律援助申请等的社会适应性帮扶登记和记录导出功能，支持将在矫通和自助矫正终端等相关软硬件中的社区矫正对象职业技能培训、就业指导、社会救助、社会保险和法律援助申请等记录同步至业务系统。

5.2 业务协同

应实现与人民法院、人民检察院和公安机关等相关部门及监狱管理机关的联网运行,包括数据共享和业务协同办理。与人民法院联网应符合司办通〔2019〕101号的相关要求。

5.3 业务辅助

5.3.1 质效评价

应按照司发通〔2018〕28号和司办通〔2021〕13号文件的相关要求,建立社区矫正统计分析体系和工作考核评价体系,具体应包括以下15项评价指标,实现对社区矫正工作的统计分析、考核评价和综合查询等功能。

a) 社区矫正机构工作人员配比率;

b) 社区矫正用警配比率;

c) 社会工作者配比率;

d) 社会志愿者配比率;

e) 社区矫正中心建设率;

f) 调查评估率;

g) 信息化核查率;

h) 电子定位率;

i) 警告率;

j) 收监率;

k) 脱管率;

l) 再犯罪率;

m) 矫正小组配比率;

n) 教育人次;

o) 帮扶人次。

5.3.2 业务督办

应具备业务办理和审批事项提醒催办等业务督办功能。

5.4 系统支撑

按照SF/T 0081的规定,应具备基础服务、人工智能服务和大数据服务支撑。

6 业务管理流程

6.1 基本要求

业务管理流程是指社区矫正机构内部业务的流程,以下用"《》"表述的是流程中生成的文书,应符合"司法部《关于印发和使用〈社区矫正法执法文书格式(试行)〉的通知》(2020 年 7 月 1 日起实施)"的规定,业务管理流程应包括以下流程:

a) 调查评估;
b) 社区矫正对象接收;
c) 会客审批;
d) 暂予监外执行社区矫正对象报告身体情况/提交病情复查情况调整期限审批;
e) 外出审批;
f) 迁居审批;
g) 经常性跨市、县活动审批;
h) 变更执行地审批;
i) 进入特定区域或者场所审批;
j) 表扬审批;
k) 提请减刑;
l) 训诫审批;
m) 警告审批;
n) 使用电子定位装置审批;
o) 提请治安管理处罚;
p) 提请撤销缓刑;
q) 提请撤销假释;
r) 提请收监执行;
s) 提请逮捕;
t) 突发事件处置;
u) 社区矫正解除;

v) 社区矫正终止。

6.2 调查评估

调查评估流程涉及的角色应包括调查评估委托机关、受委托的社区矫正机构和县级人民检察院，并生成《调查评估意见书》，图1规定了调查评估流程。

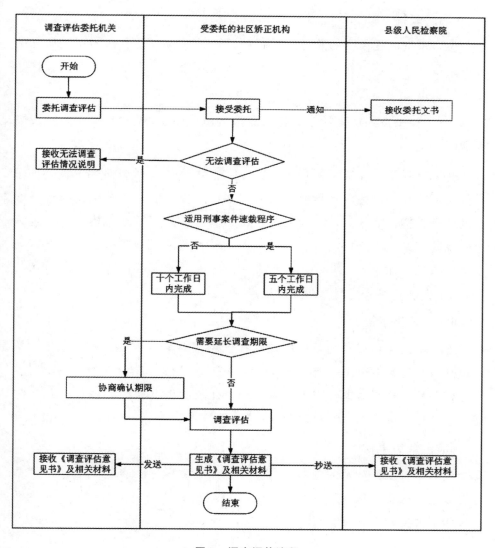

图 1 调查评估流程

6.3 社区矫正对象接收

社区矫正对象接收流程涉及的角色应包括执行地人民检察院/公安机关、社区矫正决定机关和执行地县级社区矫正机构，并生成《社区矫正对象基本信息表》《社区矫正法律文书补齐通知书》《社区矫正法律文书送达回执》和《社区矫正宣告书》，图 2 规定了社区矫正对象接收流程。

6.4 会客审批

会客审批流程涉及的角色应包括社区矫正对象、受委托的司法所和执行地县级社区矫正机构，并生成《社区矫正对象会客审批表》和《社区矫正事项审批告知书》，图 3 规定了会客审批流程。

6.5 暂予监外执行社区矫正对象报告身体情况/提交病情复查情况调整期限审批

暂予监外执行社区矫正对象报告身体情况/提交病情复查情况调整期限审批流程涉及的角色应包括社区矫正对象、受委托的司法所、执行地县级社区矫正机构、地（市）级社区矫正机构、省级社区矫正机构和执行地人民检察院，并生成《社区矫正对象暂予监外执行事项审批表》和《社区矫正事项审批告知书》，图 4 规定了暂予监外执行社区矫正对象报告身体情况/提交病情复查情况调整期限审批流程。

6.6 外出审批

外出审批流程涉及的角色应包括社区矫正对象、受委托的司法所、执行地县级社区矫正机构、地（市）级社区矫正机构和执行地人民检察院，并生成《社区矫正对象外出审批表》和《社区矫正事项审批告知书》，图 5 规定了外出审批流程。

6.7 迁居审批

迁居审批流程涉及的角色应包括社区矫正对象、受委托的司法所和执行地县级社区矫正机构，并生成《社区矫正对象迁居审批表》和《社区矫正事项审批告知书》，图 6 规定了迁居审批流程。

附录

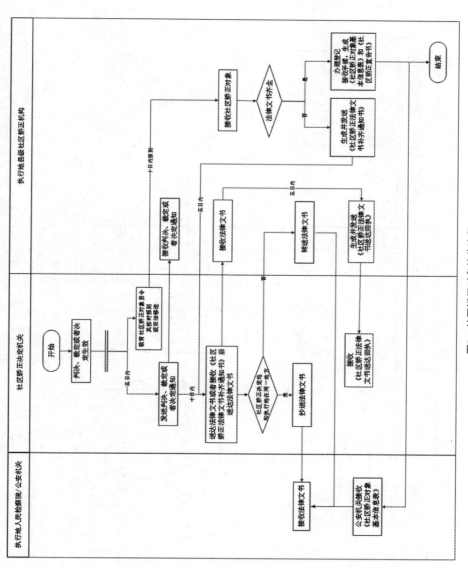

图2 社区矫正对象接收流程

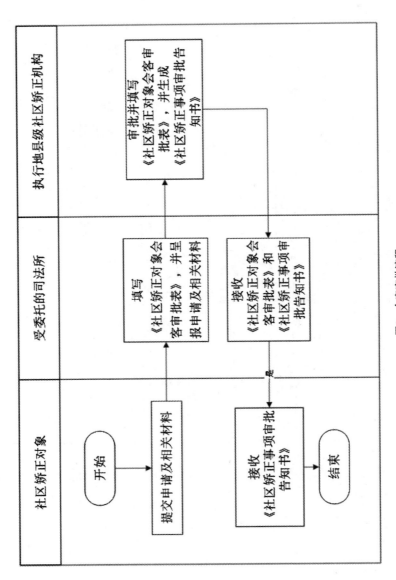

图3 会客审批流程

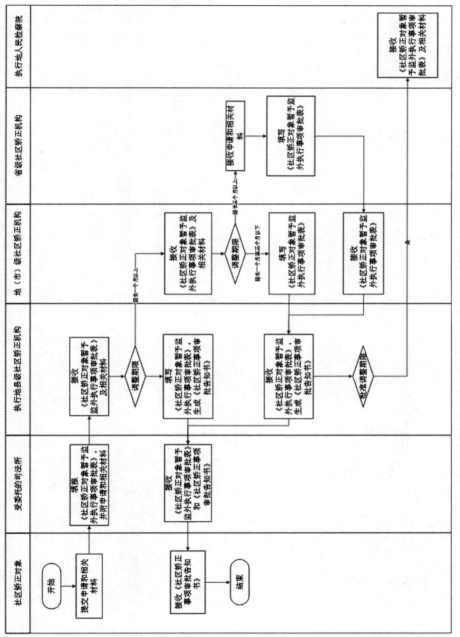

图4 暂予监外执行社区矫正对象报告身体情况/提交病复查情况调整期限审批流程

社区矫正数智化

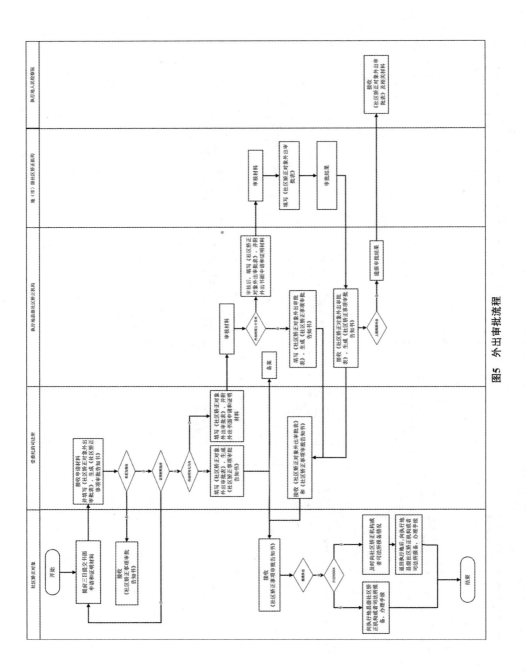

图5 外出审批流程

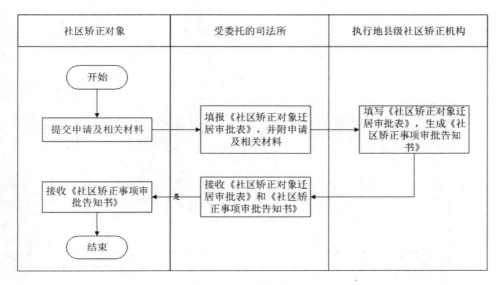

图 6 迁居审批流程

6.8 经常性跨市、县活动审批

经常性跨市、县活动审批流程涉及的角色应包括社区矫正对象、受委托的司法所和执行地县级社区矫正机构,并生成《社区矫正对象经常性跨市县活动审批表》和《社区矫正事项审批告知书》,图 7 规定了经常性跨市、县活动审批流程。

6.9 变更执行地审批

变更执行地审批流程涉及的角色应包括社区矫正对象、受委托的司法所、原执行地县级社区矫正机构、社区矫正决定机关、原执行地县级人民检察院和公安机关、新执行地县级社区矫正机构、新执行地县级人民检察院和公安机关,并生成《社区矫正对象执行地变更审批表》《社区矫正事项审批告知书》和《社区矫正法律文书送达回执》,图 8 规定了变更执行地审批流程。

社区矫正数智化

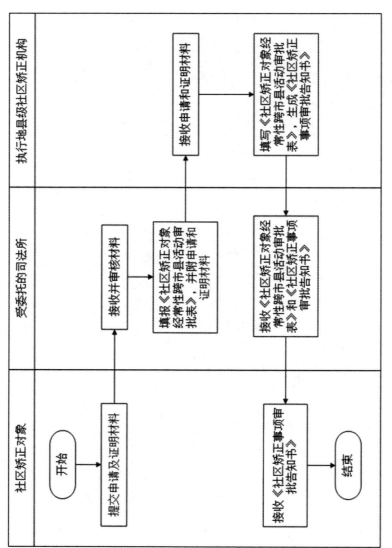

图7 经常性跨市、县活动审批流程

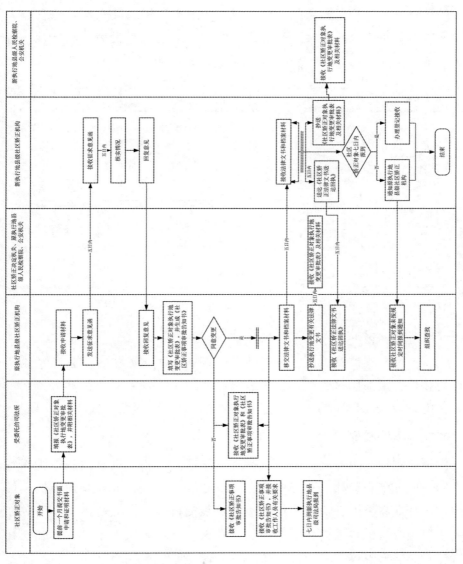

图8 变更执行地审批流程

6.10 进入特定区域或者场所审批

进入特定区域或者场所审批流程涉及的角色应包括社区矫正对象、受委托的司法所、执行地县级社区矫正机构、原审人民法院和执行地县级人民检察院，并生成《社区矫正对象进入特定区域场所审批表》和《社区矫正事项审批告知书》，图 9 规定了进入特定区域或者场所审批流程。

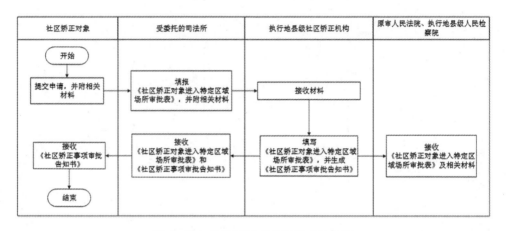

图 9 进入特定区域或者场所审批流程

6.11 表扬审批

表扬审批流程涉及的角色应包括受委托的司法所、执行地县级社区矫正机构和执行地人民检察院，并生成《社区矫正表扬审批表》和《社区矫正表扬决定书》，图 10 规定了表扬审批流程。

6.12 提请减刑

提请减刑流程涉及的角色应包括受委托的司法所、执行地县级社区矫正机构、地（市）级社区矫正机构、省级社区矫正机构、执行地中级人民法院、执行地高级人民法院、执行地同级人民检察院、公安机关及罪犯原服刑或者接收其档案的监狱，并生成《社区矫正对象减刑审核表》和《社区矫正对象减刑建议书》，图 11 规定了提请减刑流程。

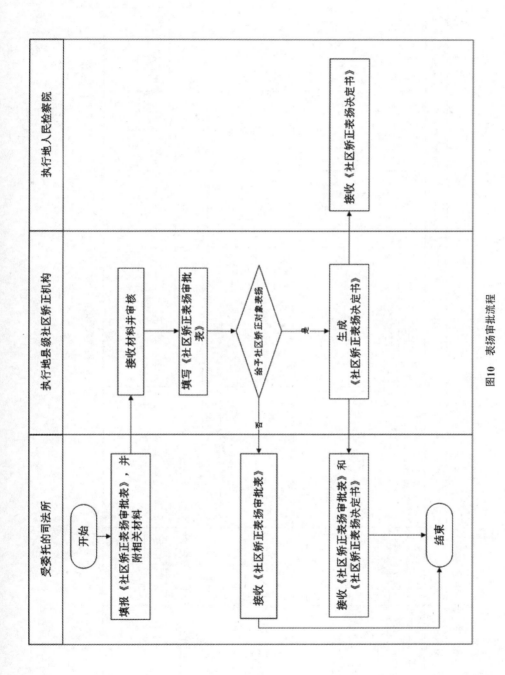

图10 表扬审批流程

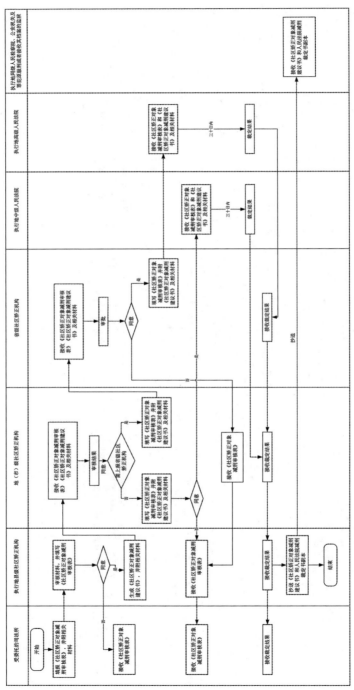

图11 提请减刑流程

6.13 训诫审批

训诫审批流程涉及的角色应包括受委托的司法所、执行地县级社区矫正机构和执行地人民检察院,并生成《社区矫正训诫审批表》和《社区矫正训诫决定书》,图12规定了训诫审批流程。

6.14 警告审批

警告审批流程涉及的角色应包括受委托的司法所、执行地县级社区矫正机构和执行地人民检察院,并生成《社区矫正警告审批表》和《社区矫正警告决定书》,图13规定了警告审批流程。

6.15 使用电子定位装置审批

使用电子定位装置审批流程涉及的角色应包括受委托的司法所、执行地县级社区矫正机构和县级司法行政部门负责人,并生成《社区矫正使用电子定位装置审批表》《社区矫正使用电子定位装置决定书》和《对社区矫正对象使用电子定位装置告知书》,图14规定了使用电子定位装置审批流程。

6.16 提请治安管理处罚

提请治安管理处罚流程涉及的角色应包括受委托的司法所、执行地县级社区矫正机构、同级公安机关和执行地人民检察院,并生成《提请治安管理处罚审核表》和《治安管理处罚建议书》,图15规定了提请治安管理处罚流程。

6.17 提请撤销缓刑

提请撤销缓刑流程涉及的角色应包括受委托的司法所、执行地县级社区矫正机构、地(市)级社区矫正机构、省级社区矫正机构、原审人民法院、执行地同级人民法院和执行地同级人民检察院,并生成《提请撤销缓刑审核表》和《撤销缓刑建议书》,图16规定了提请撤销缓刑流程。

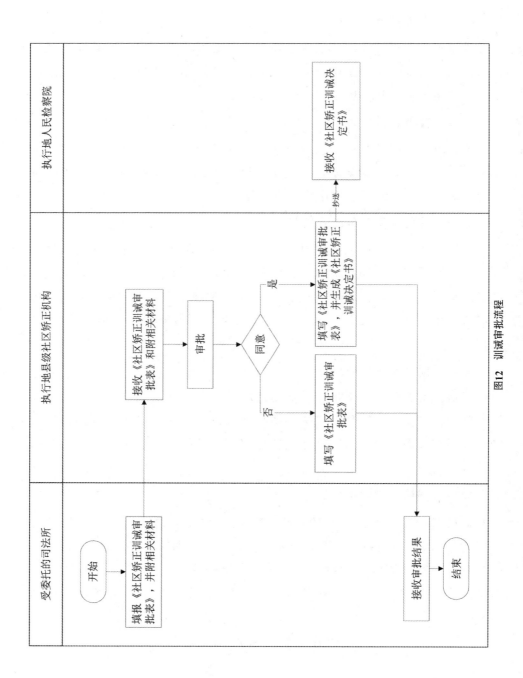

图12 训诫审批流程

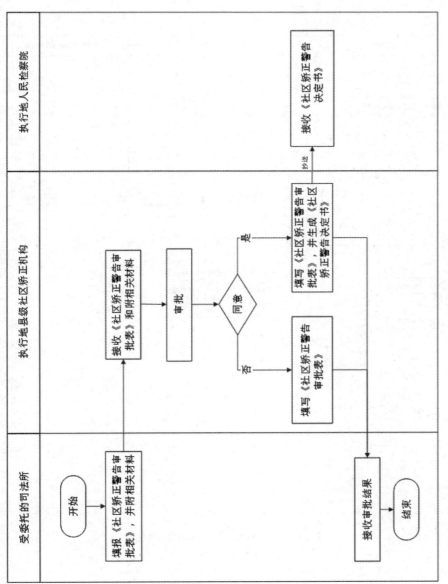

图13 警告审批流程

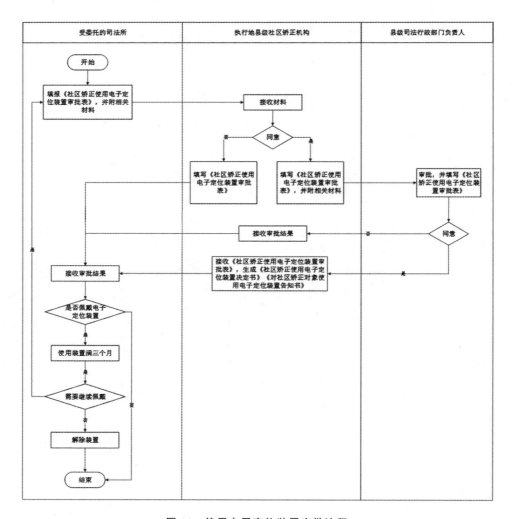

图 14　使用电子定位装置审批流程

附录

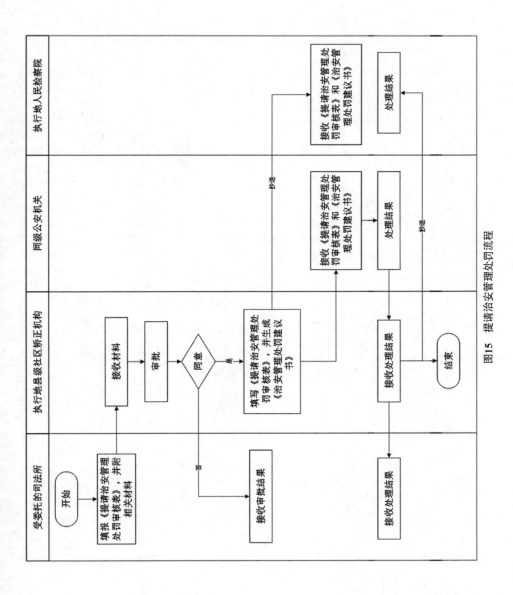

图15 提请治安管理处罚流程

— 305 —

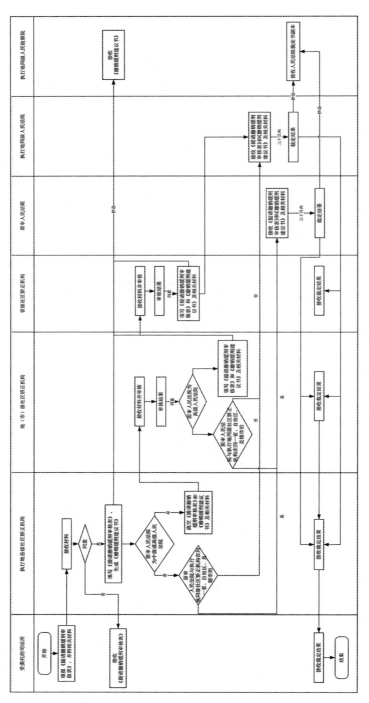

图16 提请撤销缓刑流程

6.18 提请撤销假释

提请撤销假释流程涉及的角色应包括受委托的司法所、执行地县级社区矫正机构、地（市）级社区矫正机构、省级社区矫正机构、原审人民法院、执行地同级人民法院、执行地同级人民检察院、公安机关、罪犯原服刑或者接收其档案的监狱，并生成《提请撤销假释审核表》和《撤销假释建议书》，图17规定了提请撤销假释流程。

6.19 提请收监执行

提请收监执行流程涉及的角色应包括受委托的司法所、执行地县级社区矫正机构、原社区矫正决定机关、执行地社区矫正决定机关和执行地县级人民法院，并生成《提请收监执行审核表》和《收监执行建议书》，图18规定了提请收监执行流程。

6.20 提请逮捕

提请逮捕业务流程涉及的角色应包括执行地县级社区矫正机构、执行地县级人民检察院和人民法院，并生成《提请逮捕审核表》和《社区矫正对象逮捕建议书》，图19规定了提请逮捕流程。

6.21 突发事件处置

突发事件处置流程涉及的角色应包括受委托的司法所、执行地县级社区矫正机构、公安机关、上级社区矫正机构和执行地人民检察院，图20规定了突发事件处置流程。

6.22 社区矫正解除

社区矫正解除流程涉及的角色应包括社区矫正对象、受委托的司法所、执行地县级社区矫正机构、社区矫正决定机关、执行地县级人民检察院和公安机关，并生成《社区矫正期满鉴定表》《解除社区矫正宣告书》《解除社区矫正证明书》和《解除社区矫正通知书》，图21规定了社区矫正解除流程。

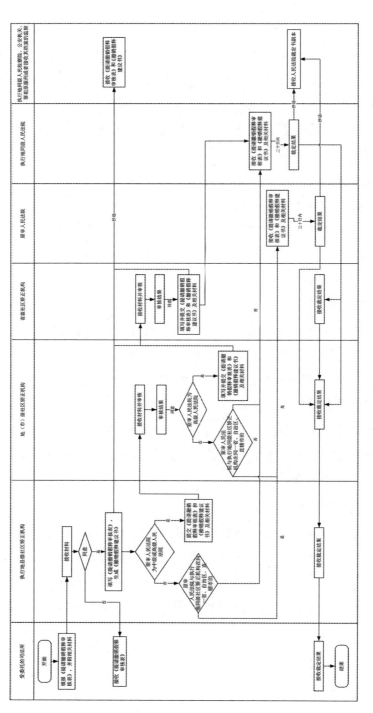

图17 提请撤销假释流程

附录

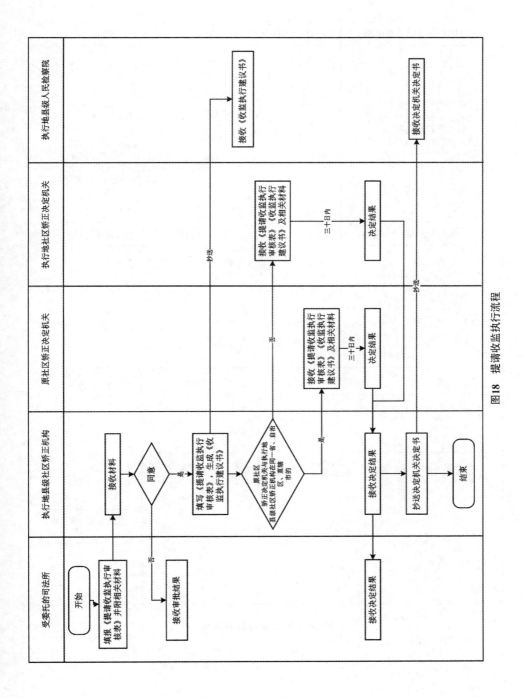

图18 提请收监执行流程

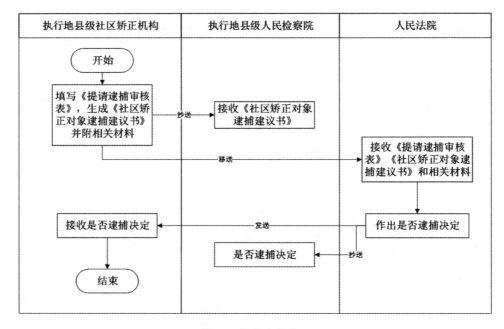

图 19 提请逮捕流程

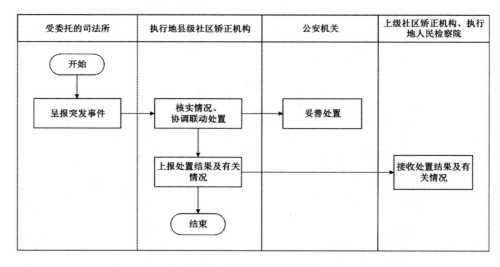

图 20 突发事件处置流程

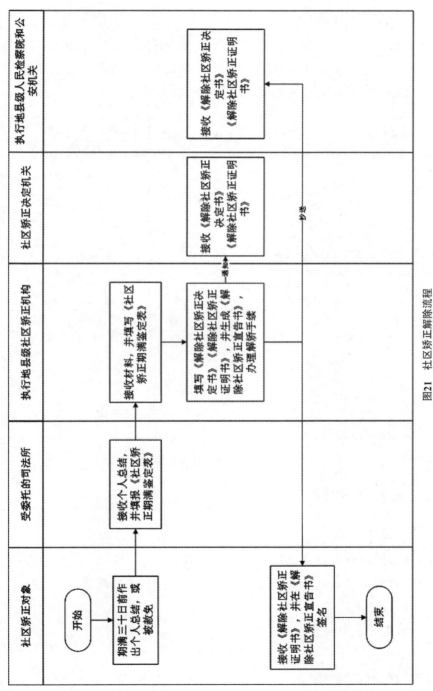

图21 社区矫正解除流程

6.23 社区矫正终止

社区矫正终止流程涉及的角色应包括受委托的司法所、执行地县级社区矫正机构、社区矫正决定机关、执行地县级人民检察院和公安机关,并生成《终止社区矫正通知书》,图22规定了社区矫正终止流程。

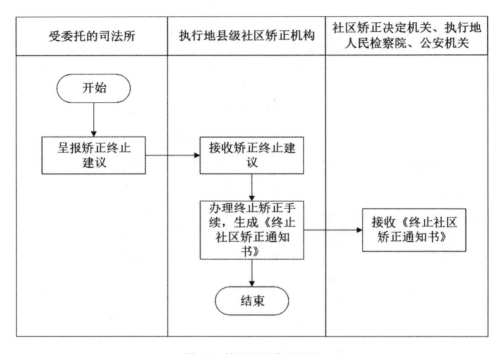

图 22 社区矫正终止流程

7 业务协同流程

7.1 基本要求

业务协同流程是指社区矫正机构与人民法院、人民检察院、公安机关和监狱管理机关之间的业务交互,应包括以下业务协同流程:
 a) 调查评估;
 b) 社区矫正对象交付执行;
 c) 变更执行地;
 d) 社区矫正对象奖惩;

e) 协助查找；

f) 进入特定区域或者场所；

g) 社区矫正对象被限制人身自由的通知；

h) 撤销缓刑（逮捕）；

i) 撤销假释（逮捕）；

j) 暂予监外执行社区矫正对象的收监执行；

k) 减刑；

l) 治安管理处罚；

m) 社区矫正解除；

n) 社区矫正终止（死亡）。

7.2 调查评估

调查评估业务协同流程涉及的角色应包括调查评估委托机关、社区矫正机构和人民检察院，调查评估业务协同数据应符合9.2.2、9.2.3、9.2.4和9.2.5的规定；图23规定了调查评估业务协同流程。

注：调查评估委托机关一般包括人民法院、人民检察院、公安机关和监狱管理机关。

7.3 社区矫正对象交付执行

社区矫正对象交付执行业务协同流程涉及的角色应包括社区矫正决定机关、社区矫正机构、人民检察院和公安机关，社区矫正对象交付执行业务协同数据和文书应符合9.2.6、9.2.7、9.2.8、9.2.9和9.2.10的规定，图24规定了社区矫正对象交付执行业务协同流程。

注：社区矫正决定机关一般包括人民法院、公安机关和监狱管理机关。

7.4 变更执行地

变更执行地业务协同流程涉及的角色应包括原执行地社区矫正机构、社区矫正决定机关、原执行地人民检察院和公安机关、新执行地社区矫正机构、新执行地人民检察院和公安机关。变更执行地业务协同数据和文书应符合9.2.11、9.2.12、9.2.13、9.2.14和9.2.15的规定，图25规定了变更执行地业务协同流程。

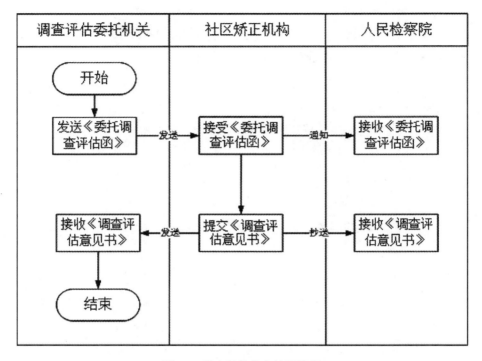

图 23　调查评估业务协同流程

7.5　社区矫正对象奖惩

社区矫正对象奖惩业务协同流程涉及的角色应包括社区矫正机构和人民检察院。社区矫正对象奖惩业务协同数据和文书应符合 9.2.16 的规定，图 26 规定了社区矫正对象奖惩业务协同流程。

7.6　协助查找

协助查找业务协同流程涉及的角色应包括社区矫正机构、公安机关和人民检察院。协助查找业务协同数据和文书应符合 9.2.17、9.2.18 和 9.2.19 的规定，图 27 规定了协助查找业务协同流程。

7.7　进入特定区域或者场所

进入特定区域或者场所业务协同流程涉及的角色应包括社区矫正机构、人民法院和人民检察院。进入特定区域或者场所业务协同数据和文书应符合 9.2.20 的规定，图 28 规定了进入特定区域或者场所业务协同流程。

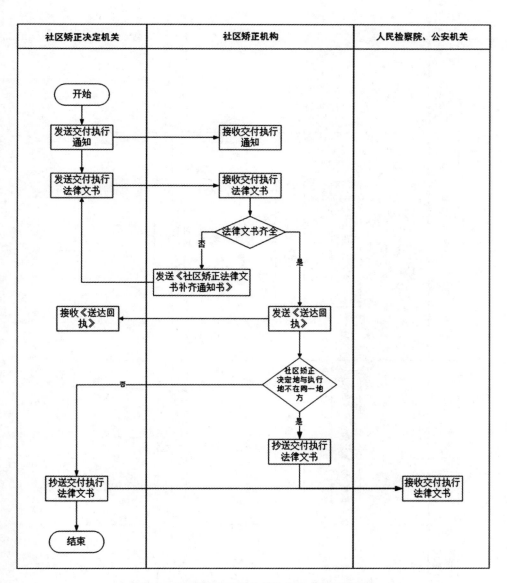

图 24　社区矫正对象交付执行业务协同流程

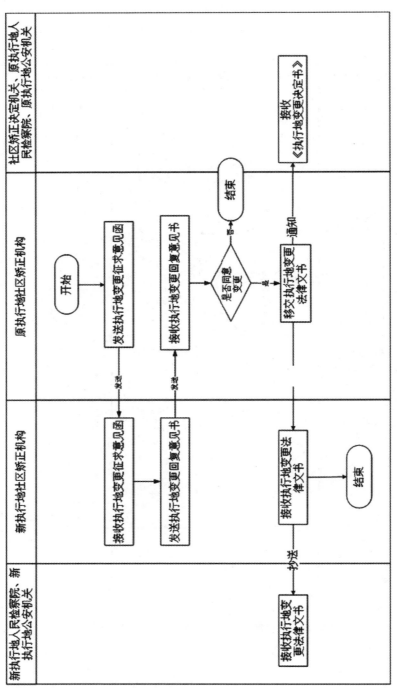

图25 变更执行地业务协同流程

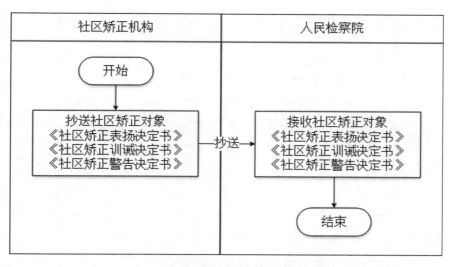

图 26 社区矫正对象奖惩业务协同流程

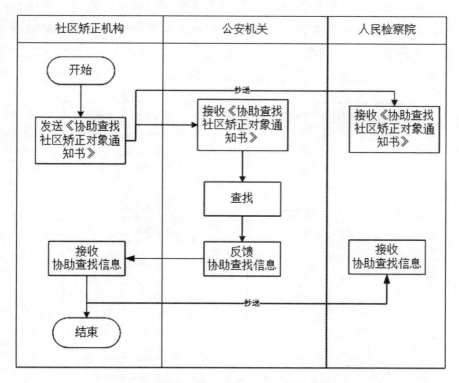

图 27 协助查找业务协同流程

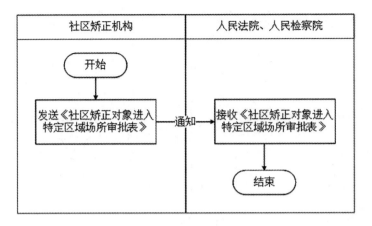

图 28　进入特定区域或者场所业务协同流程

7.8　社区矫正对象被限制人身自由的通知

社区矫正对象被限制人身自由的通知业务协同流程涉及的角色应包括社区矫正机构、人民检察院、公安机关和人民法院。社区矫正对象被限制人身自由的通知业务协同数据和文书应符合 9.2.21 的规定，图 29 规定了社区矫正对象被限制人身自由的通知业务协同流程。

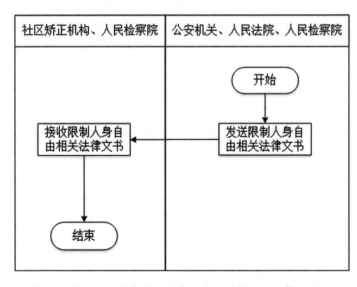

图 29　社区矫正对象被限制人身自由的通知业务协同流程

7.9 撤销缓刑（逮捕）

撤销缓刑（逮捕）业务协同流程涉及的角色应包括社区矫正机构、人民法院、公安机关和人民检察院。撤销缓刑（逮捕）业务协同数据和文书应符合9.2.22、9.2.23和9.2.24的规定，图30规定了撤销缓刑（逮捕）业务协同流程。

7.10 撤销假释（逮捕）

撤销假释（逮捕）业务协同流程涉及的角色应包括社区矫正机构、人民法院、公安机关、人民检察院和监狱管理机关。撤销假释（逮捕）业务协同数据和文书应符合9.2.25、9.2.26和9.2.27的规定，图31规定了撤销假释（逮捕）业务协同流程。

7.11 暂予监外执行社区矫正对象的收监执行

暂予监外执行社区矫正对象的收监执行业务协同流程涉及的角色应包括社区矫正机构、社区矫正决定机关和人民检察院。暂予监外执行社区矫正对象的收监执行业务协同数据和文书应符合9.2.28、9.2.29和9.2.30的规定，图32规定了暂予监外执行社区矫正对象的收监执行业务协同流程。

7.12 减刑

减刑业务协同流程涉及的角色应包括社区矫正机构、人民法院、人民检察院、公安机关以及罪犯原服刑或者接收其档案的监狱管理机关。减刑业务协同环节数据和文书应符合9.2.31、9.2.32和9.2.33的规定，图33规定了减刑业务协同流程。

7.13 治安管理处罚

治安管理处罚业务协同流程涉及的角色应包括社区矫正机构、公安机关和人民检察院。治安管理处罚业务协同数据和文书应符合9.2.34、9.2.35和9.2.36的规定，图34规定了治安管理处罚业务协同流程。

社区矫正数智化

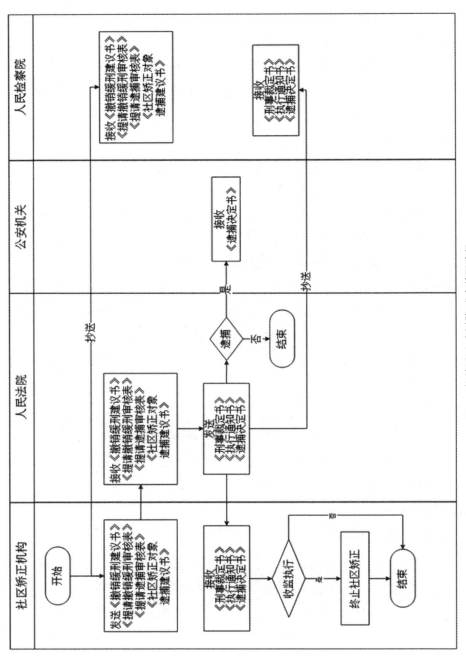

图30 撤销缓刑（逮捕）业务协同流程

附录

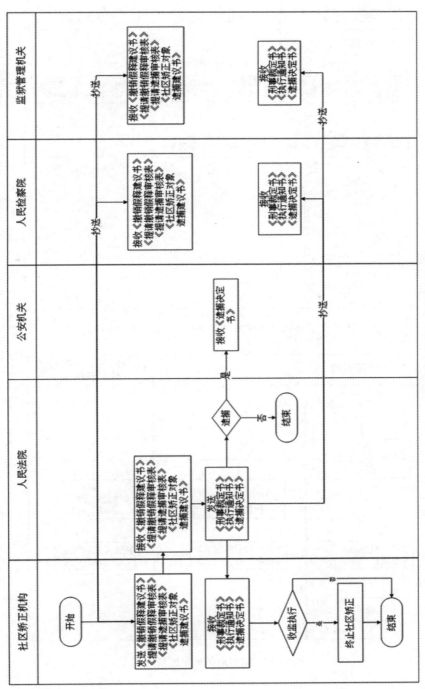

图31 撤销假释（逮捕）业务协同流程

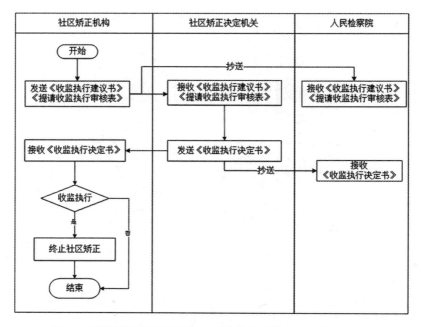

图 32 暂予监外执行社区矫正对象的收监执行业务协同流程

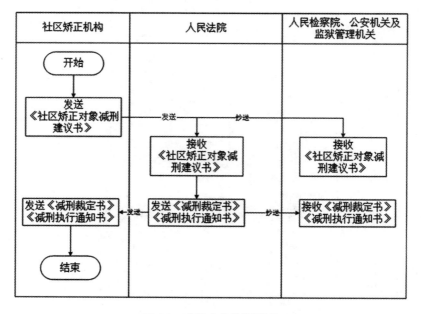

图 33 减刑业务协同流程

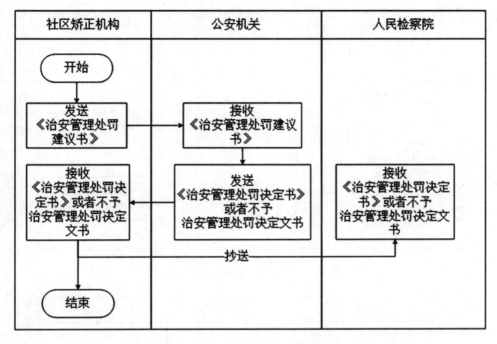

图 34 治安管理处罚业务协同流程

7.14 社区矫正解除

社区矫正解除业务协同流程涉及的角色应包括社区矫正机构、社区矫正决定机关、人民检察院和公安机关。社区矫正解除业务协同数据和文书应符合 9.2.37 和 9.2.38 的规定，图 35 规定了社区矫正解除业务协同流程。

7.15 社区矫正终止（死亡）

社区矫正终止（死亡）业务协同流程涉及的角色应包括社区矫正机构、社区矫正决定机关、人民检察院和公安机关。社区矫正终止（死亡）业务协同数据和文书应符合 9.2.39 和 9.2.40 的规定，图 36 规定了社区矫正终止（死亡）业务协同流程。

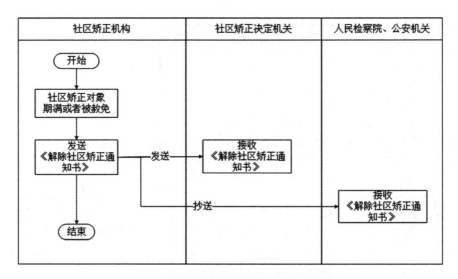

图 35 社区矫正解除业务协同流程

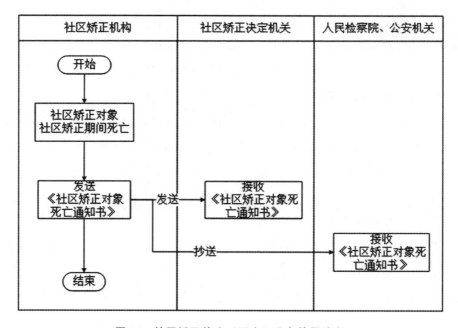

图 36 社区矫正终止（死亡）业务协同流程

附表6 《"智慧矫正中心"考核评价表》

序号	评价项目		评分表内容	分值
1	信息化工作机制建设(60分)	组织管理	1. 将社区矫正信息化建设列入县(市、区)司法局重要议事日程,并确定分管领导和工作专班。(10分) 2. 建立信息化管理制度,运行规范。(5分) 3. 建立信息化激励机制,实行绩效考核。(5分)	20
2		规划设计	开展信息化需求分析(4分),制定"智慧矫正"整体规划及年度计划(6分)。	10
3		资金保障	依法将"智慧矫正"建设经费纳入本级政府财政预算(5分),争取将"智慧矫正"纳入本地信息化建设项目(5分),落实"智慧矫正"建设专项资金和运维费(10分)。	20
4		专业人才	1. 社区矫正机构有专职或兼职信息化工作人员,管理权责明确。(5分) 2. 定期培训,提升专业化能力。(5分)	10
5	应用平台建设(320分)	全业务统一管理 监督管理	建立完善监督管理各类应用系统,包括:调查评估(3分)、接收入矫(2分)、分类管理(3分)、个别化矫正(矫正小组确立、矫正方案制定和落实等(3分)、审批事项管理(禁止令执行、会客、迁居、外出、执行地变更、实地查访、信息核查、脱管等)(14分)、日常管理(报告、通信联络、训诫、警告、提请治安处罚、提请撤销缓刑、提请逮捕、电子定位(3分)、考核奖惩(表扬、提请减刑(8分)、提请撤销假释、被撤销缓刑、被撤销假释、被收监执行)(18分)、解除矫正、矫正期满、赦免)(2分)、终止矫正(被撤销缓刑、被收监执行、死亡)(4分)等。	60

社区矫正数智化

续表

序号	评价项目		评分表内容	分值
6	应用平台建设（320分）	全业务统一管理 - 教育帮扶	1. 建立完善教育矫正各类应用系统，包括：集体教育（10分）、个别教育（10分）、心理辅导（10分）、公益活动（6分）等。 2. 建立完善社会适应性帮扶各类应用系统，包括：社区矫正对象权利保障（4分）、职业技能培训（4分）、就业指导（4分）、社会救助（4分）、社会保险（4分）、法律援助申请事项办理（4分）等。	60
7		全业务统一管理 - 矫务监督与公开	依托本级司法行政官网，建立完善矫务监督与公开各类应用系统，实施矫务监督与公开，包括：案件移交（移送）或案件办理信息填报（5分）、执法公开（5分）、信息公开（5分）、舆情管理（5分）等。	20
8		全业务统一管理 - 质效评价	建立完善质效评价各类应用系统，包括统计分析评价体系（10分）、工作考核评价体系（10分）等，并符合《司法部关于印发〈司法行政工作主要评价指标〉和〈司法行政业务统计报表〉的通知》（司发通[2018]28号）相关要求（5分）。	25
9		全流程统一管理 - 一网通办	通过电子签章（15分）和电子签名方式（5分），实现各类执法流程网上办理（15分），与其他相关部门实现互信互认（5分）。	40
10		全流程统一管理 - 业务督办	建立完善业务办理和审批事项提醒催办系统（10分），并能对受委托开展社区矫正工作的司法所或所辖社区矫正执法中队、社区矫正中心进行督办（15分）。	25

续表

序号	评价项目		评分表内容	分值
11	应用平台建设（320分）	与各级社区矫正信息系统平台纵向贯通	本中心社区矫正管理平台应当使用省级社区矫正体化平台或与市、省、部一体化平台融合贯通（25分），并为受委托开展社区矫正工作的司法所或所辖社区矫正执法中队、社区矫正分中心提供系统功能支撑（20分）。	45
12		全方位统一管理 与相关部门信息系统横向贯通	1. 连接人民法院、人民检察院（5分）、公安机关（5分）等相关部门及监狱管理机关（5分）的信息系统，并实现数据共享和业务协同。其中，与人民法院联网应符合《最高人民法院办公厅司法部办公厅〈关于全面开展社区矫正信息化联网工作的意见〉》司办通〔2019〕101号）的相关要求（15分）。 2. 与其他部门联网的，每联网一个部门加2分，最高为10分。 3. 支持与政法委员会网格化管理系统进行数据交换共享（5分），并将网格化数据对接到社区矫正一体化平台（5分），利用矫务通和协矫通对社区矫正对象实施网格化管理（5分）。	45

续表

序号	评价项目		评分表内容	分值
13	数据资源建设（150分）	基本要求	1. 在省（区、市）司法厅（局）的指导下，建立社区矫正数据采集制度，确保数据全面、准确、及时。（10分） 2. 所采集数据应实时传输至省级社区矫正数据中心。（15分）	25
14		基础信息库	1. 机构人员库，即社区矫正机构、社区矫正机构工作人员、社区矫正社会工作者、社会志愿者和社区矫正对象的基本信息。（10分） 2. 业务数据库，即决定接收、监督管理、教育帮扶、解除和终止各阶段的数据，包括教育资源数据和心理矫治数据。（10分） 3. 特定社区矫正对象特征数据库。（6分） 4. 信息化核查对象的定位数据库。（6分） 5. 文书档案信息库。（8分）	40
15		外部共享数据库	共享人民法院、人民检察院、公安机关、人力资源和社会保障、民政、市场监督管理以及税务等有关部门相关的海量数据，包括社区矫正对象的户籍登记、工商登记、房产、居住、交通出行、住宿、就业、就学、失业、社保、低保和救助、被治安管理处罚、被采取强制措施等数据。（25分）	25
16		生物特征库	采集社区矫正对象的人脸、声纹、指纹等生物特征数据。（20分）	20

续表

序号	评价项目	评价表内容	分值
17	数据资源建设(150分)	专题库	1. 远程视频督察系统产生的音视频数据库。(5分) 2. 社区矫正案例数据库,并符合司法部案例库类型及模板要求。(5分) 3. 文件汇编数据库,即相关法律法规、社区矫正实务和信息化知识等数据库。(5分) 4. 设备编码管理数据库,即矫正务通、协矫通、在矫通(6分)、电子定位装置(3分)、自助矫正终端(3分)、移动执法车(3分)、远程视频督察设施(5分)和心理矫正设施(2分)、教育培训设施(2分)等数据库。	40
18	信息化支撑体系建设(50分)	标准规范支撑体系	1. 贯彻执行国家标准化法律、法规和规章。(3分) 2. 贯彻实施社区矫正国家标准、行业标准,主要包括智慧矫正总体技术规范(SF/T 015—2017)(2分)、全国社区矫正人员定位系统技术规范(SF/T 0016—2017)(2分)、社区矫正管理信息系统技术规范(SF/T 0055—2019)(2分)、社区矫正电子定位腕带技术规范(SF/T 0056—2019)(2分)、智慧矫正术语(SF/T 0057—2019)(2分)、智慧矫正远程视频督察系统规范(SF/T 0082—2020)(2分)、智慧矫正移动应用技术规范(SF/T 0081—2020)(2分)。(每个加1分,最高为6分) 3. 贯彻执行本省(区、市)有关社区矫正工作的地方标准。(每个加1分,最高为6分) 4. 制定了本中心社区矫正工作规范。	20

续表

序号	评价项目		评分表内容	分值
19	信息化支撑体系建设（50分）	网络安全支撑体系	1. 所采用的网络应为司法行政系统网络（包括国家电子政务外网、政法专网等）（3分）和互联网（2分）。 2. 保证数据存储的安全性，应建立完善的灾备机制，及时对业务数据进行存储、备份和恢复。（3分） 3. 具有登录失败处理功能，失败后采取结束会话、限制非法登录次数和当网络登录连接超时自动退出等措施。（2分） 4. 满足网络安全等保二级（2分）或等保三级（3分）要求。 5. 具备5G通信网络环境。（5分）	20
20		运维服务支撑体系	1. 建立运维服务制度，运用智能运维管理平台等技术手段，对系统运行环境、业务系统和系统维护人员进行综合管理。（2分） 2. 对主机、服务器和网络设备进行实时监控和管理，确保良好的运行状况。（1分） 3. 对信息安全支撑平台、软件、服务进行监控管理，以保持信息的保密性、完整性和可用性。（2分） 4. 对相关支撑平台、软件、服务放、报废等流程，及时做好登记更新，支持信息故障排除。（1分） 5. 建立资产采购、发放、报废等流程，及时做好登记更新。（1分） 6. 规范和明确运维人员的在岗职责，提供绩效考核量化依据，调动运维人员的工作积极性。（1分） 7. 主机服务器安装有正版授权的操作系统、杀毒软件、数据库软件等并定期升级。（1分）	10

续表

序号	评价项目		评分表内容	分值
21	"智慧矫正"重点应用（320分）	数据自动采集	1. 通过自助矫正终端，自动采集社区矫正对象的身份证、人脸、指纹和声纹等数据。（5分） 2. 通过语音转写技术，自动生成相关数据。（5分）	10
22		智能监管 自助矫正	1. 部署自助矫正终端，实现对报到登记、日常报告、集体教育、个别教育、公益活动等信息的自助录入（10分），请销假、执行地变更申请等的自助办理（3分）及云端查询（1分）。（6分） 2. 本中心信息采集室（或社区矫正中心大厅）和自助矫正应配置1台自助矫正终端。受委托开展社区矫正工作的司法所或所辖社区矫正执法中队，社区矫正分中心配置自助矫正终端，实现自助矫正应用闭环的，每配置1台，加1分，最高为15分。 3. 在所辖村居（社区）配置自助矫正终端，供社区矫正对象进行自助学习、外出申请及销假、执行地变更申请，日常报告、集体教育、公益活动等信息查询，每配置1台，加1分，最高为5分。 4. 通过远程视频督察系统完成日常信息查询的。（5分） 5. 通过声纹识别、语音识别等技术，实现社区矫正对象电话报告时身份核验和智能对话应答。（5分）	30

续表

序号	评价项目			评分表内容	分值
23	"智慧矫正"重点应用（320分）	智能监管	精准定位	支持信息化核查，并对特定社区矫正对象进行定位管理： 1. 应基于省级社区矫正一体化平台实施信息化核查和电子定位管理（5分）。使用第三方平台实施信息化核查和电子定位管理不得分。 2. 将定位管理系统部署通过国家司法行政系统网络（包括国家电子政务外网、政法专网等）（3分），并通过国家自然资源部门"天地图"实施信息化核查（6分）；定位管理系统部署于互联网或使用商业地图均不得分。 3. 电子定位装置应用北斗、GPS、WIFI、基站和射频识别等定位技术（2分），并具备防拆防爆、防尘防水、违规告警、独立定位、实时定位和微信摄像和定位信息应用和定位信息上传等功能（3分）。 4. 电子定位装置具备语音识别、指纹识别等功能，并实现相应信息自动上传。（每1项功能加8分，最高为32分） 5. 电子定位装置具备安全性能、电池兼容性的三个省级以上检测机构出具的检测报告。（6分） 6. 随机抽检10个社区矫正对象的信息化核查电子定位数据，检测其位置是否准确。（准确的每个1分，共10分）	35
24			远程督察	1. 建立远程视频督察系统，实现可视化管理。（2分） 2. 与部、省、市、乡连接，支持实时调度。（每级1.5分，共6分。其中，北京、上海、天津、重庆每级2分） 3. 支持社区矫正对象人脸的智能识别（3分），并关联《社区矫正对象基本信息表》（5分）。 4. 支持标准协议，支持第三方设备接入。（1分） 5. 具备督导事件下发和督导结果反馈的功能。（3分）	20

续表

序号	评价项目		评分表内容	分值
25	"智慧矫正"重点应用（320分）	精准分析	1. 定位数据分析：建立定位数据智能分析模型，核查特定社区矫正对象居住地、工作地、经常活动区域，最后一次活动地及同案犯集信息等，对其进行多维度大数据分析，及时发现异常情况。（10分） 2. 心理数据分析：建立心理数据智能分析模型，将大数据运用与专业团队心理辅导相结合，多维度对社区矫正对象进行肖像刻画和专业心理分析。（10分） 3. 行为数据分析：建立行为数据分析模型，对特定社区矫正对象使用身份证、交通出行、住宿、社交、上网、购物、快递收发等行为进行分析，及时发现异常行为。（10分）	30
26		智能决策	1. 风险评估：对社区矫正对象信息化核查数据、定位数据、心理特征数据、行为数据、家庭情况、经济情况和劳动能力等信息，进行智能分析和综合研判（6分），自动评估社区矫正对象危险系数，确定监管风险等级。（4分） 2. 建立各类矫正方案库，通过人工智能深度学习，自动生成个性化矫正方案。（10分）	20
27		自动预警	1. 风险管理预警：建立风险管控模型，推送越界、低电、虚拟定位、多人聚集、夜间活动等异常情况预警预测信息。（10分） 2. 视频分析预警：应用人脸识别技术，依托政法委员会和公安机关的"雪亮工程"及"天网工程"项目视频监控资源，与社区矫正对象位置信息进行自动比对，对异常情况自动预警。（10分）	20

社区矫正数智化

续表

序号	评价项目			评分表内容	分值
28	"智慧矫正"重点应用（320分）	智能监管	自动操控	利用语音控制技术，实现对社区矫正指挥平台、社区矫正一体化平台、社区矫正指挥中心的语音导航和控制。（10分）	10
29			自动立档	1. 社区矫正对象报到登记时，使用自助矫正终端自助完成《社区矫正对象基本信息表》的录入（8分），并将信息对接至省级社区矫正一体化平台（4分）。 2. 通过数据自动交互和业务自动流转，实现各类文书的自动立档。（8分）	20
30		智能教育帮扶	远程教育	1. 制作建立社区教育资源数据库。（10分） 2. 建立"空中课堂"，支持文字、图片、视频等资源的在线学习和职业技能培训。（10分） 3. 支持对社区矫正对象日常在线学习情况进行统计和考核评价。（10分）	30
31			VR教育	通过VR等技术构建多种虚拟现实生活和监狱生活等教育场景，实现对社区矫正对象沉浸式专题教育。（10分）	10
32			远程心理辅导	1. 支持通过音视频通讯技术，实现远程心理咨询和心理辅导。（3分） 2. 按照国家卫健委、司法部等10部门印发的《全国社会心理服务体系建设工作方案》要求，将社区矫正心理辅导纳入当地社会心理服务体系建设内容（4分）。作为全国社会心理服务体系建设试点的，加6分。 3. 具备对社区矫正对象进行心理测评、人格特征测评、职业测评和社会适应性评估功能。（8分） 4. 支持心理辅导过程中的心理特征数据录入，并能调用相关数据。（5分）	20

续表

序号	评价项目		评分表内容	分值
33	"智慧矫正"重点应用（320分）	智能教育帮扶	精准帮扶	通过对社区矫正对象精准分析、联动相关部门，生成有针对性的帮扶建议。（10分）	10
34		矫务通、协矫通和在矫通应用	1. 开发矫务通，协矫通和在矫通应用，随时随地随身的应用，并具备良好的安全性和保密性（2分）。 2. 矫务通具备信息化核查、电子定位、业务办理、业务审批等功能（6分），使用比例达到100%（4分）。 3. 协矫通具备在线教育帮扶、业务办理、矫正方案调整、网上评价等功能（6分），使用比例达到95%以上（4分）。 4. 在矫通具备在线教育、在线帮扶、信息查询、在线考核、人脸识别、活体检测、位置上报和签到签出等功能（6分），使用比例达到95%以上（4分）。	35
35		移动执法车应用	根据需要配置社区矫正移动执法车，依托移动通讯、GIS和监控等技术，协助开展信息自动采集、调查评估、交付接收、矫正宣告、公益活动、实地查访、实时点验、脱管查找、信息化核查、电子定位、视频督察和应急处置等。（10分）	10
36		区块链应用	建立"区块链+社区矫正"联动平台，纵向对接各级社区矫正信息系统、横向对接人民法院、人民检察院、公安机关、人力资源、市场监督管理、金融保险等部门信息系统，通过数据上链的共识机制，安全可信，打造真实透明、高效联动、动态管理、共建共治、共享共识的社区矫正管控模式。（10分）	10

社区矫正数智化

续表

序号	评价项目		评分表内容	分值
37	基础设施建设（100分）	场所建设	根据"智慧矫正"建设需要，应设： 1. 信息采集室，配置自助矫正终端，采集社区矫正对象的身份证、人脸、指纹和声纹等数据。(10分) 2. 自助矫正室，供社区矫正对象进行自助学习、提交外出申请及销假、执行地变更申请和信息查询等。(10分) 3. 教育培训室，配备宣传教育学习设备，并具备多媒体播放和音视频互动功能，组织社区矫正对象开展集体教育。(10分) 4. 心理辅导室，对社区矫正对象进行心理数据分析、心理健康教育、心理咨询和心理危机干预等。(10分)	40
38		指挥中心建设	1. 将社区矫正中心监控、受委托开展社区矫正工作的司法所（所辖社区矫正执法中队、社区矫正分中心）工作督察、电子定位监控、移动监控、智能分析、预测预警等功能。(15分) 2. 按照《智慧矫正远程视频督察系统规范》（SF/T 0082—2020）要求，完善相应设施装备（10分）。其中，显示屏面积一般不小于4.48平方米（2.8×1.6）(5分)。	30
39		信息化平台设施建设	应根据《司法部办公厅关于加快推进全国"智慧矫正"建设的实施意见》（司办通〔2019〕3号）和"智慧矫正"系列标准的要求，对本级社区矫正一体化平台软、硬件进行升级改造，不断完善平台功能。(30分)	30
总分			1000	
备注			满分1000分（另加分80分），达标800分。	